発達支援をつなぐ地域の仕組み

糸賀一雄の遺志を継ぐ滋賀県湖南市の実践

竹田契一[監修]
湖南市糸賀一雄生誕100年記念事業実行委員会[編]

ミネルヴァ書房

監修のことば

　2007(平成19)年から全国で始まった特別支援教育も今年で8年目を迎えます。特別支援では，一人ひとりの子どもの教育ニーズを具体的に把握し，「どこでつまずいているのか」，「どうこれから教育するのか」を理解し実践できる教師が求められています。

　今回刊行される湖南市の『発達支援をつなぐ地域の仕組み——糸賀一雄の遺志を継ぐ滋賀県湖南市の実践』は，まさに発達支援のモデルとなるチームワークのあるべき姿を具現化しています。

　湖南市の発達支援システムは，時代を先取りした保健・福祉・医療・教育・就労の関係機関の連携による総合的支援プログラムになっています。特筆すべきことは，支援が必要な子どものQOL(支援の質)を考えた内容になっており，それぞれの年齢に応じた個別の指導計画，個別支援移行計画の作成と実施が提供されている点です。幼児期から就労までの長期間をしっかりとした発達ビジョンを持って各領域の専門家が子どもの情報を共有し，フォローしている地域は湖南市が最初で現在でも全国数ヶ所に過ぎないと思います。

　思い起こしますと，2000(平成12)年，旧甲西町時代に初代発達支援室長になられた藤井茂樹氏が大阪教育大学の私の研究室に来られ，夢を語られたのを昨日のごとく思い出します。正直縦割り行政の中で前例のない発達支援事業を進める難しさを感じたのも事実であります。当時あり得ないと驚いたことが一つありました。旧甲西町が教育の専門家と保健師を民生部福祉課に配属し，保健・福祉・医療・教育・就労の専門家とのチームで横のコミュニケーションを取りながら新しい発達支援システム計画を作り上げる努力をされたことです。

　また，湖南市の発達支援プログラムのユニークな点の一つは，発達支援ITネットワーク事業です。市内に分散する各機関・校園をイントラネットで結び対象の子どもの必要情報が共有できるのです。これにより，園や学校での指導，教育相談がスムーズに行われ将来の就労につながる「見通しのある」支援ができることです。

　第2章の早期発見・早期対応，第3・4章の特別支援教育，第5章の就労へつなぐでは，貴重な実践記録が沢山入っています。

湖南市の目指している発達支援に関する地域の仕組みづくりは，文部科学省がモデルとする特別支援教育の理念と実践の一つの形でもあります。保健・福祉・医療・教育・就労の各機関の専門家の連携が，このような大きなエネルギーを生み，適切な子ども支援につながることをこの一冊は示しています。ぜひ発達支援のバイブルとして活用して欲しいです。

大阪教育大学名誉教授
大阪医科大学 LD センター顧問
竹田　契一

はじめに

　「この子らを世の光に」や「発達保障」など人間愛に満ちた福祉思想を遺した糸賀一雄（1914-68）は1914（大正3）年3月29日に生まれた。2014（平成26）年3月が生誕100年にあたる。

　2002（平成14）年4月，湖南市発達支援システムは，支援の必要な人に対し乳幼児期から学齢期，就労期まで，保健・福祉・医療・教育および就労の関係機関の横の連携による支援と，個別の指導計画による縦の連携による支援を提供するシステムを目指し，全国に先駆けて立ち上がった。

　今でこそ，厚生労働省・文部科学省が連名で「生涯に渡る途切れのない支援体制の構築」を求める通知（「児童福祉法等の改正による教育と福祉の連携の一層の推進について」平成24年4月18日付け　厚生労働省障害福祉課・文部科学省特別支援教育課）を出しているが，湖南市ではすでにその枠組みを構築し具体的な取り組みを積み重ねている。このことは，医療や保護の対象としてしか考えられていなかった障がいがある子どもを，糸賀一雄が教育の対象として考え，保健・福祉・医療・教育の連携により「人格発達の権利を徹底的に保障せねばならないのである」（糸賀一雄『福祉の思想』NHKブックス，1968年）として，近江学園を中心に取り組んだことが土壌となっている。

　湖南市は，全国各地でこのシステムが構築されるよう，「障がいのある人が地域でいきいきと生活できるための自立支援に関する湖南市条例」に，市の責務として第3条4項に「……市は，効果的な障がい者支援施策が市民に対して持続的に提供されるために，他の地方公共団体に情報を提供し施策の普及に努めるとともに，国，県に対して制度化等による財政上の安定化が実現するよう働きかけるものとする。」と定めている。このシステムに学ぶべく，2010（平成22）年度には32市町から254名，2011（平成23）年度には26市町から258名，2012（平成24）年度には42市町から229名の視察を受け入れている。

　これは，「湖南市の施策が良い」という情報を得て，市外からたくさん転入されれば財政的に厳しくなるが，他の自治体も同じことに取り組んでいただければ，負担は分け合えるという発想からである。

　視察時に受ける質問等は，以下のとおりである。

- どのように成り立ったのか？
- 早期発見をどのように早期対応につないでいるのか？
- 保育所・幼稚園での支援の具体例は？
- 学校での特別支援教育についての取り組みは？
- 個別の指導計画や個別支援移行計画の引き継ぎ状況は？
- 市長部局と教育部局の連携が難しいが，どのようにしているか？
- 専門機関の役割は？
- 発達支援室保健師の役割は？
- 自立支援協議会の中で教育が果たす役割は？
- 就労まで……と言いますが，具体例は？
- このシステムについて，当事者や家族はどのように思っておられるのか？
- 条例が制定された経過は？
- 市庁内の発達支援関係課の連携について知りたい。

　これらの質問等への答えの中でもっとも驚かれることが，市長部局と教育部局の連携により発達支援システムが機能していることである。

　視察に来られるほとんどの地方公共団体の悩みは，「早期発見・早期対応の部分や，福祉サービスの提供，就労の相談窓口といったことは，ある程度充実していても，早期発見・早期対応から学齢期へのつなぎ，学齢期からそれ以後へのつなぎがうまくいかない」とのことである。これはつまり，教育と他の分野の連携が十分にできないということに他ならない。

　今，湖南市が発信することを求められている情報は，発達支援システムを動かしている具体的な取り組み事例である。この本は現場で取り組んでいる事例を元に，体制づくりもさることながら，発達支援システムを動かしているのは人である……ということを実感していただくために，各項はそれぞれの担当者で執筆することにより構成している。各執筆者の熱い思いも伝われば幸いである。

　2014（平成26）年2月

湖南市糸賀一雄生誕100年記念事業実行委員会

目　次

監修のことば

はじめに

第1章　湖南市発達支援システムとは……1
1. 糸賀一雄の目指したこと──「発達保障」と「この子らを世の光に」……2
2. 湖南市という発達保障のフィールド……5
   1 発達支援システム前史／2 発達支援システムのはじまり／3 湖南市の誕生／4 発達支援システムの完成に向けて／5 障がい福祉の枠を超えて
3. 発達支援システムの成り立ち……12
   1 甲西町ことばの教室の設置／2 甲西町障害児者団体連絡協議会の設立／3 甲西町福祉課発達支援室の設置／4 甲西町発達支援システムの構築
4. 甲賀地域障害児・者サービス調整会議……15
   1 共生のまちづくりへの第一歩（近江学園の移転）／2 設立経過／3 具体的な実践／4 効果と今後の課題
5. 甲賀地域障害児・者サービス調整会議「特別支援教育部会」……19
   1 特別支援教育部会の構成／2 取り組みと課題
6. 発達支援ファイル「ここあいパスポート」……21
7. 発達支援室……22
   1 発達支援室の役割／2 教員を室長として配置する意義
8. 発達支援室保健師の役割……25
   1 就学後の支援者として期待される保健師の役割／2 発達支援室の保健師が担う具体的な役割──関係機関（保健・福祉・医療・教育・就労）との多岐にわたる連携／3 課題として考えられること

第2章　早期発見・早期対応──乳幼児期の支援……29
1. 発達支援センター会議……30
   1 出席者／2 開催日と会議内容／3 進捗状況確認事項（例）／4 これまでに確認した共通理解事項（例）

- **2** 保健における早期対応 …………………………………………………………… 33
  - 1 母子健康手帳交付／2 新生児訪問／3 乳幼児健診／4 ゆうゆう親子教室／5 発達相談／6 育児相談／7 他機関との連携
- **3** 発達相談 ………………………………………………………………………… 36
  - 1 発達相談とは／2 実施体制／3 留意事項／4 今後も，発達相談で大切にしていきたいこと
- **4** 発達支援センター就学前サービス調整会議 …………………………………… 39
  - 1 調整会議の方針／2 出席者／3 調整会議の結果（例）／4 調整会議の結果の伝え方とその後
- **5** 療育教室・保育所等訪問支援（ぞうさん教室） ……………………………… 41
  - 1 療育教室／2 保育所等訪問支援
- **6** ことばの教室幼児部 …………………………………………………………… 47
  - 1 ことばの教室開所式／2 園訪問／3 ことばの教室幼児部の指導内容
- **7** 保育所における人員配置 ……………………………………………………… 52
  - 1 加配保育士配置の目安／2 加配保育士の配置検討会議／3 就学を見据えた加配保育士による支援のあり方
- **8** 保育所における特別支援 ……………………………………………………… 54
  - 1 ほどよい早期発見・早期療育へのつなぎとは／2 保育所での具体的な取り組み
- **9** 幼稚園における人員配置 ……………………………………………………… 58
  - 1 加配教員配置の目安および配置の状況／2 就学指導委員会幼稚園部会（加配教員検討会議）
- **10** 幼稚園における特別支援 …………………………………………………… 60
  - 1 早期の気づきと発見／2 気づきから支援へ——生活やあそびの中での支援や配慮の工夫／3 関係機関との連携
- **11** 保育所・幼稚園特別支援教育コーディネーターの役割 ………………… 65
  - 1 保育の現場での子どもの姿／2 保護者とともに考える関係づくり／3 関係機関や小学校との連携／4 コーディネーターに求められること
- **12** 就学指導委員会 ……………………………………………………………… 67

第3章 特別支援教育①——学齢期の支援（小・中学校） ……………… 71

- **1** 特別支援教育と湖南市 ………………………………………………………… 72

2 小学校低学年における特別支援教育……………………………………73
　1　学習環境への配慮／2　個の尊重／3　集団づくり／4　ユニバーサルデザイン型授業の大切なポイント

3 小学校高学年における特別支援教育
　――特別支援学級から通常学級への在籍変更の事例………………77
　1　在籍変更／2　湖南市の就学支援の方向性／3　助けられた一言／4　児童Aのがんばり／5　将来を見据えた進路指導

4 小学校知的障害特別支援学級における実践――生活単元学習…………80
　1　みんななかよし　しってる？しってる？／2　みんなのおいしいカレーやさん・おでんやさん

5 小学校自閉症・情緒障害特別支援学級における実践
　――子どもたちをつなぐ縦割り活動と道徳教育……………………83
　1　自閉症・情緒障害特別支援学級での取り組み／2　特別支援学級の縦割り活動――アミーゴタイム／3　特別支援学級の道徳

6 特別支援教育コーディネーターの役割――日枝中学校での現状と課題……………86
　1　日枝中学校の現状／2　「支援が必要」と思われる生徒がいることに気がつく／3　ケース会議開催／4　外部機関との連携をつくる／5　課　題

7 不登校中学生についての取り組み……………………………………89
　1　つながることで前向きに／2　しんどさの背景にあるものに気づく／3　見通しをもって進む／4　さらに先へと支援をつなぐ

8 中学校知的障害特別支援学級における実践……………………………91
　1　作業学習の例／2　滋賀県立近江学園との連携／3　小学校からの引き継ぎの現状と課題／4　高等学校・特別支援学校高等部等への引き継ぎ

9 中学校自閉症・情緒障害特別支援学級における実践………………………94
　1　子どもたちの実態――キーワードは「不安」／2　自閉症・情緒障害特別支援学級経営で心がけていること――不安を和らげるために

10 養護教諭の役割………………………………………………………96
　1　頼れる養護教諭になる／2　保健室を安全で安心できる場所にする／3　「やった！」「できた！」の成功体験を増やす／4　理解してくれる仲間を増やす

11 特別支援教育の推進体制………………………………………………99
　1　管理職に求められること／2　特別支援の対象とする生徒の基準／3　情報の流れ／4　支

援の分類と担当分掌，関係機関／5　必要とする支援レベルについて／6　校内体制／7　校内委員会の構成

12　ことばの教室学齢部……………………………………………………………………102
　　　1　ことばの教室学齢部とは／2　取り組みの実際

13　読み書きチェック湖南市版……………………………………………………………105
　　　1　「読み書きチェック湖南市版」の実施方法と内容／2　結果と考察の実際／3　結果の活用と早期対応／4　読み書き通級グループの試み／5　成果と今後の課題

14　外国籍児童についての取り組み……………………………………………………110
　　　1　児童の状況／2　具体的な指導事例／3　日本語教室からの発信（アミーゴ週間）／4　保護者との連携／5　発達に課題のある児童の支援

15　個別の指導計画の作成と実行………………………………………………………115
　　　1　教育的効果／2　作成と実行の手順／3　作成にあたっての留意点／4　個別の指導計画を実際に活用して

16　個別支援移行計画の作成と実行……………………………………………………122
　　　1　個別支援移行計画取り組みまでの経過／2　個別支援移行計画作成／3　義務教育修了後への支援の引き継ぎ／4　成果と課題

第4章　特別支援教育②――学齢期の支援（特別支援学校など）………131

1　ふれあい教育相談室……………………………………………………………………132
　　　1　不登校ネット会議への参加／2　学校との連携／3　個別支援移行計画の作成／4　指導員としての願い

2　高校等訪問による引き継ぎ……………………………………………………………135
　　　1　中学校から高校等への引き継ぎ／2　高校等と中学校・関係機関の連携／3　事例から／4　今後に向けて

3　専門家チーム会議（湖南市LD/ADHD教育振興に係る専門家による事例検討指導会議）……………………………………………………………………………………137
　　　1　特別支援教育の実践研究から教育施策へ／2　特別支援教育推進に向けての取り組み／3　専門家チーム会議の開催について／4　専門家チームで取り上げられた事例

4　専門家チーム会議への医師参加の意義………………………………………………140
　　　1　「この子らを世の光に」／2　医師として参加することについての思い／3　発達支援システムにおける専門家チーム会議の意義

5 不登校ネット会議・巡回相談員連絡会議……………………………………………141
   1 長期欠席児童生徒数の推移／2 不登校ネット推進委員会議／3 不登校支援における特別支援教育コーディネーターの役割／4 巡回相談員の役割／5 不登校ネット会議・巡回相談員連絡会議

6 特別支援教育の視点を活かした生徒指導のあり方
　──『生徒指導提要』(2010(平成22)年3月文部科学省発行)を参照して………144
   1 生徒指導とは／2 生徒指導の基礎となる児童生徒理解／3 集団指導と個別指導の意義／4 指導における留意点／5 失敗を繰り返す，または不適応が長引く児童生徒の理解／6 なぜ，発達についての理解が必要なのか／7 個別の課題を抱える児童生徒への指導／8 個々の児童生徒の特性に応じた指導の基本的な姿勢

7 特別支援学校の果たすセンター的機能……………………………………………150
   1 湖南市にある特別支援学校──滋賀県立三雲養護学校／2 本校への入学前までのかかわり／3 市内の小中学校への巡回相談／4 地域から本校へ，また本校から地域へのつながり

8 特別支援学校と地域小学校の交流…………………………………………………154
   1 「心をひらく交流教室」をきっかけとして (1985・1986 (昭和60・61) 年度文部省指定「心身障害児理解推進校」)／2 三雲養護学校児童との交流──28年目を迎えて／3 引き継がれる交流活動／4 フローティングスクールでの再会／5 「てとてとくらぶ」の発足，「ふれあい広場」へのひろがり／6 ともに生活する仲間として

9 学童保育における特別支援…………………………………………………………157
   1 支援が必要な子どものとらえ方／2 学童保育における支援の実際──できるだけ「見える化」する／3 巡回相談の活用

10 ホリデースクールにおける特別支援………………………………………………160
   1 運営内容／2 スタッフ／3 特別な支援についての手立て

第5章　就労へつなぐ──青年期・成人期の支援………………………………173

1 高校生等への対応……………………………………………………………………174
   1 高校生の継続面談事例①個別支援移行計画により中学校から高等学校への引き継ぎをしたケース／2 高校生の継続面談事例②中学校ではとくに気にならなかった生徒／3 事例の考察

2 中学校卒業後の子どもについての悩みを語る会…………………………………177
   1 会の主旨／2 実施内容／3 参加した保護者の声／4 保健師による保護者面談事例

- **3** 学齢期終了後対応事例①（1991（平成3）年生まれ）……………………180
    - 1 事例の概要／2 高校進学までの経過／3 新たな支援へ／4 本人と母親のコメント
- **4** 学齢期終了後対応事例②（1975（昭和50）年生まれ）……………………185
    - 1 事例の概要／2 「外へ出よう」という決意を固める期間／3 自分のことを知ろうとする期間／4 自分のことをよりよく知り，自分の特性に合った場所を探す期間／5 本人と両親のコメント
- **5** 湖南市障がい者就労情報センター………………………………………………190
    - 1 開設の経緯／2 湖南市障がい者就労情報センター運営協議会／3 チャンスワークこなん

第6章　体制整備……………………………………………………………………193

- **1** 発達支援関係課会議………………………………………………………………194
    - 1 会議の内容／2 発達支援システム評価について
- **2** 教育と福祉・就労等との連携──最初の一歩………………………………199
    - 1 教育と福祉・就労が連携する意味／2 一貫した支援システムの継続に向けて

巻末資料……………………………………………………………………………203

障がいのある人が地域でいきいきと生活できるための自立支援に関する湖南市条例について……………………………………………………………………………204
　　1 いきいき条例の制定のいきさつ／2 いきいき条例の内容／3 いきいき条例の意義

○障がいのある人が地域でいきいきと生活できるための自立支援に関する湖南市条例
　…………………………………………………………………………………………211
○湖南市発達支援システムの運営に関する規則…………………………………218
○湖南市発達支援関係課会議設置要綱（内規）…………………………………222
○湖南市発達支援センター条例……………………………………………………224
○湖南市発達支援センター会議設置要綱（内規）………………………………226
○湖南市発達支援センター就学前サービス調整会議設置要綱（内規）………227
○湖南市発達相談事業実施要綱……………………………………………………228
○湖南市通所支援センター運営規程………………………………………………231
○甲賀地域障害児・者サービス調整会議設置要綱………………………………236
○湖南市発達支援ITネットワーク（KIDS）利用ガイドライン………………239

目　次

○湖南市特別支援教育室設置要綱……………………………………………………**242**
○湖南市教育相談室設置要綱……………………………………………………………**245**
○湖南市個別指導計画に関する要綱……………………………………………………**247**
○湖南市個別支援移行計画に関する要綱………………………………………………**251**
○湖南市障がい者就労支援検討会設置要綱……………………………………………**254**

第 1 章
湖南市発達支援システムとは

1 糸賀一雄の目指したこと
——「発達保障」と「この子らを世の光に」

齋藤　昭（社会福祉法人大木会 理事長）

　これまで湖南市が全国に先駆けて取り組んできた「湖南市発達支援システム」の実践とその成果がまとめられることになった。湖南市糸賀一雄生誕100年記念事業の一環として，このたいへん有意義な取り組みの内容が明らかとなり，その成果と反省がまた次への発展につながり広がっていくことを大いに期待している。

　発達を支援するということは，発達の遅れが心配される子たちへの支援をさすだけでなく，すべての，そして一人ひとりの子どもの健全な成長と発達が保障されなければならないということであり，行政と教育の部門が一体となって取り組んできた「湖南市発達支援システム」は，市民にとってたいへん貴重な財産であり，これからも，みんなでしっかり支えていかなければならないものであると思う。

　他所から訪ねてくる見学者や相談にこられる家族の方から，「この町（湖南市）に入ってくると行き交う人からの刺されるような視線をあまり感じませんね。」とときどき言われることがある。それは大変にうれしいことである。

　糸賀一雄は，「社会福祉というのは，社会の福祉の単なる総量をいうのではなくて，そのなかでの個人の福祉が保障される姿を指すもの」（糸賀一雄『福祉の思想』NHKブックス，1968年）と基本の考え方を述べているが，そのまま「社会」を「地域」に，「福祉」を「教育」に置き換えても通ずるもので，あらゆる連携のもとに，私たちもその一翼を担って地域のニーズに応えていく努力をしていきたいと思う。

　湖南市には，なぜ多くの障がい者福祉施設が密集しているのかと尋ねられることがあるが，1969（昭和44）年から71年にかけて，県立近江学園と3つの民間施設が，大津市から湖南市（旧石部町）へ移転してきたことによる。

　1969（昭和44）年　（社福）大木会・あざみ　転入，同・もみじ　石部に新設
　1970（昭和45）年　（社福）椎の木会・落穂寮　転入，（社福）大木会・一麦　転入，

（1）「障害」と「障がい」の表記
　　湖南市では，一般的に「障害」を「障がい」と表記しているので，本書での表記も同様にしているが，法律用語や制度，診断名，当時の組織の名称等については，「障害」の表記とした。

1971（昭和46）年　県立近江学園　転入，学園内に石部小学校東寺分校を設置
1976（昭和51）年　県立石部養護学校　開設→79年，甲西へ移転，三雲養護学校と改称
　　　　　　　　　→82年，三雲養護学校（特別支援学校）高等部通学開始

　また，こうした環境のもとでさらに在宅支援などの地域に根ざしたきめ細かな先進的な活動も広がってきた。
　これらの福祉施設の母体となる近江学園は，1946（昭和21）年に，糸賀一雄（1914-68年），池田太郎（1908-87年），田村一二（いちじ）（1909-95年）の3人によって，敗戦後の荒廃した社会状況の中で祖国再建につながる仕事として，いち早く戦災孤児や生活困窮児，知的障がい児らの福祉と教育，医療を一体とした児童の施設として大津市南郷に創設された。
　初代園長となった糸賀は，あらゆる困苦と戦い学園の充実を図るかたわら，椎の木会，大木会，びわこ学園の理事として多くの施設をつくり，その運営にもたずさわった。施設現場での実践とともに，その実践を基にした福祉思想の確立と啓蒙，そしてこれからの福祉社会を担うべき職員の養成に力をそそいだ。
　このような糸賀の実践の中から生まれた「発達保障」の考え方や「この子らを世の光に」の理念は，今日もなお福祉や教育の現場で働く多くの人たちに多大な影響を与えている。
　そして，糸賀は「『共感』の世界は漠然としたものではなく，人間関係における一対一のなまなましいものでなければならない。こういうなまなましい一対一の人間関係においてしか，子どもを理解することは本当はできないことであり，それが私は教育の真の姿であるべきだと思う」と述べている。
　こうした実践のなかから到達した糸賀一雄の「発達保障」の概念や「この子らを世の光に」，「共感」などの思想を語ることばの一端を著書の中から紹介する。

『自己実現』『発達保障』
　「人は人と生まれて人間となる。その人間というのは，人と人の間柄と書くんです。単なる人，個体ではありません。それは社会的存在であるということを意味している。関係的存在であるということを意味している。人間関係こそが人間の存在の根拠なんだということ，間柄をもっているということに，人間の存在の理由があるんだということです。…その社会的な存在になっていく道行というものを私たちは問題にしなければなりません。それを教育というのです。」

「この子らはどんな重い障がいをもっていても，だれととりかえることもできない個性的な自己実現をしているものなのである。人間と生まれて，その人なりの人間となっていくのである。その自己実現こそが創造であり，生産である。私たちの願いは，重症な障がいをもったこの子らも立派な生産者であるということを，認めあえる社会をつくろうということである。『この子らに世の光を』あててやろうというあわれみの政策を求めているのではなく，この子らが自ら輝く素材そのものであるから，いよいよみがきをかけて輝かそうというのである。『この子らを世の光に』である。この子らが生まれながらにしてもっている人格発達の権利を徹底的に保障せねばならぬということなのである。…」

　「私たちは，この子たちの前に立って教育を語るまえに，自分自身を告白せねばならなくなる。そしてさらに，この問題は，およそ教育の名において単なる文化財の伝達をもってこと足れりとする立場を超えて，教育がその底に人間の教育について掘りさげられなければならない課題性をもつものであることを明らかにしてくれる。」（『福祉の思想』）

『育てるのでなく自ら育つ』

　「…『育』というものは，教育とか，保育とか，単なる保護ではなくて，こういう重症な子どもたちは『自ら育つ』という自動詞がある，ということをわれわれ世話をする方が教わったのです。自分が自分で人間になっていくという営みの中で『育つ』という自動詞なのです。だから『育てる』ことができるんだという他動詞と，さっきの自動詞が『育』ということの中身なのですから，私たちの本当の希望は，この子を育てたら立派になるというのではなくて，むしろこの子自身が育つ力を持っているから育てさせてもらうことができるというこの現実です。それが教育的現実というものです。この教育的現実に目覚めずして一体何の原理がありましょうか。…」（糸賀一雄『糸賀一雄著作集　(3)』日本放送出版協会，1983年）

『この子らを世の光に』

　「…世の光というのは聖書の言葉であるが，私はこの言葉のなかに，『精神薄弱といわれる人たちを世の光たらしめることが学園の仕事である。精神薄弱な人たち自身の真実な生き方が世の光となるのであって，それを助ける私たち自身や世の中の人々が，かえって人間の生命の真実に目ざめ救われていくのだ。』という願いと思いをこめている。…」（糸賀一雄『この子らを世の光に——近江学園20年の願い』柏樹社，1965年（日本放送出版協会，2003年復刊））

2 湖南市という発達保障のフィールド

谷畑英吾（湖南市長）

　ここでは，市長という行政を預かる立場から，湖南市の障がい福祉政策を糸賀思想の具現化という視点で整理する。

1 発達支援システム前史

　まずは湖南市の概況を振り返ると，平成の大合併で旧石部町と旧甲西町が合併して誕生した人口約5万5000人のまちである（2004（平成16）年10月1日新設合併）。古くは伊勢参宮街道や東海道，現在では国道1号が通過する交通の要衝にあり，昭和30年代後半には大規模な内陸工業団地が造成されている（湖南工業団地）。さらに，京阪神のベッドタウンともなり，高度成長期に全国から一気に人口が流入した。

　旧石部町と旧甲西町は，旧甲賀郡7町で構成する甲賀福祉圏に属し，滋賀県甲賀福祉事務所を中心に，滋賀県と連携しながら広域で福祉政策を推進してきた。とりわけ，現湖南市の区域は，昭和の大合併の推進要因とされた中学校（石部町甲西町組合立甲西中学校）を共有する区域であったため，旧両町の施策はお互いに伝播し，類似する傾向にあった。

　旧石部町域には，糸賀一雄，池田太郎，田村一二らが設立した滋賀県立近江学園とその関連施設が集積している。当時立地していた大津市南郷の周辺環境変化に伴い，移転先を探していた近江学園を，旧石部町が町有地などに誘致したものである。1969（昭和44）年6月にもみじ寮（現「もみじ」）とあざみ寮（現「あざみ」）（ともに社会福祉法人大木会）が，1970（昭和45）年5月に一麦寮（現「一麦」）（同大木会）と落穂寮（社会福祉法人椎の木会）が建設され，1971（昭和46）年10月には近江学園が移転してきた。いずれも当時の知的障がい者の授産施設または更生施設であり，寮生が自然豊かな広い園内で共同生活をしながら，生活指導・学習指導・生産教育を受けるとともに，地域との交流も進められた。さらに，施設内で生活を管理されるのではなく，障がい者も健常者もともに働き，ともに暮らす，支え合いの社会を目指す株式会社なんてん共働サービスが1981（昭和56）年9月に設立されている。

　また，旧甲西町では，湖南工業団地の立地による税収により地方交付税の不交付団体と

して財政的に裕福な時代が続いたものの、福祉施策として特筆すべき取り組みが行われてきたわけではなかった。しかし、重症心身障がい児に対するサービスの確保という現実的課題に直面し、すでにレスパイトサービスを始めていた旧信楽町（現甲賀市）の信楽青年寮（社会福祉法人しがらき会）から、1996（平成8）年にホームヘルプサービス、知的障害者デイサービス、ナイトケアおよび相談支援事業のサービス拠点として「甲賀郡障害者生活支援センターOPEN SPACE れがーと」を町有地に誘致して開設、2001（平成13）年には「社会福祉法人オープンスペースれがーと」が設立された。2000（平成12）年4月の介護保険制度導入と並行して、れがーとなどが中心となり厚生省（現厚生労働省）に強く働きかけた自立支援費の導入が2003（平成15）年4月に実現し、れがーとなどの目指した措置から自立へという支援の取り組みを力強く後押ししていくことになる。

発達の科学や発達保障の理念、発達権の思想は糸賀思想の中核を構成するが、こうした考え方に基づいて、発達段階としての児童福祉の対象から年齢的に超過した人への対応として、重度知的障がい者を中心に職業指導や生活の場を提供するコロニーが石部であり、軽度・中等度の知的障がい者が就労・自立するためのコロニーが信楽であると理解するとわかりやすい。信楽寮や信楽青年寮は糸賀の働きかけで当初県立施設として開設されたものである。旧信楽町は旧甲賀郡に属し、旧石部町、旧甲西町と町境を接していた。

1981（昭和56）年、県内7つの福祉圏域をベースに組み立てられた「滋賀県社会福祉計画」が策定された。1986（昭和61）年には旧石部町と旧甲西町が共同で療育事業を開始したが、1990（平成2）年には旧甲賀郡7町での広域事業「こじか教室」とされた。1995（平成7）年4月には心身障害児者の福祉サービスの総合調整を行うために圏域内の福祉・保健・教育・労働の関係機関が参加する甲賀郡心身障害児・者サービス調整会議が、1999（平成11）年には甲賀郡障害者雇用支援センター（斡旋型）が設置され、旧甲賀郡域（甲賀福祉圏）での取り組みが進められていく（第1章❹参照）。

2　発達支援システムのはじまり

広域行政とは別に、個別の町行政内では福祉と教育の連携が求められてきたが、旧石部町、旧甲西町で心身障害児就学指導委員会が設置されたのは1976（昭和51）年から1977（昭和52）年にかけてのことであった。その後、旧甲西町では1984（昭和59）年に「ことばの教室」を設置、1990（平成2）年に「障害児サマースクール」を開始するが、障がい

児童の将来を心配する保護者を中心とした，行政機関の縦割りを防ぎ，切れ目のない支援を求める団体の設立とその働きかけに基づき，2000（平成12）年4月には専門家を配置し，2002（平成14）年4月には福祉課内に保健，福祉，教育の関係機関が連携するための司令塔兼コーディネート機関として発達支援室を設置するとともに，個別指導計画に関する要綱を制定し，障がい児童一人ひとりの支援計画を策定して一貫した支援に乗り出した（第1章 **3** 参照）。

発達支援システムは，発達障害の症状発現後，できるだけ早期に発見し，保護者の同意のもと早期介入，支援を行い，社会生活を円滑に送ることができるように支えることを目的とし，乳幼児期から学齢期，さらには就労期までを対象に，ITイントラネットで関係者が情報を共有しながら切れ目のない支援を行う。これはまさに糸賀の唱える子どもの「発達権」を保障するものであり，早期に介入することで，個々人の発達の権利を社会的なシステムによって支えるというものであるといえる。

一方，旧石部町のなんてん共働サービスでは，あてがいぶちの"福祉"に甘えることなく自立を進め，1997（平成9）年にはわが国ではじめての事業型市民共同発電所「てんとうむし1号」を稼働させるとともに，「住まい」の観点から共生の実現を目指すために，知的障がい者グループホームの運営をはじめ，2000（平成12）年に高齢者デイサービスとして宅老所「共生舎なんてん」を開設，障がい者を介護スタッフとして共働の実現を模索した。また，「オープンスペースれがーと」は，2004（平成16）年に障がいのある人に対する生活支援サービス・通所サービスに加えて，地域の高齢者や子どもたちの暮らしを援助するサービスの提供に取り組むための拠点を整備した。

3　湖南市の誕生

こうした旧両町の取り組みが2004（平成16）年10月の合併による湖南市に引き継がれることになり，とりわけ発達支援システムは旧石部町域にも拡大施行された。また，町から市となることで福祉事務所業務が県から移管され，主体的な取り組みが求められるようになる。さらには，旧両町でそれぞれ関係し，発展してきた福祉法人への対応も市として一本化され，お互いが刺激をし合う相乗効果が期待された。

合併直後の2004（平成16）年12月，湖南市は平成16年度バリアフリー化推進功労者表彰の内閣総理大臣賞を受章した。バリアフリー化推進功労者表彰は，高齢者，障がい者を含

むすべての人が，安全で快適な社会生活を送ることができるようハード，ソフト両面を含めた社会全体のバリアフリー化を効果的かつ総合的に推進する観点から，顕著な功績に対して表彰されるもので，湖南市の発達支援システムが，障がいのある子どもへの対応を，乳幼児期から就労に至るまで，教育や医療等多くの関係機関が相互補完の連携協力のもとで一貫して行うことで，子どもの自立や社会参加を促すとともに，全国に先駆けた取り組みが他の地方自治体に影響を与えたという点が評価されたものである。

　ところが，現実のシステムの構築はいまだ福祉と教育が連携するところまでであり，市役所内で取り組み可能な範囲にとどまっていた。具体的には，乳幼児健診，保育および就学前教育から初等教育までで，中等教育や卒業後の就労，地域生活支援にまではネットワークが広がっていなかった。あわせて，湖南市が内閣総理大臣賞を受章したのと同じ日に発達障害者支援法（平成16年法律第167号）が可決成立しているが，「発達障害者の自立及び社会参加に資するようその生活全般にわたる支援を図」ることを目的に都道府県に就労支援を，市町村に地域生活支援の措置への努力義務を規定していることからも，就労支援と地域生活支援までつなげてはじめて湖南市発達支援システムの完成であるといえた。

4　発達支援システムの完成に向けて

　そこで湖南市では，県立高等学校などへの訪問を通じて，中学校卒業後の子どもの状態を確認するとともに，福祉就労から一般就労への拡大を企図することとなった。2005（平成17）年7月には障害者就労支援協議会を設置して，市内企業と福祉団体，行政が同一テーブルで課題を共有することからはじめ，同協議会の実践組織として障害者雇用推進協議会を設けるとともに，2006（平成18）年2月に「障がい者の働き・暮らしを考えるフォーラム」を開催し，障がい者雇用のミスマッチを確認した。この過程で重要な点は，就労に関する所管を健康福祉部ではなく産業建設部としたところであり，湖南市議会2006（平成18）年3月定例会では，はじめて障がい者の就労に関して産業建設部長が答弁を行った。このことで，発達支援システムは福祉と教育だけでなく，産業とのコラボを始めた。さらには，2005（平成17）年に滋賀県が甲賀圏域に開設した「働き・暮らし応援センター」の就労サポーターなどとも連携してきた。

　もう一つの課題は，2006（平成18）年4月に障害者自立支援法が施行されると，障がい福祉の主体が都道府県から市町村に移ることになるが，湖南市の障がい福祉政策は既述の

とおり受動的に対応してきたため，接ぎ木のようになり，複雑な発達支援システムに大きな幹としての法的な根拠がなく，安定性を欠くことであった。折から学校教育法の改正（2006（平成18）年6月）により特殊教育から特別支援教育に転換されることもあり，湖南市の発達支援システムの法的根拠を体系化する必要があった。

そこで，2006（平成18）年6月には「障がいのある人が地域でいきいきと生活できるための自立支援に関する湖南市条例」が制定された。この条例は，保健・福祉・医療・教育・就労，地域生活支援までを包含する総合的な障がい者支援条例であり，自治立法として，発達支援システムだけでなく湖南市の障がい福祉政策の法的主柱となるものである。条例では，市の責務として，広範な施策の措置と部局の連携，財政の健全性への配慮や他の地方自治体への施策普及，市民の責務としての障がい者に対する積極的またはさりげない応援，差別禁止，障がい者並びにその家族及び保護者が自立に努めること，事業者等の責務として雇用促進などが規定されている。とりわけ，「さりげない」支援については，障がい者を福祉関係者だけが支えるという発想を払拭するために，あえて挿入されたものである（巻末資料参照）。

2006（平成18）年4月には，甲賀市と甲賀広域の一部事務組合で行ってきた乳幼児発達相談指導と障がい児早期療育支援の両事業を湖南市・甲賀市に移管し，湖南市の発達支援システムに両事業を直接組み込むこととなった（「こじか教室」から「ぞうさん教室」へ）。また，甲賀地域の障がい者施設では，障がい者の教育・治療・就労の一環として造形活動が盛んであったが，れがーとが社会福祉法人滋賀県社会福祉事業団とともに進めてきた造形活動成果の常設展示ギャラリーとして「ボーダーレス・アートギャラリー NO-MA」（近江八幡市）が2004（平成16）年に開設されて以降，正規の美術教育や文化潮流と無縁の文脈で制作された芸術作品を指す「アール・ブリュット（生の芸術）」に対する注目が集まり，NO-MA が滋賀県教育委員会から博物館相当施設の指定を受けたのと並行して，2007（平成19）年11月にはアール・ブリュットの普及促進や作家の権利擁護，相談支援の全国普及を目指す「特定非営利活動法人はれたりくもったり」が設立された。

日本のアール・ブリュット作品は欧州で高い評価を受け，2010（平成22）年3月から翌年1月までパリ市立アル・サン・ピエール美術館で開かれた「アール・ブリュット・ジャポネ」展では12万人の観覧者を記録したが，湖南市からは全国の自治体では最多の5名の作家の作品が展示された。湖南市では，2011（平成23）年1月から，市民がさりげなくアール・ブリュット作品に触れることができるように，作品の貸し出し補助事業を開始した。

就労支援のあり方については，条例の根拠を得て大きく進むこととなった。障がい者就労支援検討会の議論の集大成として，2009（平成21）年3月には，一般就労の情報を一元化するとともに，共同作業所の仕事を開拓して福祉的就労も拡充することを目的として，市レベルとしては珍しい「湖南市障がい者就労情報センター」が設置され，運営委員会には市内共同作業所も参加した。湖南市が2005（平成17）年度から開始した幹部職員民間企業等派遣研修でのつながりから，2010（平成22）年には，同運営委員会を通して市内企業の敷地の草刈りを5つの共同作業所が共同受注する取り組みが開始された。さらには，これまで障がい者雇用を積極的に行ってきたカルビー株式会社が，2010（平成22）年7月には重度障害者多数雇用事業所（いわゆる特例子会社）としてカルビー・イートーク株式会社を設立した。

　そのころ，国では地域活性化に向けた総合特区制度を創設し，規制緩和と税財政措置を同時に行うこととし，アイデアを募集した。湖南市では，2010（平成22）年7月に「障がい者福祉ユートピア構想」を取りまとめ，内閣府に提出した。これは，障がい福祉のトッププランナーとなることで，足による投票(2)を誘発し，自治体財政が困窮することを避けるために，国の政策を総動員し，湖南市を福祉施策のショーウインドウとするとともに，障がい者自立の地域基盤を整備しようとする意欲的な取り組みであった。しかし，提案内容は採択されたものの，その後に政権の方針が変わったため，パッケージとしての対応はされなかった。

　この構想から個別に具体的に動き出した取り組みとして，2012（平成24）年3月に職業紹介・斡旋を行うことのできるハローワークの窓口が市役所内に設置されたことが挙げられる。国の地方分権戦略の一環であるアクションプランとして開設された窓口は「チャンスワークこなん」と称し，障がい者就労情報センターと密接に連携し，一般就労の拡大に寄与している。さらに就労情報センター運営協議会では，2013（平成25）年5月に一般就労に向けた中間就労訓練の場として「いこい処 素舞琉（すまいる）」を開設し，知的障がい者と精神障がい者に飲食店での接客トレーニングを始めた（第5章5参照）。

　また，糸賀思想の根幹である教育に目を転じた湖南市では，2011（平成23）年3月に滋賀県教育委員会に対し，「滋賀県立石部高等学校改革への提言」を提出した。折からの県

（2）住民が，自分にとって好ましい行政サービスを提供してくれる地方自治体の地域に住所を置く形で選択することによって，地方自治体の納税収入等が変動し，地方自治体間の競争メカニズムが発生するという理論である。従来の，公職を誕生させるために選挙で投票する「手による投票」に対する言葉。

立高校再編をにらみ，石部高校に福祉コースを設け，糸賀思想を修得した現場レベルの福祉人材を輩出してはどうかという提案であったが，2013（平成25）年4月，石部高校に福祉・健康コースが設置された。

さらに，先進的な福祉施策やアール・ブリュット作品を観光資源として活用する福祉ツーリズムや，福祉施設の屋根に市民共同発電所を設置する取り組みなどが展開され，福祉が観光や環境にまでアリーナを広げつつあることが観察できる。

2010（平成22）年12月，「障がい者制度改革推進本部等における検討を踏まえて障害保健福祉施策を見直すまでの間において障害者等の地域生活を支援するための関係法律の整備に関する法律」（いわゆる「つなぎ法」）が成立し，もともと精神障がいの一類型とされていた発達障がいが法の対象となることが明記された。湖南市には旧甲西町に2000（平成12）年に精神障がい者の授産施設として「ワークステーション虹」が，2004（平成16）年に精神障がい者生活支援センター「このゆびとまれ」（いずれも，社会福祉法人さわらび福祉会）が設置されている。

5　障がい福祉の枠を超えて

既述した湖南市の個への対応を突き詰める一連の流れは，障がい福祉に限るものではない。2007（平成19）年のいわゆるリーマンショック後の不況を受けて行われた派遣切りで離職した外国人労働者の再就職困難理由に日本語の不理解があり，湖南市国際協会が個別に求人票の読み方，履歴書の書き方，面接の受け方をトレーニングしたのをはじめ，不登校児の適応指導や高等学校中途退学者などへの対応，さらには小学校でのインクルーシブ教育などにもネットワークを活用した取り組みが行われている。

また，なんてん共働サービスは，2009（平成21）年に認知症高齢者や知的障がい者の地域生活支援・就労支援の拠点として，小規模多機能型居宅介護事業所「秋桜舎（こすもすや）」を開設した。そして湖南市では，2012（平成24）年3月に「一人ひとりができる役割　もれない支援　行ったり来たりのまちづくり」を基本理念とする『第二次湖南市地域福祉計画』を策定している。

糸賀は「分類処遇」を否定し，個人をしっかりと見つめ，子どもたちが人間として健全な発達を遂げることを求めてきたが，その思いは子ども・子育て関連3法（2012（平成24）年8月成立）の目指す幼児期の学校教育・保育，地域の子ども・子育て支援を総合的に推

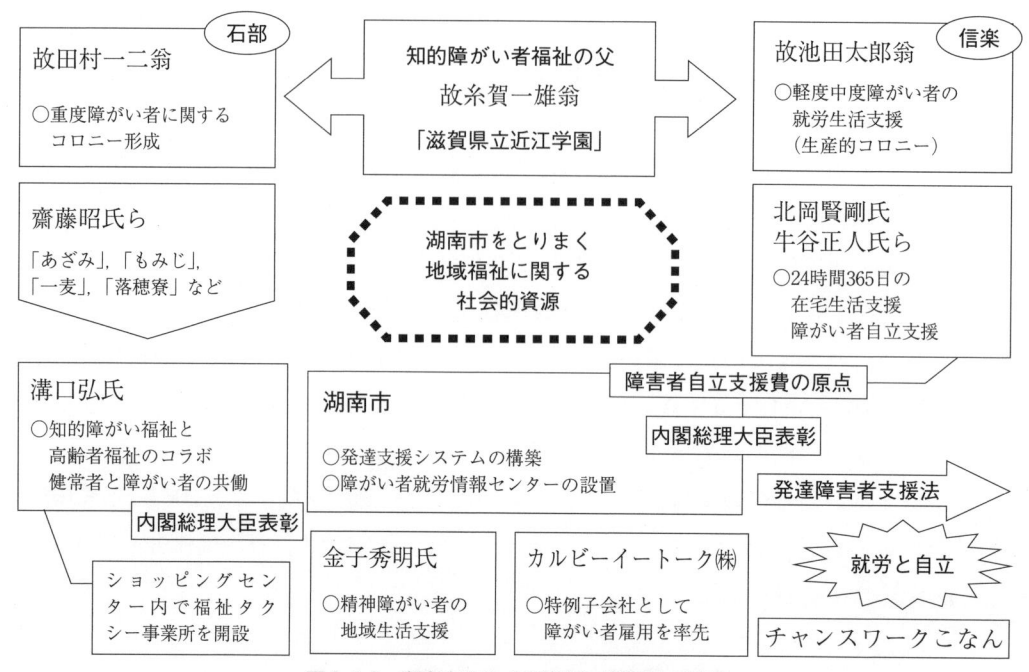

図1.2.1　湖南市をめぐる障がい者福祉の系譜

進するという趣旨にも受け継がれている。

　それを具現化できるかは「枠づけの中でしかものが見れない」官僚主義の「かたくなな気持ち」からどのように解き放たれるかにかかっているといえる（1968（昭和43）年9月17日の糸賀一雄最後の講義，糸賀一雄『糸賀一雄の最後の講義　改訂版』（中川書店，2009年））。

　湖南市という発達保障のフィールドを通じて糸賀が日本に与え続ける影響に限りはないであろう。

3　発達支援システムの成り立ち

藤井茂樹（滋賀医科大学　客員教授）

1　甲西町ことばの教室の設置

　1983（昭和58）年，甲西町（当時）教育委員会と福祉課との話し合いによって，甲西町ことばの教室構想が検討された。教育委員会は，言語障がいの専門家の配置と町内保育

所・幼稚園・小中学校における言語障がい児の調査を実施し，福祉課は保育士の配置を分担することとし，共同でことばの教室の設置準備に取りかかったのであった。

　1984（昭和59）年，甲西町立岩根小学校にことばの教室を設置し，言語障がいの専門教員1名と保育士1名を配置した。教育委員会と福祉課の共同事業であるという規約も作成されないまま，ことばの教室の設置規則の制定や専門家の配置等が行われ，2歳から15歳までの言語に課題のある子どもの支援が実施されていった。ことばの教室の運営上の不安定さもあり，1986（昭和61）年，甲西町言語障がい児をもつ親の会が設立され，行政と親の会との話し合いによりことばの教室が運営されていったのである。

2　甲西町障害児者団体連絡協議会の設立

　甲西町に住むことばに何らかの課題のある子どもは，15歳までは支援が受けられたが，その後は安定した支援を受けられないのが現状であった。そのため1999（平成11）年，言語障がい児をもつ親の会が中心となり，町内にある障がい児者団体（知的障がい・身体障がい・精神障がい・発達障がい・療育等）をまとめる動きを始め，甲西町障害児者団体連絡協議会を設立した。障がいのある人の生涯にわたる一貫した支援の町全体のシステム化を求めた署名活動が，連絡協議会を中心に行われたのであった。

　人口4万2000人の甲西町の人口のうち1万3000人の署名が集まり，町長へ要望書が提出された。町長は実現に向けて専門家を配置し，専門家が中心となり一貫した支援体制をつくることを約束した。

3　甲西町福祉課発達支援室の設置

　2000（平成12）年4月，教育の専門家1人と保健師1人を民生部福祉課に配置し，民生部長・福祉課長とともに「一貫した支援システム構想（発達支援システム）」を計画し議会提案を行った。この支援システムを構築し運営していくための独立した課である発達支援室設置（教育委員会・福祉課・健康政策課等の関係課連携部署）の提案であったが，継続審議から否決となり，福祉課内発達支援室設置に向けて取り組むこととなったのであった。

4　甲西町発達支援システムの構築

　2002（平成14）年4月，発達支援室（福祉課内）に教員出身の障がいの専門家・保健師・指導主事（教育委員会兼務）を配置し，甲西町立三雲小学校内に発達支援センターを設置した。教育委員会管轄の小学校内で，福祉課管轄の事業と教育委員会管轄事業を実施することにしたのであった。実施するのは療育事業（集団と個別）とことばの教室事業であった。つまり，司令塔と専門機関を設置し，発達支援システムの理念に基づいて運営していくことにしたのだ。

　理念とは，「保健・福祉・医療・教育・就労の関係機関の横の連携によるサービスと，個別の指導計画・個別支援移行計画による縦の連携によるサービスを提供するシステムに基づく支援」である（図1.3.1）。

　発達支援システムを支えるために，教育委員会においては「甲西町個別指導計画に関する要綱」を策定し，発達支援室では「発達支援ITネットワーク」を構築していった。

　甲西町個別指導計画は，対象者は乳幼児期から児童期を経て就労までの幼児・児童・生徒とし，特別な支援教育等の必要性が生じ，具体的な教育対応を受け始めたときから就労までとした。要綱に沿って，町で統一した様式を使い，発達相談・親子教室・早期療育発達相談室・ことばの教室・保育所・幼稚園・小中学校の各段階でこの計画書が作成され，それぞれの場所で活用し，きめ細かな支援がなされ，次のステージに引き継がれていくものとした。発達支援ITネットワークは，町内に分散する各機関を結んだ情報交換を，乳幼児期から学齢期，就労までつなげるイントラネットモデルである。特徴的な機能は，「子どもの個別の会議室」での教育相談の積み上げである（ネットワーク上に個別のファイルをつくっている）。

　発達支援システムに重要なのはコーディネート機能である。長い期間を通して相談の窓口となるコーディネーターとしての発達支援室が，情報を的確に伝達し，受け皿の機関が互いに連携を取りながら支援していけるようにコーディネート機能を発揮するようにしてきた。

　また，発達支援システムの中で教育が占める割合は大きく，文部科学省の施策とリンクさせながら進めてきた。

　2000，2001（平成12，13）年度の文部科学省委嘱研究「学習障害児に対する指導方法等

第1章　湖南市発達支援システムとは

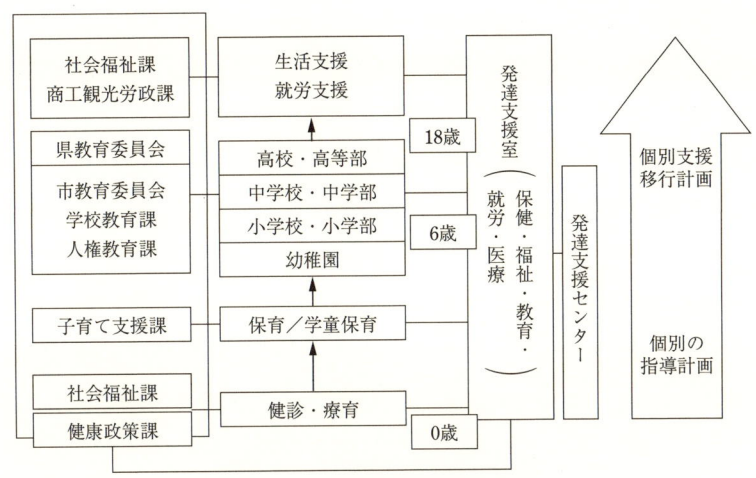

図1.3.1　湖南市発達支援システム

に関する実践研究」，2002（平成14）年度の「学習障害児に対する指導体制の充実事業」，2003，2004（平成15，16）年度の「特別支援教育推進事業」「幼稚園における障害のある幼児の受け入れや指導に関する調査研究」など，積極的に受け入れ，今までの取り組みを継続発展させていったのであった。

甲賀地域障害児・者サービス調整会議

中島秀夫（甲賀地域ネット相談サポートセンター　所長）

1　共生のまちづくりへの第一歩（近江学園の移転）

　1946（昭和21）年に大津市南郷に創設された近江学園は，糸賀一雄，池田太郎，田村一二の先達を中心に日本の障がい福祉をリードしてきたことは前述されている。甲賀地域とのかかわりは，1971（昭和46）年に旧甲賀郡石部町に移転したことに始まる。

　糸賀一雄は移転前年に死去したが，残された糸賀イズムを継承するスタッフにより脈々と実践が積み上げられてきた。その根底には，常に発達保障と共感の教育が存在してきたといわれている。「どんなに障害が重度なひとであっても一人の人間として個性的な自己実現をしている。人間と生まれて，その人なりの人間となっていくのである」（『福祉の思

想』（糸賀一雄，NHK ブックス，1968年）から）。移転が甲賀地域にもたらした意義は大きい。今日では普通のことになった「ノーマライゼーション」，すなわち障がいの有無にかかわらず，ともに地域社会を構成する住民としての共生社会の構築が，移転を契機にスタートしたのであろう。

　しかし，真の共生社会の実現にはまだ道半ばといわれている。いまなお糸賀一雄の思想がこの地域に息づき，後世の関係者によりその達成に向け取り組まれている途中でもある。
　甲賀地域には近江学園から派生した施設が，旧石部町と旧信楽町に存在している。糸賀一雄とともに近江学園創設に加わった池田太郎は，旧信楽町に近江学園の移転より早く信楽寮（1952（昭和27）年・現在の信楽学園）を創設し，「共生のまちづくり」に取り組んだ。その池田は，「障がい者をジロッと見ないで受け入れる町」「障がい者が消えていく町」と共生社会を表現した。旧信楽町での実践が地域住民の意識，すなわち障がい者を特別視しない意識を育ててきたといわれている。旧石部町においても後世の関係者の実践が，今日の地域で普通に暮らす障がい者を受け入れる町として評価されている。これらの実践には相当な障壁があったことも想像できるが，糸賀思想を背景に，後継者が障壁を乗り越えて取り組んできた結果である。これらの実践は，ノーマライゼーションは頭で考えても実現するものではなく，障がい者が地域でともに暮らすことで実現することを示唆している。その意味においても近江学園が甲賀地域に移転し，多くの施設が存在したこと，その後も糸賀思想の実践が地域で展開されてきたことは，今日の障がい福祉の向上に大きな影響を与えたことは紛れもない事実である。今日取り組まれている甲賀地域障害児・者サービス調整会議は，これらの基盤の上に成り立っている。

2　設立経過

　甲賀地域障害児・者サービス調整会議（以下，サービス調整会議）は，1995（平成7）年4月からスタートした会議である。設置に至る経過は，
　①当時の障がい当事者の様々な福祉課題は，当事者と相談を受託した機関との間でやりとりがなされていた。結果として，機関で解決できないことは他の機関に回されたり，放置されてきた経過がある。
　②相談する側とされる側はそれぞれ個別対応であり，地域の関係機関の連携（チーム支援）で取り組む仕組みがなかった。

③甲賀地域の民間法人に国庫補助事業（地域療育拠点施設事業）による相談員（コーディネーター）が配置され，甲賀地域の人材活用としての取り組みが始まった。

以上のような背景の中，当時，旧甲賀郡7町と滋賀県甲賀福祉事務所が共同で先行していた高齢者サービス調整会議をモデルに整備されたのが，障がい者版サービス調整会議である。

当時は，地域で暮らす障がい児・者の生活課題への制度やサービスが，現在のように充実している時代ではなく，ほとんどの部分が当事者や家族に委ねられていた時代である。コーディネーターを中心に，県福祉事務所ケースワーカーと町障害福祉担当者が共働し，開始当初から4年間は家庭訪問によるニーズの確認作業を活動の柱として活動し，地域ニーズを顕在化させてきた。と同時に，地域には生活を応援するサービス調整会議が存在することを周知してきた。設置当初は期待される会議ではなかったが，家庭訪問やコーディネーターによる療育教室，養護学校，作業所等の保護者会への参加等，地道な活動により徐々に存在が知られるようになっていく。さらにサービス調整会議の仕組みがなければ解決しなかった個別課題が，地域の関係機関の連携により解決したことで，一気に地域の当事者や関係者のサービス調整会議に対する期待感を高めた。個対個の対応から個対面（チーム支援）での対応ができる地域に変化する契機となったのである。

また，コーディネーターの地域での活動は，サービス調整会議において報告され，結果として甲賀地域の福祉的現状と課題の情報共有の場となった経過がある。

3 具体的な実践

1995（平成7）年から19年目を迎えているサービス調整会議。この間のさまざまな変化（国の施策，法律，障害者プラン，県の施策，福祉計画，甲賀郡の合併，三障害の施策の一元化等々）の中で，時代に即して変化させてきたこともあるが，基本的な目的や活動はぶれていない。すなわち地域で暮らす障がい児・者のニーズに向き合い，できることは実行する，できないことはサービス調整会議に部会や検討会（プロジェクト）を組織化し検討を重ねることで，できるように変化させてきた。いくつか具体的な活動を紹介する。

まず部会活動第1号は，1996（平成8）年度に設置された進路調整部会である。当時進路については2つの課題が挙がっていた。まずは養護学校卒業後の進路を確定するにあたり，学校進路指導部が孤軍奮闘していたこと，2つには児童福祉施設と養護学校の進路が

重なり合うことがあったこと，があげられる。これらの課題を解決するため進路調整部会を設置し，養護学校の進路課題を学校だけの課題にしない，地域の関係者とともに考えること，児童福祉施設との進路調整をスムーズにすることを目的に協議検討がされてきた。

　この部会は，今日いわれているライフステージを一貫した支援のきっかけをつくった部会であり，19年後の現在も継続して活動している。

　2番目に立ち上げられたのは，生活ホーム整備検討会であった。成人期の自宅で暮らすことのできなくなった人を地域で受け止める，生活の場所の確保が必要とされており，検討会を立ち上げ，当時，県事業であった生活ホームを設置した経過がある（後に県事業を国の施策に乗り入れたことでグループホームとなり，運営母体の必要性からサービス調整会議にてNPOが設立された）。

　さらには，地域福祉権利擁護事業が開始されるまでの間，同等の機能を有する甲賀郡財産管理委員会を設立して，財産・金銭管理サービスを提供する仕組みを生み出したり，重症心身障害者の通園事業検討会において，日中活動の場の確保や，発達障害の人への支援のありようの検討，乳幼児期・学齢期・成人期の関係機関の連携のための特別支援教育部会の設置等々，ニーズや時代の要請に応じてさまざまな具体的活動が，保健・福祉・医療・教育・就労等関係機関の連携により，サービス調整会議から生み出された。

4　効果と今後の課題

　サービス調整会議のキャッチフレーズは，「ひとりの不安を　ひとりだけの不安にしないために」であった。地域で暮らす障がい児・者の生活の安心を生み出すための会議であり，一定の効果と役割を果たしてきた。サービス調整会議を一言で表現すれば，地域のさまざまな関係機関が一人ひとりのニーズに寄り添ってともに力を出し合い，生活を支えていく，ともに知恵を出し合い地域の仕組みを生み出す，まさにネットワークと福祉のまちづくりのための会議であった。時代とともに制度やサービス，さらには人々の生活のありようや意識も刻々と変化している。障がい児・者も過去においては保護の客体だったが，今日においては人権が擁護され権利の主体へと変化している。1981年の国際障害者年から叫び続けられている「共生社会」の実現に向け，現在のサービス調整会議が取り組むべきことは何か，まだまだ障がいに対する差別や偏見は存在している現実がある。障がい児・

第1章 湖南市発達支援システムとは

者の生活の安心や質の向上を目指すことは当然として、ともに暮らす住民意識の向上も大きな課題として取り残されている。障がい福祉だけでなく、高齢者福祉、児童福祉も含めすべての住民がくらしやすいまちづくりに向け、ますますサービス調整会議が果たす役割は重要となっている。

甲賀地域障害児・者サービス調整会議「特別支援教育部会」

松浦加代子（発達支援室 室長）

1　特別支援教育部会の構成

　特別支援教育部会は、サービス調整会議の専門部会として位置づけられている。
　「甲賀地域の支援を必要とする発達障害児（者）等に対する、保育・教育・福祉的なサービス提供内容や支援体制について、地域課題を明確にし、サービスの質の向上・圏域の支援体制整備をはかるとともに、支援関係者のネットワークを強化し、発達障害児（者）等の自立と社会参加を推進することを目的とする」（設置要綱より）。
　この目的に向かって課題を解決するために、この部会は障がいに特化したものではなく、ライフステージにまたがって発達支援をつないでいくことを目指している。
　部会の構成を考える際、ライフステージに特化した検討を行うため、まず、時期（年齢）を限定した（図1.5.1「対象者内訳」）。その上で、ライフステージを4つにグルーピングし「発達支援をつないでいく」ために重なりを重視した3つのグループとし、検討会形式で会議を行っている（図1.5.1「組織図」）。

2　取り組みと課題

　各構成機関の事例報告を中心とした検討を重ね、教育と福祉の連携や成人期の支援（就労や日中活動の実際等）から見える地域課題の抽出に努めている。
　また、圏域（湖南市・甲賀市）の県立高等学校の特別支援教育コーディネーターにも参加してもらい、中学校から進路先への支援の継続についても検討している。年度末には、圏域中学校特別支援教育コーディネーターと、中学校からの呼びかけに応じて参加する県

■対象者内訳

時期	とくにかかわりのある構成機関
乳幼児期 (就学前)	甲賀健康福祉事務所（保健所）
	甲賀市自立支援課発達支援室
	湖南市社会福祉課発達支援室
	甲賀市健康推進課
	湖南市健康政策課
	甲賀市こども未来館
	湖南市子育て支援課
	滋賀県立三雲養護学校
	甲賀地域ネット相談サポートセンター
学齢期 (小1～中3)	甲賀健康福祉事務所
	甲賀市発達支援室
	湖南市発達支援室
	甲賀市学校教育課
	湖南市学校教育課
	滋賀県立甲南高等養護学校
	滋賀県立三雲養護学校
	障害者雇用・生活支援センター（甲賀）
	甲賀地域ネット相談サポートセンター
義務教育終了後 (とくに高校生)	甲賀健康福祉事務所
	甲賀市発達支援室
	湖南市発達支援室
	滋賀県立甲南高等養護学校
	滋賀県立三雲養護学校
	障害者雇用・生活支援センター（甲賀）
	支援センターこのゆびとまれ
	地域生活支援センターしろやま
	甲賀地域ネット相談サポートセンター
	就労支援事業所
成人期 (18歳以上 発達障害者)	甲賀健康福祉事務所
	甲賀市発達支援室
	湖南市発達支援室
	障害者雇用・生活支援センター（甲賀）
	支援センターこのゆびとまれ
	地域生活支援センターしろやま
	甲賀地域ネット相談サポートセンター
	就労支援事業所

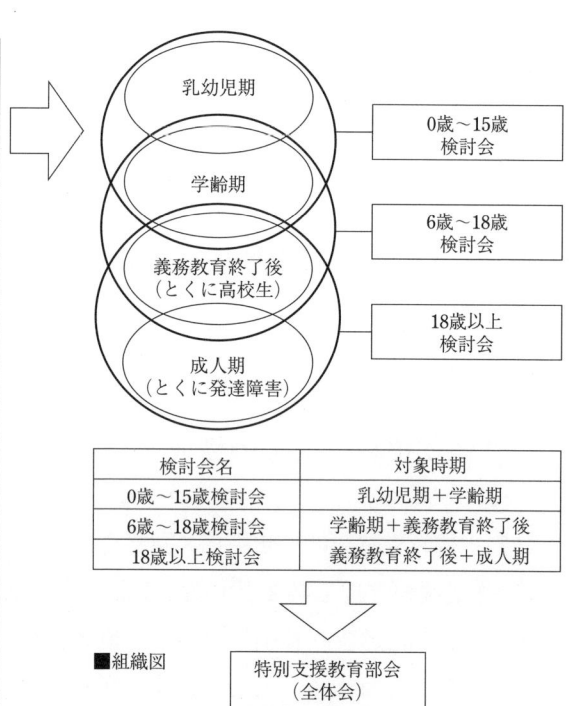

検討会名	対象時期
0歳～15歳検討会	乳幼児期＋学齢期
6歳～18歳検討会	学齢期＋義務教育終了後
18歳以上検討会	義務教育終了後＋成人期

■組織図

特別支援教育部会（全体会）
├ 0歳～15歳検討会
├ 6歳～18歳検討会
└ 18歳以上検討会

■出席検討会（○印の検討会へは必ず出席）

所属	0歳～15歳検討会	6歳～18歳検討会	18歳以上検討会
甲賀健康福祉事務所（保健所）	○		○
甲賀市自立支援課発達支援室	○	○	○
湖南市社会福祉課発達支援室	○	○	○
甲賀市健康推進課	○	○	
湖南市健康政策課	○		
甲賀市こども未来課	○		
湖南市子育て支援課	○		
甲賀市学校教育課	○	○	
湖南市学校教育課	○	○	
滋賀県立三雲養護学校	○	○	
滋賀県立甲南高等養護学校		○	
支援センターこのゆびとまれ	○	○	○
地域生活支援センターしろやま	○	○	○
障害者雇用・生活支援センター（甲賀）		○	○
甲賀地域ネット相談サポートセンター[事務局]	○	○	○
就労支援事業所		○	○

＊6歳～18歳検討会は，甲賀圏域の高等学校コーディネーターへ検討会開催の案内を行う。

図1.5.1 特別支援教育部会の構成

内高等学校等特別支援教育コーディネーターが顔を合わせての引き継ぎ会を，特別支援教育部会長と両市教育長名で案内し，開催している。ここで引き継がれる情報は，個別支援移行計画が中心である。

　部会での継続課題は，「早期発見・早期対応の取り組み」「学齢期における特別支援教育の取り組みを学齢期以後の支援へつないでいくこと」「就労へつなぐ場所や人を作り出す取り組み」である。

6　発達支援ファイル「ここあいパスポート」

松浦加代子（発達支援室　室長）

　特別支援教育部会は，発達支援ファイル「ここあいパスポート」を作成した（2009（平成21）年4月より発行）。ここあいパスポートを利用することで，支援を必要とするすべての人に対し，保健・福祉・医療・教育・就労などの機関が，途切れのないかかわりができるよう，必要な情報が，各関係機関へ伝達されることをねらいとしている。本人・保護者・支援関係者が書き込んだり，保育所・幼稚園・小学校・中学校から保護者に提供される個別の指導計画や発達・心理検査結果等をはさみこんでいくことで，情報の蓄積を図っている。

　ここあいパスポートは，市ホームページで見ることができ，ダウンロードもできる。初めて利用するときは，入手方法や活用の仕方について，社会福祉課や発達支援室・療育教室（ぞうさん教室）・ことばの教室・園・学校などに相談できる。

　ここあいパスポートには「利用は〇〇歳から」といった決まりはない。本人・保護者・支援関係者が利用してみたいと思ったときがスタートである。また，ここあいパスポートを持つことに対し，特別な審査などは必要としていない。

　ここあいパスポートを利用するメリットは，「いろいろな機関に相談をするときに説明しやすい」「記録が整理されるから，成長の過程や経過がわかりやすい」「先生や支援センターの人も協力してくれるから，大切な情報が増えていく」といったことである。

　ここあいパスポートは，たとえば身体障害者手帳や療育手帳のように，税額の減免や具体的なサービス（ヘルパー派遣や福祉用具給付など）の提供を受けるために必要となるものではない。

　学校教育課・子育て支援課は毎年度はじめの校園長会や特別支援教育コーディネーター

図1.6.1　発達支援ファイル「ここあいパスポート」

連絡会議で，個別の指導計画や個別支援移行計画を保護者に提供することを徹底している。また，療育教室（ぞうさん教室）やことばの教室，特別支援学級等の保護者研修会といった機会をとらえて，ここあいパスポートの周知に努めている。

7　発達支援室

松浦加代子（発達支援室　室長）

1　発達支援室の役割

①統括的役割

　発達支援室は発達支援センターを管轄し，発達支援関係機関と関係課の発達支援にかかわる事業を統括する。

　統括の内容とは，とくに乳幼児期から就学期を経て就労に至るまでの各ライフステージにおいて，発達支援のあり方について，体制整備を行うものである。

- 発達支援センター会議の運営（第2章❶参照）
- 発達支援センター就学前サービス調整会議の運営（第2章❹参照）
- 保育所・幼稚園特別支援教育コーディネーター連絡会議の運営
- 各関係機関・課が行う事業の進捗状況や，成果・課題の把握

②学齢期終了後の人の相談支援機関としての役割

　中学校3年生までは，在籍する学級の担任や，ことばの教室通級生については指導員による個別の対応が十分になされている。しかし，中学校卒業後も個別対応が必要な生徒も数多い。

　そのため，継続的な支援を実現するにあたり，教育部局ではなく（学校教育課で直接的にかかわれるのは中学校3年生までであるため），市長部局健康福祉部に発達支援室を置いている。概ね中学校卒業後，25歳までの人の相談は発達支援室で担っている。ただし，それ以上の人もひとまず相談を受け，アセスメントした上で，就労や生活支援に関する相談支援事業所へつないでいる。25歳という区切りは目安であって，それ以上の人でも「人や場への慣れにくさ」が大きい人については，継続的な面談も行っている。

③療育教室

　湖南市が事業所として運営している療育教室の管轄は発達支援室である。療育教室についての詳細は第2章 **5** で述べる。

④視察対応

　「障がいのある人が地域でいきいきと生活できるための自立支援に関する湖南市条例」第3条第4項では，市の責務として「効果的な障がい者支援施策が市民に対して持続的に提供されるために，他の地方公共団体に情報を提供し施策の普及に努める」ものとされている。発達支援をつないでいく体制整備が日本中に広まり深まるように，全国各地からの視察を受け入れている。

⑤湖南市発達支援ITネットワークの管理

　発達支援に必要な情報交換のために，湖南市発達支援ITネットワーク（KIDS：Konan-city IT-network for Developmental Support）を利用している。関係者間の連絡調整はもちろんのこと，保護者の了承のもとに子どもの状況や指導記録を蓄積する。支援を必要とする子どもへの適切なかかわり方を関係者が一緒に考え，サポートを丁寧につないでいくために利用する。このネットワークの管理を発達支援室が担っている。

　利用のためのガイドライン（巻末資料「湖南市発達支援ITネットワーク（KIDS）利用ガイドライン」参照）を設け，新規ユーザーには研修の機会を設定している。

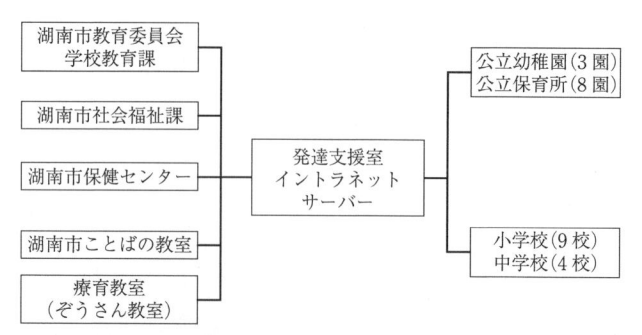

図 1.7.1　湖南市発達支援 IT ネットワーク（KIDS）

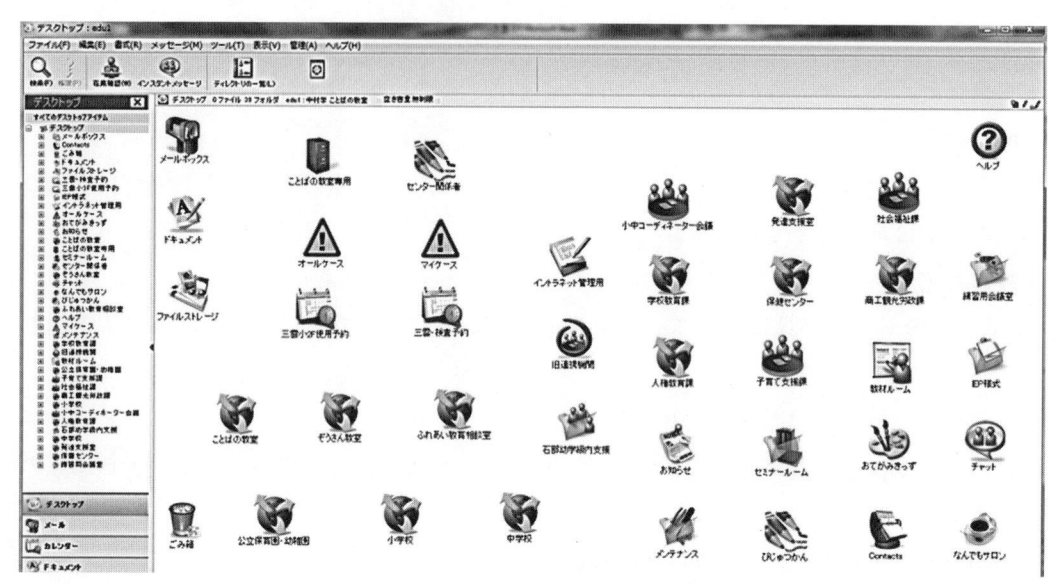

図 1.7.2　KIDS を使用する際のパソコン画面

2　教員を室長として配置する意義

　湖南市・甲賀市からなる甲賀地域は，糸賀一雄をはじめとする多くの先達が，障がいがある人の働きや暮らしを支える地域づくりに尽力してきた。しかし，おおむね18歳となる時点で，働きや暮らしを支える力が地域にあったとしても，そこまでにつなぐのは教育の力である。

　教育が中心となってかかわる期間に，不適応を起こしていた児童・生徒が数多く見られた以前の状況（問題行動や不登校の頻発……特別支援教育が進んでいなかったころ）では，い

くら卒業後の支援体制が整っていても，そこへつながるまでに至らなかったのである。つまり，教育を発達支援の視点でつないでいくことこそが大きな課題であった。

そこで，発達支援室長には教員身分の者を置き，保健・福祉・医療・就労との連携を図ることはもちろんのこと，その連携から見える教育における体制整備をどのように進めていけばいいのか，提案し続けている。このことにより，教育との連携を図っている。

これは，発達支援室長が学級での担任，通級指導教室担当，学校教育課指導主事などの経験者であるが故に，可能なことである。つまり，発達支援システムという枠組みは整ったが，実際に教育と保健・福祉・医療・就労をつなぎやすいのは，教育経験者だということである。

8 発達支援室保健師の役割

古谷絵美（発達支援室 保健師）

1 就学後の支援者として期待される保健師の役割

発達支援システムが構築される以前は，保健師は市内保健センターにのみ配属され，地区担当制で，ケースに携わってきた。乳幼児期の子どもや保護者へのかかわりが中心で，就学後の支援や，学校との連携をとることはほとんどなかった。

また，発達支援システムの立ち上げにあたり，教育部局だけで学齢期以降の子どもたちの支援をするのではなく，必要な提供できる支援がわかり，その支援につなぐことができる職種を市長部局へ配置することが検討された。そして，発達支援室に保健師が１名配置されることになり，コーディネートや相談者としての役割が期待された。

保健師は，乳幼児期から子どもや保護者とのかかわりがあり，「子どもが小さいころから知ってくれている保健師さん」という印象を保護者から持たれている。その保健師が子どもの就学後の支援者としてもつながっていることが，保護者の安心感に結びつくと考えられたからだ。

2 発達支援室の保健師が担う具体的な役割
―― 関係機関（保健・福祉・医療・教育・就労）との多岐にわたる連携

①福祉サービスについての対応・各支援事業所との連携

　発達支援室に配置された保健師は，社会福祉課障がい福祉担当を経験しており，福祉サービス等に関する知識がある。また，福祉サービス提供事業所や相談支援事業所の職員と顔の見えるつながりを持っていることから，発達支援室における福祉サービスについての相談の窓口を担う。

②医療受診に関すること（医療機関との情報のやり取り）

　保健師は，発達支援室で唯一の医療職である。小中学校・ことばの教室・療育教室（ぞうさん教室）からつながってくる発達にかかる医療受診については，すべてのケースについて事前情報を把握する。ケースによっては，情報についての整理を行う。また，医療機関と情報を直接やり取りして，情報収集をし，必要な機関へ情報提供を行う。

③地区担当保健師との連携

　保健センター所属の地区担当保健師から，とくに療育教室への通所を検討するケースや就学指導を考えるケース，就学後も継続して支援が必要なケース（おもに保護者対応）について情報が送られてきた場合，情報を共有し，地区担当保健師と一緒に面談や家庭訪問等を行い，就学後の継続的な支援へ結びつける。

④家庭支援・保護者支援（学校との連携）

　保健師は，個人のみへの働きかけだけでなく，家庭全体への支援を行う役割があり，家庭状況の把握や個人・家族の健康管理，学校と家庭とをつなぐパイプ役を担っている。子どもの発達についての相談だけでなく，母親自身の気持ちの整理やストレスの発散についての相談も多く受けている。また，母親自身に精神疾患がある場合などは，日常生活，子育て，家事，夫婦関係等がうまくいかないことへの不安やしんどさに対して，話をじっくり聴くこと，必要な支援や福祉サービスへつなぐこと，学校との情報の共有などを行いながら，母親の気持ちの安定をはかる。そうすることで，子どもの不安を軽減し，安定した学校生活を送れることにつながる。学校との情報共有は，KIDS（湖南市発達支援ITネットワーク）を使い，タイムリーにケースについて情報のやり取りを行ったり，ケース会議へ出席し，学校や関係機関と支援の方向性を検討しながら，それぞれの役割を行っている。

3 課題として考えられること

①二次障がいの予防

　幼少期・学齢期に「ちょっと気になる子ども」という気づきがなかった，あるいは気づきはあっても，適切な支援や対応を受けられず，思春期や成人期に二次障がいとして，不登校やひきこもり，うつ病などを引き起こしてしまった事例も少なくない。幼少期や学齢期から「ちょっと気になる子ども」という気づきを大切に，うまく発達支援システムへ乗せていくことで，そういった二次障がいへつながらないよう，子どもの自尊感情の育ちを大切にした子育てを，保護者には伝えている。

②発達支援システムの周知・継続

　発達支援システムがつくられただけでは，適切な支援はできない。支援者は人事異動で入れ替わる。発達支援室の保健師も同じように入れ替わるので，他部署の保健師へも，ケースを通して，発達支援システムを周知し，そのシステムの中で発達支援室の保健師がどのような役割で活動をしているのかをつねに伝えていく中で，発達支援システムを活用した支援の継続に努めている。

③将来を見据えた支援の継続

　発達支援室の保健師は，さまざまなライフステージ上にいる人々とかかわっている。その人々の就労・社会自立をゴールに，少し先を考え，今の支援を振り返りながら，本人や家族へ寄り添い，支援を継続していきたい。

第 2 章
早期発見・早期対応
乳幼児期の支援

1 発達支援センター会議

松浦加代子（発達支援室 室長）

　発達支援センターは，障害児通所支援事業（児童発達支援ならびに保育所等訪問支援）を行うとともに，発達相談・療育教室・ことばの教室（幼児部・学齢部）のサービス内容や指導内容について統括している。

　早期発見を早期対応につなぐためには，市内幼稚園・保育所・小学校・中学校での取り組みについても共通理解が必要であることから，発達支援センター会議には，子育て支援課（保育所管轄）と学校教育課（幼稚園・小中学校・ことばの教室・適応指導教室管轄）も参加している。

　発達支援室は，発達支援センターを管轄し，かつ義務教育終了後の人の支援体制を構築している。学齢期終了後の人をイメージしながら，それぞれのステージに求められる体制や，関係機関同士の連携のあるべき姿について，統括する役割を果たしている。各関係機関・課が行う事業の進捗状況や，成果・課題の把握のために，設置要綱を定めて発達支援センター会議を開催している。

1　出席者

　発達支援室長・保健師（統括），学校教育課指導主事，子育て支援課参事，健康政策課発達相談員，社会福祉課発達相談員，通級指導教室担当者，ことばの教室指導員，療育教室保育士

2　開催日と会議内容

- 4月上旬：今年度の取り組みについての確認
- 8月中旬：4月から7月の進捗状況ならびに成果と課題の確認
- 12月上旬：8月から11月の進捗状況ならびに成果と課題の確認
- 2月中旬：12月から1月の進捗状況ならびに成果と課題，来年度の取り組みについての確認

3 進捗状況確認事項（例）

進捗状況確認事項については，当年度の重点課題によっても変更している。
- 発達支援室：①関係機関（保健・福祉・医療・教育・就労）との連携調整に関すること，②発達相談に関すること，③療育教室に関すること，④巡回相談に関すること，⑤就学指導に関すること，⑥義務教育修了後の人の就労支援・生活支援に関する相談，⑦義務教育修了後の人の対人関係スキルに関する相談，⑧保護者・教職員・支援者との相談，⑨発達障害に関するケース会議，⑩不登園・不登校に関するケース会議，⑪虐待に関するケース会議，⑫ KIDS（湖南市発達支援IT ネットワーク）に関すること，⑬教職員・支援者向けの発達障害等理解啓発に関すること，⑭保護者の発達障害等理解啓発に関すること，⑮視察・ハンドブックに関すること
- 学校教育課：①個別の指導計画に関すること（作成対象者数・作成締め切り日等），②個別支援移行計画に関すること（作成対象者数・作成締め切り日・引き継ぎ日程等），③幼稚園加配教員の配置に関すること，④就学指導に関すること，⑤特別支援教育コーディネーターの役割に関すること
- 子育て支援課：①保育所加配保育士の配置に関すること，②特別支援教育コーディネーターの役割に関すること
- 健康政策課：①乳幼児健診に関すること，②ゆうゆう親子教室に関すること
- ことばの教室：①幼児部・学齢部通級幼児児童生徒数，②教育相談件数
- 療育教室（ぞうさん教室）：①児童発達支援（集団療育）通所児数，②個別療育教室通所児数，③保育所等訪問支援事業対応数

4 これまでに確認した共通理解事項（例）

- 健康政策課地区担当保健師が担う保健の二次的障がい予防対応（＝子育て支援）と，発達にかかる相談は，目的が異なることを共通理解する。
- 保護者の事情により療育教室への通級が中断しているケースについて，ぞうさん教室と健康政策課地区担当保健師により，フォローを継続するため保護者の了解を得て情報共有する。

表2.1.1 発達支援センター関係統計

	人数	療育教室(集団・個別)	ことばの教室幼児部	特別支援学校	知的障害特別支援学級	自閉症・情緒障害特別支援学級	ことばの教室学齢部
0歳児	518	0 / 0	0 / 0				
1歳児	506	4 / 0.8	0 / 0				
2歳児	528	7 / 1.3	0 / 0				
3歳児	494	19 / 3.8	3 / 0.6				
4歳児	502	21 / 4.2	54 / 10.8				
5歳児	471	7 / 1.5	74 / 15.7				
小学1年	495			8 / 1.6	12 / 2.4	5 / 1.0	26 / 5.3
小学2年	514			6 / 1.2	17 / 3.3	10 / 1.9	26 / 5.1
小学3年	535			7 / 1.3	23 / 4.3	13 / 2.4	11 / 2.1
小学4年	553			7 / 1.3	18 / 3.3	16 / 2.9	18 / 3.3
小学5年	524			6 / 1.1	32 / 6.1	14 / 2.7	12 / 2.3
小学6年	569			6 / 1.1	24 / 4.2	10 / 1.8	9 / 1.6
中学1年	624			13 / 2.1	8 / 1.3	9 / 1.4	13 / 2.1
中学2年	551			15 / 2.7	20 / 3.6	7 / 1.3	3 / 0.5
中学3年	581			18 / 3.1	16 / 2.8	7 / 1.2	10 / 1.7

> 3・4・5歳児1,467人
> 療育・ことばの教室通級児178人
> 就学前3年の12.1%の子どもが市内専門機関に通っている

(注) 2012（平成24）年度末。上段・人数。下段・％。近江学園生を含む。

- 個別療育から集団療育に変わるときや，集団療育からことばの教室に変わるときにも，就学前サービス調整会議を経ることによって，関係機関での引き継ぎが確実に行える。
- 専門機関や発達相談において得られた，「（在宅児で）保育所や幼稚園を保護者が考えている，あるいは（在園児で）転園を考えている」というケースについての情報は，保護者の了解を得て子育て支援課・学校教育課と早めに情報共有する。

- 療育教室やことばの教室通級児については，どういった子どもを対象とするのかが各校園ではっきりしてきたため，爆発的な増加はない。その一方で，表面的には「生徒指導上の問題」「不登校」とみなされる児童・生徒について，発達についての視点が各校に根づいてきたことにより，教育相談件数は増加している。校園訪問からうかがえるのは，それぞれ担任の支援についての力量は確実にアップしているということである。
- 保育所・幼稚園での個別の指導計画作成については，「加配保育士・教員配置対象児」「ことばの教室・療育教室通級児」は，必ず作成する。他は，小学校で何らかの支援を必要としている子どもについて，就学指導委員会には「諮問」または「報告（審議の場で諮問をする了解が保護者から得られていない）」で上げる。「加配保育士・教員配置対象児」以外で，支援を必要とする子どもについての作成は，園で判断する。報告事例としては，漏れなく伝わるように確認の必要がある。
- 療育教室・ことばの教室修了児のファイルについては「個別の指導計画」「検査所見等」「節目となる保護者との懇談記録」に限定し，25歳までを目途に発達支援室で保管する。
- 発達相談体制や，個別の指導計画作成，就学指導委員会の取り組み，医療受診は発達支援室を通すこと等については，年度当初の校園長会議・特別支援教育コーディネーター連絡会議において周知する。

2 保健における早期対応

服部昌美（健康政策課 参事）

　発達障害のある子どもの乳幼児期は，育てにくさをとても感じる時期でもある。
　湖南市では，保護者の困り感をより早期に受け止め，子どもの課題に気づき，保護者支援・子どもへの支援ができるように，さまざまな場面を通して保健師が直接保護者と話ができるような体制をつくっている。そのため，「子育てに何か困ったら，保健師に相談すればよい」と思ってもらえるような出会いを重ねられるように心がけている。

1 母子健康手帳交付

　母子健康手帳の交付時には，すべて保健師が面接を行っている。面接では，妊婦やその家族に，生まれてくる子どもへの思いや，家族状況，経産婦の場合は上の子どもたちの状

況等を聞き取り，保健指導を行う。

　面接時の妊婦やその家族の状況や雰囲気・聞き取った内容から妊婦の生活環境を把握し，母子保健担当者が今後の支援の必要性と内容を検討し，必要に応じて妊娠中からの継続的な支援（指導）も行う。

2　新生児訪問

　生後60日までの間に，保健師や助産師が新生児全数訪問を行っている。

　里帰り出産のため，遠くへ長期間の里帰りをする人等については，帰宅後，4か月児健診までの期間に訪問している。

　地区担当保健師・助産師等，誰が訪問するのかについても，母子保健担当者が検討し実施している。新生児訪問から子育て支援課家庭児童相談室にも同席してもらう場合もある。

3　乳幼児健診

　湖南市では，4か月・10か月・1歳6か月・2歳6か月・3歳6か月のときに健診を行なっている。乳幼児健診では，子どもの健やかな育ちと精神発達を中心に，疾病や発達上の課題の早期発見・早期対応に努めている。

　健診場面で，発達上の課題がある場合や，保護者に育てにくさがある場合にも，保護者が子どもの自尊感情の育ちを応援するようなかかわりができるように支援している。そのことが，次のゆうゆう親子教室や発達相談につながっている。

　また，健診後のミーティングで，異常なし・要指導・要観察・要精査・要医療・管理中に分類し，健診後のフォローの仕方も検討している。

　各健診の受診率は高く，乳児健診（4か月・10か月）は97％前後，幼児（1歳6か月・2歳6か月・3歳6か月）健診で95％前後だが，未受診児についても，次月の健診の案内をしたり，家庭への訪問等で子どもたちの成長を確認している。

4　ゆうゆう親子教室

　ゆうゆう親子教室は，1歳6か月児健診時等に，子どもへのかかわり方や成長発達につ

いての不安や悩みを，保健師等健診スタッフに相談した保護者とその子どもを対象とした親子教室である。親子遊びや母子分離の活動を通じて「保護者が感じる育てにくさやかかわりにくさ」を共有し，その子に合った成長発達のペースを意識し，かかわるポイントを知り，対応できるようになることを目的としている。

月2回，1回2～3時間の教室を8回シリーズで実施している。保健師・発達相談員・保育士が教室を運営している。

教室の前後には，地区担当保健師が訪問等で子どもの様子を把握したり，8回シリーズの参加終了時には教室スタッフが母子の様子や保護者の感想等から，その後の支援の計画を立てている。

5　発達相談

子どもの発達特性をより細かく観察し，保護者に理解してもらうために，発達相談を実施している。

発達相談を実施した子どもについては，その結果から子どもの発達特性に合わせたかかわり方を保護者にアドバイスし，発達支援室が実施する就学前サービス調整会議に上げ，その後の支援のあり方を専門職が検討している（発達相談については第2章❸，就学前サービス調整会議については第2章❹を参照）。

6　育児相談

子育ての相談は，健診場面だけではなく，赤ちゃんホットライン（電話相談）や子育て支援センター，保健センターへの来所相談等さまざまな機会がある。

また，各地で実施している「集いの広場」での相談や子育てのアドバイス等も行っている。

7　他機関との連携

①生後間もないころから疾病があり，医療機関を継続的に受診・入院している子どもの場合は，保護者の了解のもと医療機関等との連携をはかり保護者を支援したり，必要な福

祉サービスや地域での医療サービスにつなぐこともある。
　②若年妊産婦や，育児不安や育児負担の大きい妊産婦の場合は，家庭児童相談室と連携をはかり，ともに訪問したり，相談を受けることもある。
　③発達相談を受け，何らかの支援を受けていた子どもについては，保護者の了解を得たうえで，入園前に子どもの情報を提供するなど，保育所・幼稚園との連携をはかっている。子どもの発達特性と未就園の時期に受けていた支援を知り，入園後にも継続・展開してもらうことを目的としている。

3　発達相談

寺嶋尚子（ことばの教室　指導員）

1　発達相談とは

①目的

　乳幼児における健康と福祉を増進することは，乳幼児の生涯にわたる健全な生活を維持するために重要である。このため，乳幼児健診等の結果，将来精神および運動発達面に障がいを残すおそれのある乳幼児や，健全な情緒発達を阻害されるおそれのある乳幼児について，適切な発達支援を保健・福祉・医療・教育等の連携のもとで行うことにより，乳幼児の健全育成に資することを目的とする。

②対象者

　0歳から就学前までの乳幼児とその保護者を対象とする。対象の把握基準は，「乳幼児健康診査（一次）保健指導用手引き書」に基づく，要精密健診となった乳幼児および，保護者から相談のあった乳幼児とする。

①乳幼児健康診査の結果，発達に何らかの課題があり発達相談および検査が必要とされた子どもとその保護者
②各種相談，訪問等により発達相談および検査が必要とされた子どもとその保護者
③保育所・幼稚園で，発達相談および検査が必要と認めた子どもとその保護者
④他機関から依頼のあった子どもとその保護者

表 2.3.1　発達相談の実施体制

対象年齢	担当発達相談員	相談場所
0, 1歳児	保健センター　発達相談員	保健センター，家庭
2, 3歳児	発達支援室　発達相談員	所属園，ぞうさん教室（療育教室）
4, 5歳児	ことばの教室　発達相談員	所属園，ことばの教室（療育教室）

2　実施体制

　発達相談実施にあたっては，子どもとその保護者にできるだけ負担の少ないよう，また市のサービスに円滑につなげるように，担当発達相談員や相談場所を考慮している（必要に応じて地区担当保健師も同席）（表2.3.1）。

　時期については，家庭，健診，園での気づきのあと，子どもの実態をもとに検討し，保護者のニーズに応えられ，支援体制についても考えられる時期がふさわしい。内容についても，保護者との相談，発達検査を実施して，発達をふまえての相談，個別の指導計画の作成についての相談などに柔軟的活用がされ，相談の頻度についても，ケースに応じて対応している。

3　留意事項

　発達相談により，子どもの日常生活が楽になり，保護者が前向きに子育てに向き合えるよう，また，在園児の場合は，園での支援にも役立つ相談となるよう心がける。

①0, 1歳児

　生後間もない時期であることから，保護者に困り感があったとしても，個人差の範囲内と捉えられることが多い。ゆえに，遺伝子レベルの疾病・脳性麻痺・先天性疾病等，早期療育が必要な子どもに対して，療育につなぐための発達相談を積極的に行う。その他については，育児支援を中心に地区担当保健師とともに保護者を支える。

②2, 3歳児

　多動や，自我の芽生えによる癇癪，人とのコミュニケーションを好まず言葉の発達が遅い等，心配事が増えていく時期であり，保護者の精神的な負担から虐待につながるケースもある。保護者の思いに寄り添いながら，支援が必要であれば，「就学前サービス調整会

表 2.3.2　発達相談の事例①　落ち着きのなさ，こだわりがある

10か月健診	要指導
1歳6か月健診	要観察
	母から，外へ行くとパーッと行ってしまう，言うことを聞かないと相談
	→ゆうゆう親子教室
2歳　　在宅～	発達相談→ぞうさん教室（2歳～4歳）
3歳　　年少	入園（園とぞうさん教室との連携）
4歳　　年中・秋	ぞうさん教室→ことばの教室（4歳～6歳）
6歳	小学校へ入学

表 2.3.3　発達相談の事例②　子どもの特性があることに加えて，保護者の不安が高い

2歳	他県から転入
2歳6か月健診	要指導
3歳	入園（発達相談を推奨するが，なかなかつながらない）
3歳6か月健診	要観察（発達相談を推奨するが，なかなかつながらない）
5歳　　年長・春	発達相談→ことばの教室（5～6歳）
	行き渋り，チック，吃音，落ち着きのなさがみられ，対人・コミュニケーションの課題あり
6歳	小学校へ入学

議」により，「療育教室（ぞうさん教室）」につないでいく。

③4，5歳児

　入園後，集団生活に馴染みにくいケースや，就学を控えての親の焦りや困り感から，子どもへのかかわりが厳しくなり悪循環に陥るケースもある。家庭でのかかわり方，園でのかかわり方を整理して役割分担をし，今後の見通しを持つことで楽になるケースもある。より丁寧な個別での指導・相談を要するケースは，「就学前サービス調整会議」により，「療育教室（ぞうさん教室）」，あるいは「ことばの教室」につなぎ，学校へと引き継いでいく。

4　今後も，発達相談で大切にしていきたいこと

　子どもを育てるということは，ときには，じれったく，根気の必要なことである。
　けれども，子どもの成長を感じて喜び，子どもが発する言葉・姿に何ともいえぬ愛おしさを感じることで，日々の保護者の根気あるかかわりが報われる。
　しかし，発達に特性があり，親の言うことに反抗し，困った言動ばかりの毎日で，子どもの成長を感じる間もないとしたら，どうだろうか。

発達相談では，保護者の日々の悩みや生活の様子を聞き，子どもの言動の意味を一緒に考え，日常生活の過ごし方，かかわり方を提案している。個に寄り添った目線から，成長が共有できたり，相互のやりとりを楽しめるようになれば，関係が変わり，生活が変わり，子どもの様子も変化してくる。よりよい変化（成長）を目指し，継続してみんなで支え合うことが，子育てには大切である。

　そうなるためには，子どもの様子，保護者の思いを丁寧に把握し，適したタイミングで発達相談へつなぐことが大切である。そして，子どもを理解しようとする視点，保護者を支えようとする姿勢を，各ステージの支援者の間で引き継ぎながら，けっして焦らずに，次のステージに「つないでいく」ことが大切だと感じている。

4 発達支援センター就学前サービス調整会議

松浦加代子（発達支援室 室長）

　発達支援センター就学前サービス調整会議は，発達相談後の支援について検討するため，毎月1回開催している。ここでいうサービスとは，療育教室（ぞうさん教室）・ことばの教室幼児部への通級である。

　また，発達相談後のケースだけではなく，「個別療育から集団療育へ」「集団療育からことばの教室へ」「ことばの教室から個別療育へ」といったようにサービス内容を変更する際にも，発達支援センター就学前サービス調整会議にかけている。

1　調整会議の方針

　発達相談につながってきた，あるいはつないできた保護者や関係課職員が願うのは，「早期発見を早期対応に活かせるようにしたい」ということである。ただ，それぞれの願いは，立場の違いもあって（保護者と支援者），一致した進み具合で実現していかないことも明らかである。

　そこで，発達支援センター就学前サービス調整会議では，以下の視点に基づいて支援について検討している。
①発達相談を受けた子どもの発達
②園での状況（集団で・個別で）

③保護者のわが子の発達についての理解度
④時期

　とくに③については，発達相談を受けることを園から勧められて承諾した保護者であっても，その承諾の仕方については，発達相談員が実際に会ってみて確認できることであったりする。このため，発達相談員との懇談内容は，サービスを受けることについての保護者の積極性を知るためにも重要である。

2　出席者

・発達支援室長・保健師（統括）
・健康政策課発達相談員
・社会福祉課発達相談員
・ことばの教室指導員

3　調整会議の結果（例）

①発達相談の継続（次回予定を伝えておく）
②発達相談結果を受けての園での取り組み→園から巡回相談員に参観要請
③療育相談→ぞうさん教室（個別療育）
　　　　　→ぞうさん教室（集団療育）
④ことばの教室
⑤発達支援室での保護者相談

4　調整会議の結果の伝え方とその後

・在宅児については，健康政策課地区担当保健師より保護者へ連絡。
・在園児については，発達相談員から保育所・幼稚園コーディネーターへ連絡。コーディネーターから保護者へ連絡。
・ことばの教室・ぞうさん教室（療育教室）への通級という結果で，保護者が希望する場合は，保護者からことばの教室・ぞうさん教室（療育教室）へ電話連絡をし，初回相談

日を設定する。

5 療育教室・保育所等訪問支援（ぞうさん教室）

寺田久乃（ぞうさん教室 発達相談員）

　発達検査の結果から，就学前サービス調整会議で療育が必要と判断された子どもが通うのが「ぞうさん教室」（湖南市通所支援センター：児童福祉法に基づき湖南市が開所する児童発達支援事業所）である。

1　療育教室

　ぞうさん教室の療育には，2つの通い方がある。一つは，一人の子どもに一人の発達相談員が対応をする「個別療育」，もう一つは，1クラスの定員が10名の「集団療育」である。
①個別療育について
　はじめてぞうさん教室に通うときには，原則として「個別療育」から開始している。発達検査を受けた子どもは，発達に遅れや偏りがあるために，子育てには工夫が必要な場合が多い。子どもの年齢が幼く，保護者に子どもの弱さへの気づきにくさがある場合，あそびの中で発達相談員が子どもの発達を見極め，子どもの課題を把握し，子育ての工夫を提案するためにも，親子に合わせた療育を実施している。さらに発達相談員と懇談を重ねる中で，保護者が子どもの発達的な特徴を理解して子育てをしていけるように働きかけている。
②集団療育について
　個別療育を実施する中で，より丁寧なかかわりが必要と判断された子どもについては，保護者の意向を踏まえたうえで，週1回の集団療育を勧めている。集団療育を利用する際には，「利用のための契約」が必要となる。これは，ぞうさん教室が「湖南市通所支援センター」として，児童福祉法で定める指定障害児通所支援事業者として指定されているためである。
　ぞうさん教室は，児童福祉法に基づき，療育の場を通して子どもの成長を促し，保護者の育児を支援することを目的としている。また，心身の発達に遅れや障がいがある，あるいはそのおそれのある幼児に，あそびや生活指導を通して，心身の健やかな成長を促すために，保護者・家族の子育てを保育士が中心となり支援することを事業の方針としている。

図2.5.1　集団療育　　　　　　　　　　図2.5.2　調理活動「よそう」

　ぞうさん教室の集団療育の特徴としては，親子での療育参加が基本であること，9時30分から13時すぎまでの，半日以上の療育を実施していることである。
　週1回，長い時間を療育教室で過ごすのは，障がいのある子どもと保護者が向き合う時間も長いために，保護者にとってはとてもしんどいことである。しかし，生活の一部として，食事や排泄といった生活動作を取り入れた療育の中で，職員（保育士・発達相談員）とともに子育てをしながら，家庭生活に対応をし，将来の自立を見据えるためにも，長い時間を設定している。

③ 3つの柱

　ぞうさん教室の療育には，大きく3つの柱がある。

1）自分のことは自分でできることを大切に

　「自分のことは自分でする」という当たり前のことでも，自ら「したい」という意欲が出にくい子どももいる。「できないから，大人がする」のではなく，「子どもができるような方法を見つけ，工夫をする」ことを提案している。たとえば，

　　自分の荷物は自分で持つ　　⇒　手提げではなく，リュックか斜め掛けカバンにする
　　持っていく荷物の準備をする　⇒　あらかじめ用意してあるものを，自分でカバンに入れる
　　決められたところに片づける　⇒　片づける場所に写真を貼ったり，片づける順番を示す（図2.5.3）

　荷物の準備と片づけを家庭と療育で取り組みはじめ，保育所や幼稚園に入園したときにも，毎日継続させることで，それが習慣となり，学校生活，さらに社会に出ていくときに

は，自分のことは自分でできる大人になるように，保護者とともに取り組んでいる。

2）大人になっても困らないようなやり方を身につける

発達の特徴により，一度覚えたやり方を修正しにくい子どももいる。そのため，大人になったときに，そのままのやり方をしてもいいような方法を，できるだけ教えている。

たとえば，トイレの外でズボンも下着もすべて脱いでから排泄をする子どもがいる場合，そのやり方は幼いときや家庭では許されても，成長してから外出先で同じ行為をした場合，年齢不相応の行動になる。成長したときに望ましくないと思われる行動については，早い時期に無理のないように修正をし，社会的に受け入れられる方法を身につけていくようにしている。

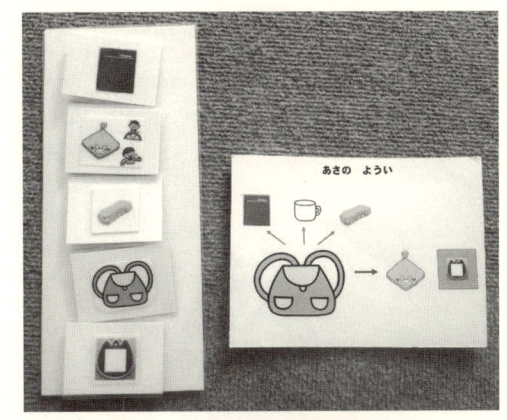

図 2.5.3　片づける場所や順番を示す

3）したいこと，したくないことを自分で選べる人に

一人ひとりが，活動の見通しを持ち，不安なく過ごせるよう，また次の活動に期待を抱いて参加をしていけるように，理解できる「物」や「写真」「絵」を使い，活動のスケジュールを知らせている（図 2.5.4，図 2.5.5）。得意なことがある反面，苦手な活動もある子どもにとっては，「次は○○だから，△△しましょう」と指示されてから動くのではなく，次の活動を自分で確認したうえで，したい活動には積極的に期待をして参加し，したくないことや苦手なことは場面から逃げて拒否するのではなく，したくないという思いを人に伝え，「参加しない」という自己決定の場としている。

さらに，発達的に可能な子どもについては，「参加しない」という思いを伝えてきたときに，「したくないけど，がんばろう」「がんばってやったら，次は大好きな○○だよ」と交渉をする場にもしている。

④**活動について**

どのクラスも，「からだそだて」「つどい」「あそび」を中心に，生活動作を含めて「できたをふやす」ことをねらいとし，子どもの発達の状態に合わせて活動を組み立てている。

1）からだそだて

子どもたちが大好きな「運動あそび」では，親子でからだを動かす楽しさを経験する中

図2.5.4 物で活動のスケジュールを知らせる

図2.5.5 写真や絵で活動のスケジュールを知らせる

で，粗大運動の発達を促している（図2.5.6）。楽しい経験は「もう一回してほしい」という気持ちと意欲を育て，人に伝えることで要求をかなえてもらうといった，コミュニケーションの意欲にもつながる。ことばで伝えられない子どもは，ジェスチャーで伝えるなど，「伝える手段」を身につける場にもしている。

マッサージでは，大人とのスキンシップが心地いいものとして受け止められるよう，感覚面の育ちを促している（図2.5.7）。また，乾布摩擦を通して，自分の体の部位を知っていき，自分で体を洗うことへつなげている。その際に，服の着脱をし，自分でできる方法を見つけ，家庭や園でも取り組めるようにしている。

2）つどい

他児と一緒に椅子に座り，名前を呼ばれて返事をするなど，自分を認められる場，さらに人への意識を育てる場としている（図2.5.8）。

3）あそび

小麦粉粘土，スライム，砂，ビーズなどの感触あそびを中心に，シャボン玉や絵本，ボールすべりなどをする，子どもたちが一番楽しみにしている時間の一つである。たんに自分の好きなようにあそぶのではなく，感覚を育てること，目と手の協応や人とのやりとりを促すことなど，一つのあそびであっても，多くのねらいをもって提供している。

図2.5.6　親子でからだを動かす　　図2.5.7　マッサージ

図2.5.8　朝の会

4）その他の活動

「できた」を増やす活動の一つとして，ワーク（机上課題），買い物やクッキングを取り入れている。

ワークでは，目と手を使う課題を着席で行い，親子で「できた」を感じやすい課題を，子どもの発達の状況に合わせて準備している（図2.5.9，図2.5.10）。

買い物では，保護者と手をつないで歩くことや雨の日は傘をさして歩くこと，あらかじめ決めたものを買うこと，お金を出して品物を受け取ること，といったねらいがある。

また，クッキングでは，自分で調理をしたものを自分で食べるだけでなく，つくったものを人に分けることで，「ありがとう」「おいしかったよ」と言われる経験としても取り入れている（図2.5.11）。調理活動の中には，段取りを考える必要があるメニューや，「焼けるまで待つ」という時間を過ごすこと，さらに，包丁の使用など危険が伴うこともある。

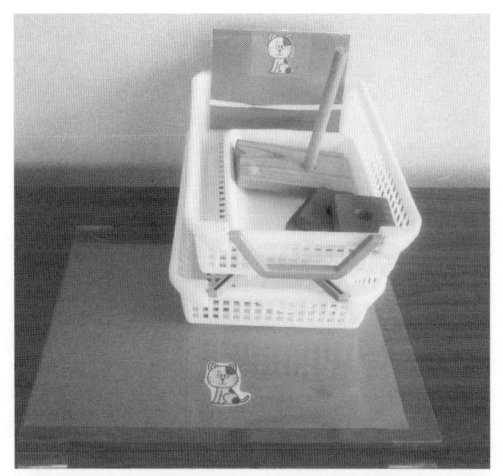

図2.5.9　ワークに使用する道具

図2.5.10　目と手を使う課題

図2.5.11　調理活動「つくる」

図2.5.12　図書館で絵本に触れる

慎重な動きも必要になるため，子どもの課題に合わせてできることを大切にして，経験を重ねている。

　いずれも，自信をつけることだけでなく，自立するときに向けて，自分でできることを増やすとともに，保護者にはどのようにしたらできるのかを職員と一緒に考える機会にしている。

　さらに，社会参加をする機会として，地域の路線バスに乗って遠足に出かけたり，図書館を利用して絵本に触れ合うという活動の中で，公共の乗り物や公共施設でのマナーを知ることや，積極的な親子での地域参加を促している（図2.5.12）。

⑤保護者同士のつながり

　障がいのある子ども，あるいはそのおそれのある子どもを育てるということは，ただでさえ大変な「子育て」が「孤育て（孤独な子育て）」になる可能性が高い。子どもの将来が見えにくく，どのように育てていけばいいのか，と迷い悩む時期に，ぞうさん教室に通っている子どもの保護者同士が支え合い，思いを分かち合い，子育ての工夫を持ち寄る姿がある。ぞうさん教室は，職員が，通園児の家族とともに支援を考え，子育てのよりよいやり方を提案する場であるだけでなく，保護者同士の仲間を育てる場にもなっている。

2　保育所等訪問支援

　ぞうさん教室は，保育所等訪問支援についても，児童福祉法で定める指定障害児通所支援事業者の指定を受けている。
　この事業は，児童福祉法に基づき，保育所等の集団の場において，他の児童との集団生活に適応することができるよう，発達の状態や環境に応じて，適切かつ効果的な支援を行うことを目的としている。
　子どもは，「療育教室」という限定された場だけで成長するわけではなく，安定した家庭生活と他の児童との集団生活の中で，成長していく。発達に課題のある子どもは，保育所等の集団生活の中で過ごすことの難しさを抱えている場合が多い。このことは，療育の中でも予測できることだが，それだけでなく実際の保育場面を参観し，かかわる保育士と課題を共有しつつ，保育現場でもできる工夫をともに追求し，地域支援の強化につなげていけるように心がけている。

6　ことばの教室幼児部

中村　学（ことばの教室　指導員）

1　ことばの教室開所式

　毎年4月半ばに新年度の体制が整備されてすぐに，ことばの教室開所式（幼児部・学齢部合同）を行う。教育長出席のもと，保護者へ向けて新年度からの体制と方針を伝える。

式には市内すべて（公立・私立）の保育所・幼稚園・小学校・中学校の校園長も出席する。管理職が出席することで，在籍校園とことばの教室との連携の大切さを再確認し，保護者にも安心してもらうよう伝えることができる。

2　園訪問

在籍園での集団指導と，ことばの教室での個別指導との連携が重要である。ことばの教室幼児部では年2回（6月・11月），直接各園を訪問する。日々の様子に関するやり取りは湖南市発達支援ITネットワーク（KIDS）で行うが，直接訪問することで集団での様子を直に観察する。園での学習・保育の様子を見学し，その後，担任の先生と情報交換をする。

情報交換では，園やことばの教室で作成しているそれぞれの個別の指導計画を交換し，集団と個別との役割分担を明確にする。園からは同年代での対人関係や集団内での特徴を，ことばの教室からは検査結果や特性を伝えることで，一人ひとりをより深く理解し，情報共有することを目的とする。

3　ことばの教室幼児部の指導内容

ことばの教室幼児部は市内3小学校に開設されている通級指導教室（ことばの教室学齢部）に併設して設置されている。就学前サービス調整会議にてことばの教室処遇となった，おもに4歳児・5歳児の子どもが保護者同伴で利用している。在籍園での集団内支援とは別に，在籍園と連携をとりながら個別支援の場としてサービス（指導）を提供している。指導は原則として毎週1回，約1時間である。

①指導対象

ことばの教室では，次のような子どもの教育相談や指導をしている。
・発音が不明瞭である，または誤りがある。
・耳の聞こえが悪いため，ことばの発達に課題がある。
・聞いて理解する力や自分の思いを話す力など，ことばの発達に課題がある。
・話しことばのリズムが乱れる（どもる）。
・不注意や多動の傾向があり，集団活動においてつまずきがある。

図2.6.1 ことばの教室

図2.6.2 ことばの教室のある小学校

図2.6.3 ことばの教室の室内

図2.6.4 ことばの教室開所式

・周りの状況をうまく読みとれず，対人関係や集団活動につまずきがある。
・学び方に特徴があり，支援を要する。

②取り組みの重点

個別支援の場であるため，求められる指導は多岐にわたる。その中でも，幼児部の指導としてとくに大事にしている点は次のとおりである。

1）言語発達

一つは言語発達の促進である。同頭音・同尾音などのことば集めや，しりとり・反対ことば等のことばあそびを通して音韻意識を高めたりことばの操作力を高めたりする。語彙数を増やし全体的な言語理解力の向上を促す。自分のことばで考えて自分の行動を調整できるように促す。

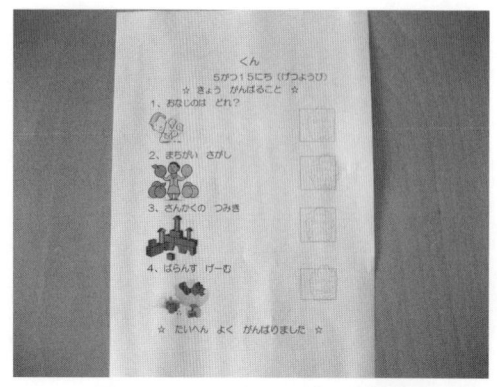

図2.6.5 「きょう がんばること」

図2.6.6 しりとりに使うカード

図2.6.7 ごっこあそびなどに使うおもちゃ

2）コミュニケーションスキル

　ごっこあそびやままごとあそび，簡単なルールのあるゲームを通して，大人と1対1の関係の中でコミュニケーションスキルの向上を目指す。あそびの中で子どもの気持ちを代弁して言語化して聞かせたり，会話のモデルを示したりすることで，場に応じたことばの使い方や気持ちの落ち着け方を示す。何事にも「一番でなければ！」と思っている子どもや，勝ち負けにこだわってしまってゲーム自体を楽しめない子どもにも，繰り返し勝ち負けを経験させて慣れさせたり，負けたときに「まっ，いいか」「次勝ったらいいだけやし」ということばを大人がモデルとなって聞かせることで子どもが使えるように促す。

3）自己肯定感の育成

　集団生活の中で，"できない経験"や"失敗経験"を多く積んでことばの教室に来る子どもがいる。そうした子どもにも無理のない課題を設定できるのが個別指導の利点である。

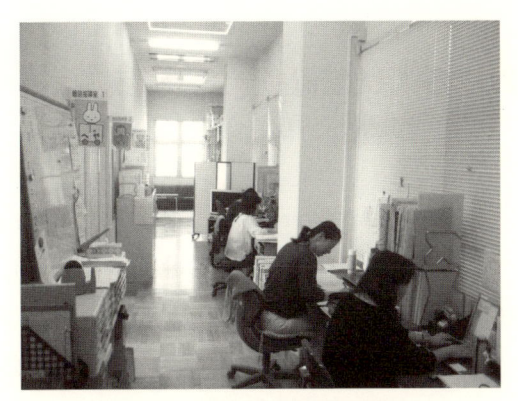

図2.6.8　机を並べて働く指導員たち

できる課題を繰り返し行うことで達成感や満足感を感じられるように促す。課題にはスケジュールを提示して見通しを持ちやすくする，終了後に達成感を持てるようにハンコを押したりシールを貼ったりして，最後まで頑張って終わったことがわかりやすいようにするなどの工夫をしている。

4）保護者相談

　子どもの特徴や日常生活での対応の仕方など，保護者の困り感に寄り添いながら"何でも相談"を基本とする。在籍園の先生とはゆっくりと話す時間が持てなくとも，保護者同伴のことばの教室個別指導では時間を確保しやすい。保護者との関係性や信頼を大事に考えて取り組む。就学についての相談も，ときには通級指導加配の先生が学校の先生としての立場で話をするなど，内容や状況によって適任者が相談できるように対応する。

5）学齢期へのつなぎ

　ことばの教室では幼児部と学齢部が併設されており，情報の交換が非常にスムーズである。それぞれの指導員が机を横に並べて指導しており，タイムリーに話題を提供できる。週1回は教室内でのケース会議を行い，幼児のケースを学齢担当者が知り，逆に学齢のケースを幼児の担当者も知る。就学指導委員会でことばの教室としての意見を述べるので，通級している年長児全員について全指導員が共通理解しておく必要があるからだ。4月，新1年生の担任が決まると，ことばの教室幼児部担当者が各小学校へ出向き，個別の指導計画をもとに，小学校の新担任にすべての情報を直接引き継いでいる。

7 保育所における人員配置

眞野富士子（子育て支援課 参事）

　はじめての集団生活の場となる保育所。一人ひとりの子どもたちの最善の利益を保障するため「子どもたちの今を大切にし，健やかにたくましく生きる力を育てる」という湖南市の保育目標のもと，各保育所の状況に合わせた加配保育士の配置を行っている。

　集団生活が子どもにとって不安なものにならないよう，支援の必要な子どもへのかかわり方を工夫し，また周りの子どもたちとかかわりが持てる楽しい場となるように取り組んでいる。たとえば，環境を整えるための構造化を考えたり，一日の生活に見通しが持てるようにスケジュールを提示する中で，個々の子どもに合わせた個別の指導計画を作成し，支援の提供をしている。

1　加配保育士配置の目安

　湖南市の場合，各年齢ごとのクラス人数は3歳児は20人以下，4・5歳児は30人以下という編成にしている。

　その中で，1クラス20人未満の場合は加配保育士は最大1人まで（ただし，1対1程度の対応支援が必要な子どもが在籍する場合は要検討），また，1クラス20人以上，30人以下の場合は加配保育士は最大2人まで（ただし，1対1程度の対応支援が必要な子どもが在籍する場合は要検討）としており，3・4・5歳児クラスのすべてに加配保育士の配置による支援が必要な子どもが在籍している状況である。

2　加配保育士の配置検討会議

　加配保育士の配置に関しては，湖南市障がい児保育事業実施要項により，障がい児保育加配検討会議を開き協議している。検討会議のメンバーは，健康福祉部長・子育て支援課長・各保育所園長および副園長・発達支援室職員・母子保健担当保健師・ことばの教室指導員・子育て支援課保育担当職員である。

　子育て支援課は，9月の入園申請受付後，各園におけるクラス規模を確定する。それを

受けて，各園にて1対1程度の対応が必要な子どもについて，保護者の了解を得て，加配検討会議の諮問にあげる。

保育所は，10月中に「加配検討会議資料」と「発達検査結果」をそろえて子育て支援課へ提出する。

11月初旬に，加配検討会議を開催し，保育所や専門機関等の意見を聞き，加配度の判断を行う。意見が分かれるケースについては，加配検討会議後，現地調査を実施して再検討により決定する。

その後，11月中には「1対1程度の対応支援が必要」である答申を出し，12月はじめには，クラス規模と「1対1程度の対応支援加配」を照合した中で，各クラスに配置する加配保育士人数を各園に報告する。

園長は，配置される加配保育士の対象となる子ども（1対複数対応）を決定し，保護者の了解を得て，2月初旬には加配保育士の支援の対象となる子どもの資料に基づいて，発達支援室長・子育て支援課保育担当者に報告をする。

3　就学を見据えた加配保育士による支援のあり方

保育所生活を終えて小学校への就学を考えたときに，通常学級以外（特別支援学校・特別支援学級）に在籍することが望ましいと考えられる子どもは，湖南市の場合およそ8％の状況である。このことより保育所でもクラス担任以外の支援（加配保育士の配置による支援）が必要な子どもは8％程度と考えられる。どのクラスにも1名の加配保育士を配置することでクラスのおよそ10％の子どもの支援が実行できると考える。

3歳児クラスははじめての集団生活ということもあり，「多動」や「知的好奇心を満たす活動」がそれぞれの子どもに見られる状況ではある。こういった状況に対して，クラスの在籍数から考えると，十分に支援ができる保育士の人数である。

就学に向けて年齢が上がるにつれて加配保育士による支援の量が減っていくことは，子どもの成長にとっては望ましいことである。加配保育士による支援度が低くなるということは，子ども自身のできることが多くなり，本人の自信にもつながっていく。

日々の生活の中で，就学に向けて担任と加配保育士の連携のもと，子どもの困り感に寄り添い，協力して同じ方向を見据えて支援していくことにより，支援対象児の存在がクラス集団の中で認められ，保育所が本人にとって居心地のよい場所になるようにと願いを込

めて，加配保育士を配置している。

8 保育所における特別支援

入船千佳（湖南市立三雲保育園 主任保育士）

1 ほどよい早期発見・早期療育へのつなぎとは

　保育士の研修・実践を重ねていくにつれて，発達の遅れやアンバランスさを見抜く目が培われてきた。その結果，「早く保護者に気づいてもらい，早く何らかの個別の対応につなげなければ」という保育士側の思いから，小さいうちから発達相談を勧めたり，療育への通所を念頭に相談したりすることが多くなった。

　保護者は，その後の成長過程のどのステージでも，わが子の「しんどい部分」と正面から向き合っていかねばならない。子どもの困り感が，行動等として顕著になる思春期を迎えるころに，「子どもと一緒に向き合っていこう」という思いに至っていることが望ましい。しかし，幼児期に子どもの困り感について，保護者の受容がまったくできていないころに何らかの指摘をしてしまうと，高い不安感を訴えたり，たとえ向かい合うことができてもその後の期間が長いことで，保護者が息切れを起こしてしまうということもわかってきた。

　このことに保育士が気がついたのは，発達支援システムの中で就学前から就学後まで一貫した支援体制の中で連携してきたことの一つの成果である。

　これを踏まえ，早期発見後，どのタイミングで，どのような支援をしていくかを年4回程度の巡回相談（園からの要請により設定）において，園と発達支援室とで話し合いながら進めていくように取り組んでいる。園独自で判断することも多かったが，巡回相談の回数を増やすことで時期に応じた見立てができるため，心強く思っている。

2 保育所での具体的な取り組み

①温かなまなざしやことばがけを大切にした自尊感情の構築の取り組み
・「ダメ！」や「やめなさい！」という否定的なことばをできるだけ少なくし，代わりに

図2.8.1　はなまるカレンダー　　　　　　　図2.8.2　ごほうびシール

「……（望ましい行動）しよう」などのことばで注意を促す。
- 「こんなことはできて当たり前という視点」から，「できたね！すごいね！という視点」へとらえ方を変え，日常生活の中でたくさんほめたり，認めたりする場面を増やしていく。
- ことばでの指示にサインや絵を添えることで，視覚でわかりやすく伝え，「できた！」「わかった！」という安心感を子どもが持てるようにする。
- できたこと，ほめたことなどを，ことばだけでなく記録に残しておくこと（はなまるカレンダー）で，ほめられたこと（「今日も，はなまる！」）が形として残り，自信をもって生活できるようにする。個別にシールを貼る取り組みとともに，クラス全体が先生からほめられた記録として残る（図2.8.1）。
- 個別に約束を決めて取り組んでいる子どもには，できたらごほうびシールを貼る。日々の積み重ねにより，自尊感情を育てていく（図2.8.2）。
- 保育士とのゆったりとしたかかわり。季節に応じたかかわり（例：ツバメの巣を見に通う）を重ねる（図2.8.3）。
- 温かなまなざしを送りながらのふれあいあそび。人とかかわる楽しさや安心感を感じたり，力加減を知ったりする（図2.8.4）。

②子どもたちが落ち着いて生活できるための環境設定
- 前に立つ保育士に注目できるように，保育士の立つ位置の背景はすっきりさせておく（図2.8.5）。
- 片付ける場所のモデルを写真で掲示しておく（図2.8.6）。

図2.8.3 ツバメの巣を見上げる「ほんまもんをみる」　　図2.8.4 ふれあいあそび

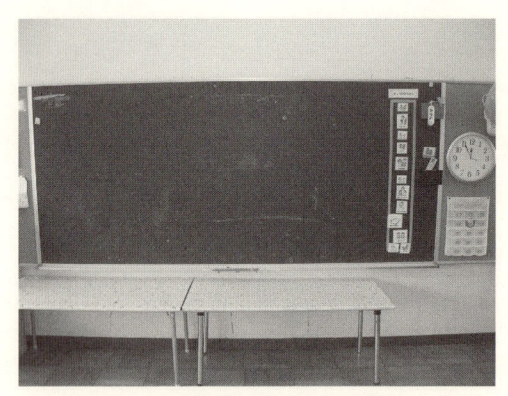

図2.8.5 保育士の背景はすっきりと

- 片付ける場所が一目でわかるように，場所やものを写真で表示する（図2.8.7）。
- 3歳児シール帳面入れ。自分の場所がすぐわかる。自分でできる（図2.8.8）。

③**不安やイライラ感を小さくするための手立て**
- 今日の活動や，一日の見通しが持てるように，写真やイラストでスケジュールを年齢に合わせて提示する（図2.8.9）。
- 「水着に着替える」というとても苦手な活動も，着替えの手順を掲示することで，安心して行動に移せるようにする（図2.8.10）。
- 囲んでもらうことで安心して入眠できる（図2.8.11）。
- 朝一番に体を十分動かし，脳に刺激を入れていくことで，その後に集中すべき活動に落ち着いて参加できる。個に応じて，クラスでの体づくりに参加したり，加配保育士と個別に体を動かしたりしてあそぶ。

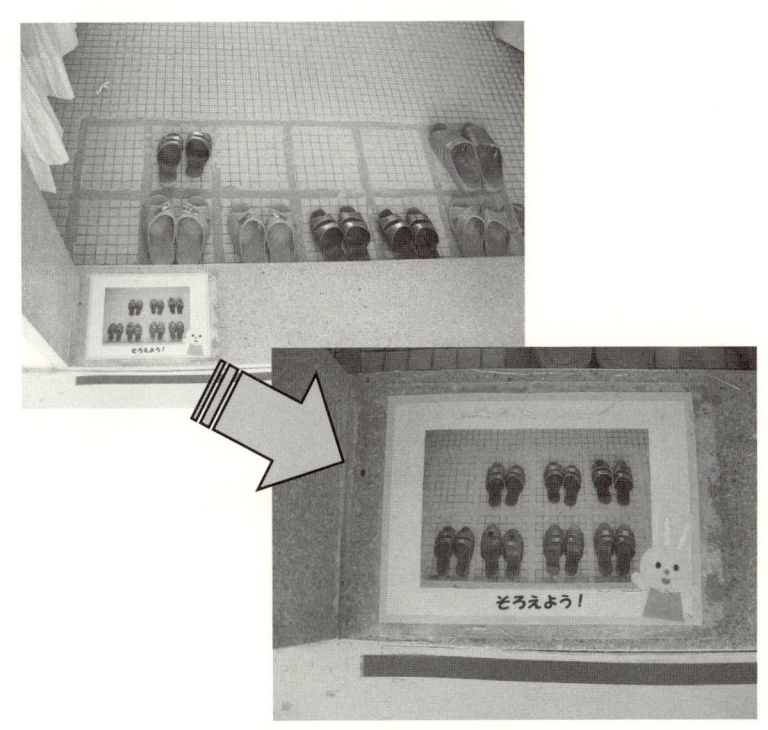

第 2 章　早期発見・早期対応——乳幼児期の支援

図 2.8.6　写真でモデルを示す

図 2.8.7　片付ける場を写真で示す 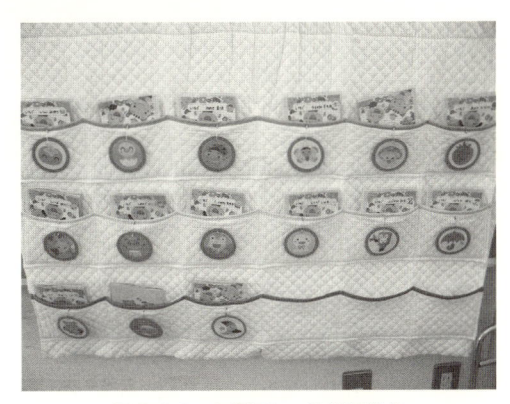　　　　図 2.8.8　3 歳児シール帳面入れ

・保育士は声のトーンに気をつけ，大きすぎたり高すぎたりしていないか気をつける。

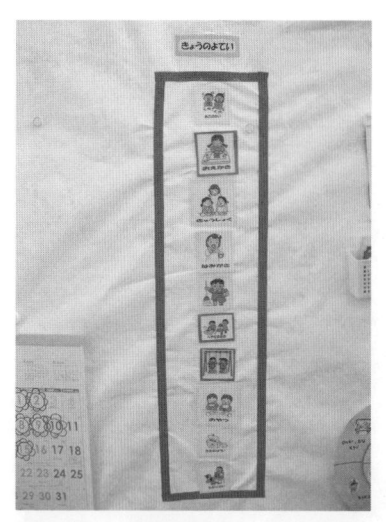

図2.8.9 一日のスケジュールをイラストで示す

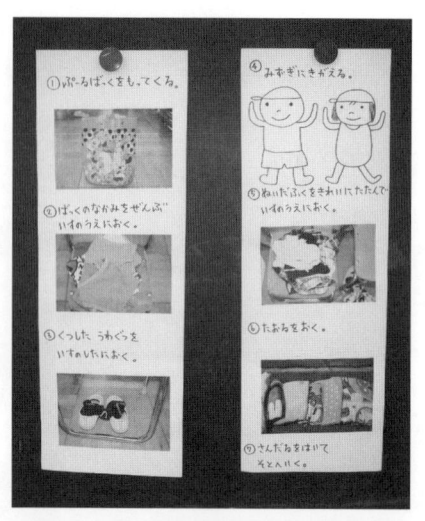

図2.8.10 水着に着替える手順を示す

図2.8.11 眠る場所を囲む

9 幼稚園における人員配置

大濱早苗(学校教育課 指導主事)

「豊かな心の育成」を目指し,発達段階に応じた丁寧なかかわりが求められる幼児教育において,よりきめ細やかな大人のかかわりが大切であることは言うまでもない。

家庭・乳幼児健診・園での気づきの高まりから,市の発達相談につながる幼稚園児は,

実に10％を超えている。この早期発見から一人ひとりに応じた早期対応へとつなぐために，加配教員を配置している。加配教員による個に応じた支援の積み重ねは，園での適応を高め，子どもの発達を促し，保護者の支援にもつながっている。また，加配対象児の支援を検討し続けることで，就学までに必要な支援を見極めることにもつながっている。

1 加配教員配置の目安および配置の状況

湖南市立幼稚園の場合，各年齢のクラス人数は，3歳児は20人以下，4歳児は30人以下，5歳児は35人以下という編制にしている。また，現在は市内幼稚園のすべてのクラスに加配教員による支援が必要な子どもが在籍している状況であるため1対1程度の対応支援が必要な子どもの加配教員を除いて，3・4・5歳児クラスのすべてに加配教員を1人ずつ配置している。

2 就学指導委員会幼稚園部会（加配教員検討会議）

幼稚園の加配教員対象児の決定に際しては，湖南市就学指導委員会規則により，幼稚園部会を開き，諮問している。幼稚園部会のメンバーは，公立幼稚園長，私立幼稚園長，発達支援室長，発達支援室保健師，発達支援室発達相談員，保健センター発達相談員，ことばの教室指導員，学校教育課長，学校教育課指導主事である。

幼稚園部会の流れは表2.9.1のとおりである。

表2.9.1 就学指導委員会幼稚園部会の流れ

11月中旬	対象児の候補の名簿一覧を提出（基準の提示）〔親の了解不要〕
11月下旬	1：1の支援が望ましいと考えられる児童について園より報告（検査結果等資料）〔親の了解必要〕 専門機関と意見が一致しないなどの要検討児の観察を後日，園に出向き実地調査
部会後日	1：1の対象児を事務局より園に通知
12月	市の予算案に対象児の人数に応じた加配教員の必要人数を盛り込む 1：1の対象児が多いなど，場合によっては補正予算で対応する
	園長が集まり，名簿をもとに相談のうえ，加配教員の人数の割り振りを決定（公立） 加配教員が担当する児童を決める〔親の了解不要〕
1月	1：複数加配教員が担当することの了解を保護者にもらう（公立，私立） 了解児のみ「加配教員検討資料」作成。検査結果は「加配教員検討資料」内に記載
2月	事務局へ加配教員対象児の報告

10 幼稚園における特別支援

國重みき（湖南市立石部南幼稚園 副園長）

「安心できる場づくり」「一人ひとりのよさを伸ばす」「つながりを大切に」をテーマにした取り組みを紹介する。

1 早期の気づきと発見

本園では，以下のことに園全体がチームとなって組織的に取り組んでいる。担任・特別支援教育コーディネーター・園長がそれぞれの立場で以下のことについて役割を果たすことが大切である。
・障がいについての正しい理解（巡回相談，特別支援研修）。
・子どもの出すサインへの気づき（つまずきや困難をその子の視点でとらえる）。
・園内での共通理解（話し合い・相談・連絡）。

2 気づきから支援へ——生活やあそびの中での支援や配慮の工夫

①**幼児理解のポイント**
・子どもの姿をよく観察し，子どもの中にある行動の理由を理解する。
・支援の目標や内容を全職員が共通理解する。
・長所や得意なことを生かす。
・子どもの思いや願いを理解する（子どもの思いに寄り添う）。

②**環境の工夫（不安をとりのぞき，安心できる環境をつくる）**
・不快な音，臭いの除去，感覚過敏への対応。
・落ち着いて生活できるように，室内の配置などを工夫する（集中しやすい配慮）。
・一人で落ち着ける場やあそび，時間も必要に応じて確保する。
・何をしたらいいかわかりやすい環境をつくることで，見通しが持て安心感が生まれる。そのことが，自信を持って行動することにつながる。
・「聞く」だけでは理解しにくい場合は，手順や全体像が見てわかりやすいように，カー

ドや写真，スケジュール表などを取り入れる。
- 思いどおりにならない可能性と，そのときの対応を伝えておく。

③かかわりの工夫
- 子ども自らが選んだり，考えたりできるようなことばがけ。
- 小さなことでも「できた」という実感が持てるような場面をつくり，よいところや頑張りを認めていく。
- 指示は「短く」「一つずつ順を追って」「具体的に」するなど配慮し，見通しが持てるようにする。
- 問題となる行動をしたときに対応するのではなく，していないときや，その場に合った行動のできたときにほめる。

④個別の指導計画の作成
　個別の指導計画の作成にあたり，年度はじめの家庭訪問時に，個別の指導計画の作成の了承を得，保護者の願いを聞く。

　5月に園長・コーディネーターが懇談し，新学期に入ってからの子どもの様子や，就学指導委員会について説明し，個別の指導計画について話し合う機会を持つ。

　学期末の個別懇談などで保護者の要望があったときは，個別の指導計画を開示し，支援の状況について説明する。

　進級前，就学前には，保護者に引き継ぎの了承を得た後，就学前は小学校と日程調整をし，引き継ぎを実施する（年度末は，園側はおもに5歳児担任とコーディネーター，小学校側はコーディネーターを中心に保幼担当者，教育相談担当者などが引き継ぎにあたる）。

　作成にあたっては，子どもを中心におき，園ではどんな支援ができるのか，学級担任による支援，加配教員による支援ではどんなことができるかを園全体で話し合い，保護者をはじめ，支援にかかわる人たちと協働して子どもの支援にあたる。前期・後期の後には，子どもの姿と指導や手立てについて話し合い，しっかり評価，反省をしていくことで，よりよい支援のあり方を探っていくことができる。

⑤周りの子どもとのつながり
- お互いのよさを認め合える集団づくりに努め，友だちとのかかわりが心地よいと感じられる経験を積み重ねる。
- 大人がその子にどうかかわっているか，そのかかわる姿をモデルとして，子どもたちがその子へのかかわり方を学ぶ機会となると考える。

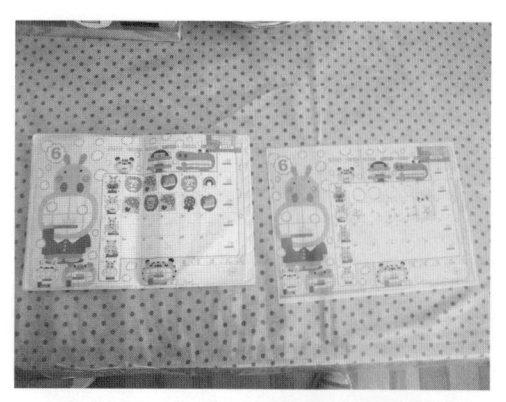

図 2.10.1　はじめは，横に置いて見て貼る

図 2.10.2　上と照らし合わせて見て貼る

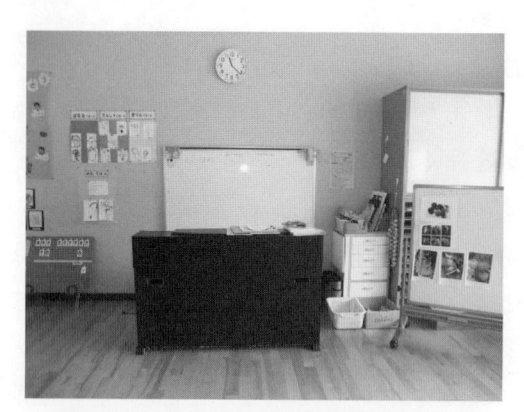

図 2.10.3　前は，すっきり！集中しやすく！！

図 2.10.4　他の場所は子どものあそびやあそびの足あとを大切に……

⑥保護者とともに

- 日頃から些細なことでも話をする機会をたくさん持つ中で，保護者との関係を築きながら，子どもが集団の中でどんなところで困っているのかを知らせていくことや，家庭で気になること，園での様子，子どもの言動の共通理解に努める。そして，小さな変容も

図2.10.5 ほっこりできるスペースも大切に…… 　　図2.10.6 こんな狭い所が落ち着く子どもも……

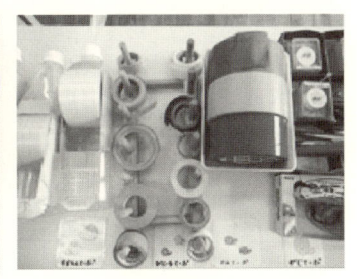

図2.10.7 片づけやすい環境構成（どこに何を入れたらよいか一目でよくわかる）

図2.10.8 マットの上をぴょんぴょん‼　跳んだり，揺れたり，友だちと一緒にふれあって！

具体的に伝え合い，喜びを共有できるような関係づくりに努める。
・保護者と一緒に考える姿勢を大切にする。

しかし……保護者の思いはさまざまである。

図2.10.9 自然を感じて　見て・ふれて・あそんで

- 加配教員には，毎日些細なことでも話を聞きたいと思う人もいれば，加配教員についてもらっていることを周りのお母さんに知られたくないから話は担任からしてほしいと思う人もいる。
- 加配教員についてもらうことは自分の子どもの育ちにプラスになっているという思いを持ちつつも，周りの声（目）も気になる。

保護者間のかかわりが多い幼稚園での人間関係づくりには，難しさもある。
　わが子がみんなと仲よく，人に迷惑をかけず，楽しく園生活を過ごしてほしいという願いは，保護者みんなの願いである。その背景を忘れずに保護者とかかわっていくことが大切だと感じている。
　信頼関係を築くためには……その子のもつ課題に対して，どのように支援し，指導したか，その結果どうなったのか，今後どのように取り組んでいきたいかを伝えることも大切なポイントであり，トラブル時なども，何が原因で，どういう状況でどうなり，どう対応したか，その前後をしっかりと説明することが望まれている。

3　関係機関との連携

　以下のことを園内だけでなく専門機関との連携により行うことで，保護者の納得が得られたり，指導の方向性を見直すことができる。
- 早期からの情報交換（巡回相談，教職員間の連絡会など）
- 保護者への相談支援（保護者の思いに寄り添って）

・小学校とのスムーズな移行支援（学校見学，個別の指導計画の引き継ぎなど）

11 保育所・幼稚園特別支援教育コーディネーターの役割

内田真奈美（湖南市立平松保育園 副園長）

1 保育の現場での子どもの姿

保育所・幼稚園では，気になる様子を見せる子どもの姿が多く見られる。
「集団の場で，人の話を聞くのが難しい」「自分が抑えられず，手が出てしまう」「遊びや製作に集中できない」「その場の様子がつかみづらく，自分のしたいことが優先されてしまう」といった場面に出会う。

経験したことの量や，成長の仕方の速さは人それぞれである。気になるすべての子どもが何らかの支援を要するわけではなく，日々の生活の中で，繰り返し経験していくことや，声をかけていくことで，成長が見えてくることも多くある。

2 保護者とともに考える関係づくり

2歳半，3歳半のころ，こちらのことばや，やろうとすることを理解できるようになるなど，成長の山を越える様子を見ていく中で，気になる様子の子どもたちに気づくことがある。集団の中での様子を見立てて，その姿を保護者に伝えたり，園での姿を見てもらったりすることで，気になる様子を理解してもらえるようにしている。それぞれの成長を長いスパンで考えるようにし，その子のよさも十分に伝えながら，ともに考えていく姿勢を示しているつもりである。

話のきっかけづくりや，日頃のほとんどの話は担任がするが，特別支援教育コーディネーター（以下，コーディネーター）も日々の園生活以外の場面での話をしたり，担任とは別の角度からの子どもの姿の話をする。コーディネーターは担任とともに保護者とじっくり話をすることで，保護者が家庭での困り感を持っていることがわかったり，保護者がつかんでいる子どものこだわりや，きょうだいの中での違い，園での他児との違いを感じていることに気づかされたりする。そういった話から，その子どもの困り感やしんどさなど

を保護者と共有している。

　けれども保護者から「まだまだ，好き勝手やっていてもいい時期ではないか」「家では気になることや，困っていることはない」などのことばが返ってくることも少なくない。

　それというのも，気になる様子は集団の場面で現れ，気づかれることが多いからであろう。そのときに受け止めてもらえない場合は，次の年に担任が替わっても話をし，その年にも受け止めてもらえなければ，また次の年に……と，「今すぐに（受け止めてほしい）」ということにこだわらず，子どもの様子を見守り続け，伝え続けていくことを心がけている。

　もちろん，支援の必要性の有無と関係なく，子どもを受け止めながら一人ひとりの成長・発達にどのようにかかわっていくかを考えるという姿勢は，子どもにかかわる者として大前提である。

3　関係機関や小学校との連携

①発達相談・巡回相談

　保護者との相談の中で，発達相談につながった場合，コーディネーターや担任が発達相談に同席し，その結果を相談員から聞く。発達相談は，その子どもの個別対応での様子や，発達について細かに知ることができるのに加え，困っていることにどのような形で支援していけばよいか，保育士・教員も学ぶことができる。

　また，園への巡回相談（園から発達支援室へ要請。窓口はコーディネーター）も同様に，一人ひとりの感じ方・物事の捉え方（目で見ることで物事を理解しやすい子ども，耳で聞くほうが物事を整理しやすい子どもなど）を知ったうえで，その子どもに合ったことばかけや資料の示し方など，それぞれに寄り添った形での支援を知ることができる。

②療育教室やことばの教室との連携

　発達相談から，療育教室やことばの教室につながるケースもある。

　園では，集団の中でルールや友だちとのかかわり方などを学んでいく。療育教室やことばの教室では，人とのかかわり方や距離のとり方，順番などのルールを，集団では見えにくい場面を取り上げた形で経験して身につけていく。

　療育教室やことばの教室との連絡窓口は，すべてコーディネーターが担っている。療育教室とのケース会議や，ことばの教室からの園訪問の調整をしている。また発達相談も含

めて専門機関への必要書類提出等は，すべてコーディネーターが把握している。
③小学校との連携
　支援の必要な子どもへの支援は，在園中だけではなく，小学校でも引き続き必要である。保護者の了解を得て，就学先に，個別の指導計画をもとに園での様子や支援の仕方を伝えていく。年度末には小学校のコーディネーターとのやり取りが活発になる。

　また，年間2回，保育所・幼稚園・小学校・中学校のコーディネーター全員による連絡会議があり，中学校区ごとに情報交換をする。引き継ぎの仕方を確認したり，入学後の子どもの様子をつかんだりする貴重な機会となっている。

4　コーディネーターに求められること

　一人ひとりの子どもの支援の形は年齢とともに変わっていく。そのことを理解せずに同じ質で，同じ量の支援をしていては子どもの発達を妨げてしまいかねない。

　また，子どもが支援を要することを受け止められず，悩んでいる保護者がいて，そのことによって支援の枠組みから取り残されるという課題もある。必ず支援が必要だと思われる子どもの支援は理解しやすく継続しやすいが，支援を要することがわかりづらい子どもの支援は続けていきにくい現状もある。

　このようなことを理解し，実際に支援を行ったり，保護者対応をする技術も求められる。コーディネーター自身に求められるのはもちろんのこと，他の保育士や教員の育成もコーディネーターの役割の一つである。

　また，担任が保護者と子どもの様子を素直に語り合える信頼関係を築けるよう仲立ちしたり，コーディネーター自身も保護者の話を聞き，しんどさを共有したりできる存在になること。このこともコーディネーターが担う役割であると考えられる。

12　就学指導委員会

大濱早苗（学校教育課　指導主事）

　特別な支援を必要とする児童・生徒の調査ならびに適正な就園，就学指導のため，湖南市就学指導委員会規則（平成16年10月1日　教育委員会規則第13号）に則り，本会を運営している。

表2.12.1　就学指導の年間の概要（2013（平成25）年度）

〈市・中学校区就学指導委員会〉	〈園・校内就学指導委員会〉
◎第1回市就学指導委員会（6／7） ・前年度のまとめ ・今年度の流れについての確認 ・就学指導対象幼児・児童生徒を確認 ※委員委嘱→校園長代表，特別支援学級担任代表，特別支援教育コーディネーター代表，関係機関，医師　等 近江学園入園にかかわる打ち合せ →石部南小・石部中・学園・児童相談所・市教委 ・就学指導および次年度推計のスケジュール ・次年度入園児生が決まるまでのスケジュール ・学校と学園の状況等の交換　等 ○第1回中学校区就学指導委員会 ・石部中学校区　　（6／28） ・甲西中学校区　　（6／27） ・甲西北中学校区　（7／4） ・日枝中学校区　　（7／5） ※委員委嘱→校園長，特別支援学級担任，特別支援教育コーディネーター，関係機関，医師　等 ※個々の事例について校園長が説明し，その後の取り組み等について確認する。 （資料や検査結果の準備，体験・見学等の設定） ※昨年度の答申で個別の指導計画に基づく配慮が必要とされた事例について校長から報告する。 ※校園・関係機関は，事務局からの請求を受けて発達検査結果等を提供する。 ○第2回中学校区就学指導委員会 ・石部中学校区　　（9／3） ・甲西中学校区　　（9／5） ・甲西北中学校区　（9／10） ・日枝中学校区　　（9／12） ※第1回中学校区就学指導委員会以降の子どもの様子や保護者の考え等について，校園長が説明する。 ※発達検査結果等について，関係機関から説明する。 ※就学先や望ましい支援等について，中学校区委員会としての結論を出す。 ※事務局は，答申文（案）を作成する。 ◎第2回市就学指導委員会（10／3） ・答申文（案）を検討し，市就学指導委員会としての結論を確認する。 ・事務局は，答申文を教育長に提出する。 ※特別支援学校への就学手続き ＝原則12月初旬〆切 【市町村教育委員会は，都道府県教育委員会に対し，翌学年の初めから3ヶ月前までにその氏名および特別支援学校に就学させるべき旨を通知しなければならない。】（学校教育法施行令第11条） ○幼稚園部会（11月28日） ※子どもの様子や保護者の考え等を，園長および関係機関から説明し，審議する。 ※部会の結論を，事務局が答申にまとめる。 ○次年度に向けて（対象児童の把握）	・支援を要する幼児・児童・生徒の状況を把握し，支援内容と個別の指導計画の作成等について検討する。 ・就学指導対象児童生徒を共通理解する。 ※昨年度の結果を反映して取り組み，担任の独断にならないようにする。 ◆保護者へのアプローチ →就学指導委員会での検討について保護者が合意＝諮問事例 ※検査結果や医療情報等を資料とすることの了解も得ること。 →就学指導委員会での検討について保護者の合意なし＝報告事例 ※継続して検討する事例として位置づけることになる。 ・就学指導資料を作成し，第2回コーディネーター会議（5／30）にて製本。 ・個別の指導計画の作成を通して保護者の思いや願いを聞くとともに，きめ細かな実態把握に努めながら，支援や就学について一緒に考える。 ・保護者への働きかけは関係機関と連携して行い，問題意識と信頼関係を深める。 ・報告事例から諮問事例に変わった場合は，その時点で事務局に報告する。 ●この時点では「答申」ではないが，中学校区委員会としての結論を受けて，保護者との話し合いを深める。 ↓ 特別支援学級の新設・増設・存続にかかわる事例については，10月中に保護者の意向を確認する。 ↓ 特別支援学校への就学については，12月中に保護者の意向を確認する。 ・第2回中学校区委員会以後に報告事例から諮問事例に変わった場合には，その都度「中学校区臨時委員会」を開催する。 ●答申文が届いたら，その内容を保護者に伝える。 →就学前事例……園長か事務局から →小中学生事例……学校から ※適切な時期に伝え，校園間で時期のばらつきが大きくならないように配慮する。 ・答申を伝える側・受ける側（保護者）ともに，複数で対応することを原則とする。 ●保護者の意向は，事務局および就学先の学校に漏れなく伝え，次年度に向けての手続きや申請に確実に反映する。 ※特別支援学級の新増設・存続申請 ＝県教育委員会への提出11月上旬〆切→12月学校訪問 ・次年度に就学指導が必要な児童生徒の把握を行い，事務局に報告する。

教育委員会が委嘱する委員は，学識経験者（医師，県立近江学園・県立三雲養護学校の教職員），関係教育機関（市内保育所・幼稚園，小中学校）の職員，関係行政機関（健康政策課，社会福祉課発達支援室）の職員である。

　表2.12.1は2013（平成25）年度の就学指導の流れである。年間を通して，慎重に進めるのはもちろんのこと，前年度以前の答申や保護者の思いを踏まえたうえで，継続した就学指導に努めている。

第 3 章

特別支援教育①

学齢期の支援（小・中学校）

1　特別支援教育と湖南市

浅原寛子（湖南市教育委員会　教育長）

　湖南市の発達支援システムは，支援の必要な人に対し，乳幼児期から学齢期，就労期まで，保健・福祉・医療・教育および就労の関係機関の横の連携による支援と，個別の指導計画による縦の連携による支援を提供するシステムである。

　障がいのある子どもが，その能力や可能性を最大限に伸ばし，自立し社会参加することができるよう，保健・福祉・医療・就労等との連携を強化し，社会全体のさまざまな機能を活用して十分な教育が受けられるよう，教育や環境の充実を図ることが重要であるということは，ずいぶん以前から指摘されていた点である。一方で，この指摘をどう具体化していくのかということについては，今日，インクルーシブ教育を推進していく中にあって，国としても依然として大きな課題となっている。

　そうした中，湖南市では，全国に先駆けてこの発達支援システムを構築することによって，関係部局との連携強化を組織的なものとし，今や全国的なモデルケースとして知られるまでになった。本市の教育現場においては，子どもたちの日々の生活や学習にあたってのさまざまな障壁はもちろんのこと，行き渋りや不登校児童・生徒への対応にあたっても，特別支援教育の観点から特別支援教育コーディネーターを核とした巡回相談・ことばの教室・ふれあい教育相談室など，本システムを活かした取り組みを進め，不登校児童生徒等の数が減少するなどの成果をあげている。また，ことばの教室を4中学校区のうち3中学校区に設置するなどの環境整備を着実に進めた結果，障がいのある子どもたちへの早期対応や，多くの保護者の不安や悩みに応えることにつながっている。これらの成果は，本システムの流れが有効に機能していることの証左であると同時に，何よりも教職員やスタッフが，子どもたちや不安を抱える保護者に正面から丁寧に向き合う日々を通じて，試行錯誤しながら改善を重ねてきた結果であると感じている。

　また，子どもたちや教育に対する糸賀先生の理念や想いが，この湖南市で脈々と受け継がれてきたことを忘れてはならない。糸賀先生の言葉で，その著作の題名にもなっている「この子らを世の光に」。この題名に，糸賀先生は大事な想いを込めており，その一端を講義録からうかがい知ることができる。

　「『この子らを世の光に』…その『を』が『に』と逆になれば，この子どもたちは憐れみ

を求める可哀いそうな子どもになってしまいます。しかし，（糸賀）先生にとって，この子らは，みずみずしい生命にあふれ，むしろまわりの私たちに，そして世の人々に，自分の生命のみずみずしさを気づかせてくれる素晴しい人格そのものであるのだということを，おっしゃりたかったのだ」（『糸賀一雄の最後の講義　改訂版』（糸賀一雄，中川書店，2009年）より）。この子どもたちこそ，まさに「世の光」であり，そして実際そうであるように，子どもたちにかかわる者すべてが努力しなければならないということを伝える，糸賀先生の大変重く，そして，希望に満ちあふれた言葉である。

　こうした糸賀先生の想いをしっかりと受け継ぎながら，教育委員会としても関係部局としっかりと連携を図りながら，学校の教職員・スタッフ一同とともに，子どもたち一人ひとりの個性を大切にする教育活動に取り組んでいきたい。

　湖南市の特別支援教育を支援してくださる関係の皆様にこの場をお借りして，厚く御礼を申し上げたい。また，本書が子どもたちや特別支援教育の推進に対し，私たちと同じ情熱を持ちつつ，よりよい方策を日々模索されている自治体・教育関係の皆様のご理解に少しでも寄与し，ご活用いただけることを願っている。そして，一人でも多くの子どもたちが「世の光」として輝くことができるよう心から祈念している。

2　小学校低学年における特別支援教育

宮木　彩（湖南市立下田小学校　教諭）

　通常の学級における特別支援教育のアプローチの一つとして，近年ユニバーサルデザイン型の授業が注目されている。授業のユニバーサルデザインとは「学力の優劣や発達障害の有無にかかわらず，全員の子どもが楽しく『わかる・できる』ように工夫・配慮された通常学級における授業デザイン」（授業のユニバーサルデザイン研究会：ホームページ（hmm8.gyao.he.jp/kokugouniversal）より引用）である。

　これまで筆者は「学習環境への配慮」「個の尊重」「集団づくり」という３つの視点からユニバーサルデザイン型の授業を目指し実践してきた。そこで以下では３つの視点ごとに具体的な実践例を紹介したい。

1　学習環境への配慮

①視覚支援
- 児童のマス目と同じマス目のホワイトボードを使用する（図3.2.1）。
- 姿勢のルールを掲示（図3.2.2）。

②聴覚支援
- 問題文を声に出して読む。
- 個別の指導の際に横について問題文や黒板の文字を読む。
- 静かにするときにベルを鳴らす（図3.2.3）。
- 算数のひき算で唱え方を共通にする。例：「6から7は，ひけません。お隣の5から，10くりさげて4……」（図3.2.4）

③規律・見通しの提示
- 「ふわふわ言葉」（言っても言われても心がふわふわとあたたかくなることば）と「チクチク言葉」（言っても言われても心がチクチクすることば）の授業[1]
- 発表のときのルールを明確に提示する（児童にも同じルールで指名させる）（図3.2.5）。

2　個の尊重

①自己理解
- 教科学習での振り返り

②自尊感情
- 「それがあなたのいいところ」（図3.2.6）
- 帰りの会のいいところみつけ
- 当番の声かけ「○○さん，たちましょう。」→「○○さん，上手です。」

③個別の支援
- 丸付けの際にどんどん課題をこなしていくコースとじっくり考えて取り組むコースを設ける。

（1）高山恵子（編）松久真実・米田和子（著）『発達障害の子どもとあったかクラスづくり――通常の学級で無理なくできるユニバーサルデザイン』明治図書出版，2009年

3 集団づくり

①助け合い
- ミニ先生の極意（図3.2.7）

②学び合い
- 話し合いの構造化（図3.2.8）

③活躍の場
- 一人一発表
- グループでの全員発表（図3.2.9）
- 活動的な内容でのモデリング

4 ユニバーサルデザイン型授業の大切なポイント

　ここで紹介した実践は，「特別」なようで「特別」ではない配慮である。これは，①特別な教育的ニーズをもつ児童はもちろん，その他の児童にとってもわかりやすい，学びやすい配慮であるという意味と，②これまで教員が教科教育や学級経営の中で当たり前に行ってきた配慮の中にも特別支援教育に活かせるものが多くあるという意味の2つを含んでいる。ただし，ある子どもに対して有効な支援が，他の子どもには余分な刺激になってしまうといった場合もある。したがって，個への支援と全体への支援のバランスをつねに図りながら支援の方法を考えていくことが大切である。

　また，ユニバーサルデザイン型授業の大切なポイントは，「楽しく」「わかりやすく」することで教員も楽しくなるということである。特別支援教育に対して不安や負担感を抱いている教師も少なくない。しかし，先にも述べたように特別支援教育はけっして「特別」なものばかりではない。「児童に『わかった』という達成感や喜びを味わわせるにはどうすればよいだろう。」「リズムに乗って楽しく唱えられる合言葉にすれば楽しんでできるかもしれない。」といったごく当たり前の教材研究が，授業の「楽しく」「わかりやすく」を支えている。そして，生き生きとした児童の姿が，教員を支えている。

　最後に，学級，子ども，時期，場所などによって支援の方法を臨機応変に変えていくことが重要である。ここで紹介した支援の方法をそのまま取り入れるだけではうまくいかな

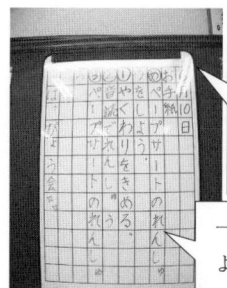

図 3.2.1　マス目のあるホワイトボード
「○マスあけます。」「3 行目に…」など細かい指示を減らすことができる。
一目見てわかるように

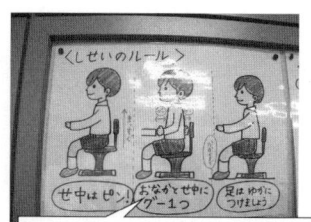

図 3.2.2　姿勢のルール
「グー一つ」など体をスケールにするとわかりやすい。

図 3.2.3　ベル 
「静かにしなさい」と叫ぶよりもベルで知らせる。

図 3.2.4　ひき算の唱え方
唱え方を統一。パターン化して，声に出す。

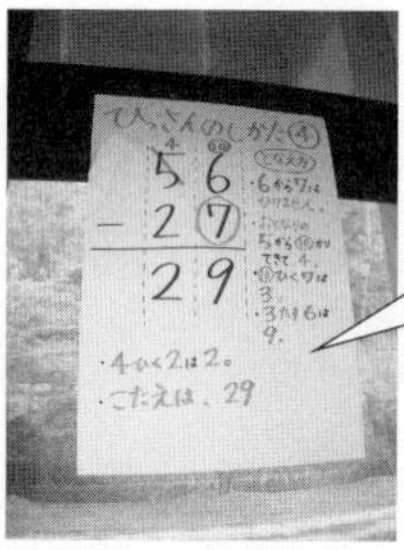

図 3.2.5　発表のときのルール
姿勢がよい人，まだあたっていない人，あたった回数が少ない人を先にあてる。

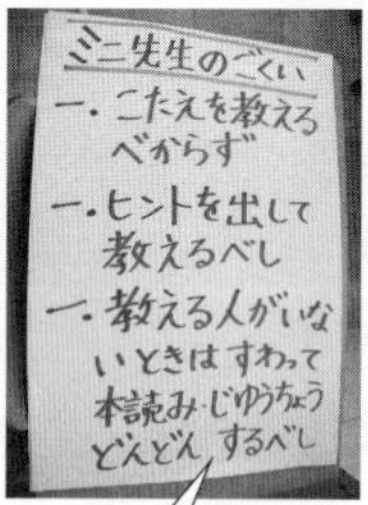

図 3.2.6　「それがあなたのいいところ」
席替えのときに，班のメンバーのいいところをメッセージに書いて贈る。

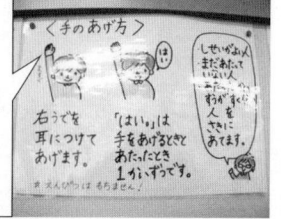

図 3.2.7　ミニ先生の極意
ミニ先生になるときのルールを提示。

図 3.2.8　話し合いの構造化
話し合いを構造化して，どの時間にどのような活動をするか見通しを提示。

図 3.2.9　グループでの全員発表
授業の最後に 4 人の班で一人一つ，「今日から自分にできること」を発表。（道徳）

いこともある。研修等によって知識や技術を身につけることも大事であるが，児童の実態と向き合うことなしに方法論だけが一人歩きしてしまうことのないように注意しなければならない。つねに学び続け，「子どものために何が必要か」を考えることができるような教員になりたい。

3 小学校高学年における特別支援教育
——特別支援学級から通常学級への在籍変更の事例

山内康一（湖南市立三雲東小学校 教諭）

1 在籍変更

小学6年生まで情緒障害特別支援学級に在籍していた児童Aの事例を紹介する。

筆者は，児童Aとは前年度（小学4年）には，通常学級（＝交流学級）担任としてかかわっていた。国語・算数は特別支援学級で学習し，そのほかの多くの時間を一緒に学び，活動してきた。交流学級の子どもたちと活動していく中で児童Aのよさ，しんどい部分の両方を出せるようにと考えた。児童Aにとってはみんなの中でつらい思いをすることもあったが，自分のよさを認められ，うれしい思いをしたことも多々あった。

5年・6年では，特別支援学級担任としてかかわった。児童Aは高学年としての責任感から委員会活動や通学分団での分団長に熱心に取り組んだ。通常学級でも新たな担任のもと，自分のよさを出していった。また，特別支援学級でも年長者としての下級生へのかかわりや自立活動での積極的なかかわりが見られた。いろいろな活動の中で自信がついていった児童Aであった。

自分への自信からいろいろな活動に前向きになってきた児童Aは，特別支援学級から通常学級への在籍変更を考えるようになった。保護者からも，心配ではあるが本人の気持ちを優先させたいという思いが感じられた。

本人や保護者の思いを受けて，校内では就学指導委員会を開催した。学校としてサポートできる部分，今まで受けていた支援の量が減る点について決断しなければいけない部分を話し合った。校長をはじめ，特別支援教育コーディネーター，特別支援学級担任，通常学級担任との意思疎通を図ることも重要であった。児童Aの想いだけで動くのではなく，

学校として責任ある就学指導をしていくと確認できた。

2　湖南市の就学支援の方向性

　湖南市では，とくに自閉症・情緒障害特別支援学級への在籍の決定には，自閉症スペクトラム障がいまたはその疑いがある児童・生徒を対象にした日々の状態像からの慎重な検討が求められる。
　また，在籍する時期についても，就学時にまずは小学校生活についての見通しや安心感を持たせることが大切と考え，入学時からの在籍を検討している。自閉症・情緒障害特別支援学級の教育課程の中でも，とくに自立活動に力点を置いて指導している。在籍期間中に，十分な自信をつけた本人の意向や，状態像からの判断によって，通常学級への在籍変更が可能になるのは，義務教育修了後の本人の自立を考えると望ましいことであるといえる。

3　助けられた一言

　中学校にも本人，保護者の思いを伝え協力して取り組んでいくことを確認した。中学校の特別支援学級担任との打ち合わせを重ね，就学指導へのアドバイスをもらった。また，児童Aのために授業参観を開いてくれた。当日は参観だけでなく授業にも参加させてもらい中学校での特別支援学級の活動を体験できた。参観後は中学校の特別支援教育コーディネーター，特別支援学級担任と保護者の懇談会を持つことができた。
　中学校の立場から通常学級と特別支援学級での生活の違いや，中学校卒業後の進路について説明を受けた。進路についての話では，就労まで見据えて決断していかなければいけないことを，教師も保護者も再確認することができた。「中学校は入り口であって出口ではない」という一言に教師も保護者も考えさせられた。
　また，専門的な立場からことばの教室の先生と何度も打ち合わせを行った。就学指導の進め方について相談し，児童Aの苦手とする人間関係を良好にするためのソーシャルスキルトレーニングなど紹介してもらった。
　また，ことばの教室にも通うようになり，教員だけでなく児童A本人・保護者ともかかわりができた。とくに保護者との面談では，専門的な見地からのアドバイスが保護者の不

安を和らげていった。本人も新たな中学校生活での不安から，中学校入学後もことばの教室へ顔を出す（通う）ことを希望した。校内でのサポートだけでなく校外の専門的なサポートが，教師だけでなく本人，保護者にも有意義なものであると感じられた。

4 児童Aのがんばり

6年生2学期になったころから，本人の思いが明確になり，自分が今やらなければいけないことを自ら考えられるようになってきた。友だちとのつきあい方，苦手な教科の学習法，家庭での学習方法などやる気と行動力が見られるようになった。家庭学習では，通常学級の担任と相談し，宿題を増やした。また，家庭でも児童Aにあう教材を一緒に探して回り，家庭での教材を選んだ。同時に，学校では，通常学級での時間を少しずつ増やしていった。増やしていく中で児童Aの不安に担任として向き合っていった。自分の得意な面，うまくいったところや苦手な面をノートに書き出すよう児童Aに促した。自分自身を振り返ることにより自分への自信が生まれ，自分への目標を立てるきっかけとなっていった（……筆者は，児童Aのがんばりがうれしい反面，特別支援学級での学習時間が減っていくことにだけ寂しさを感じたものであった）。

3学期にはほとんど通常学級での生活となった。卒業前の準備や卒業式練習など学級全員で取り組んでいく中でも学級の一人として活躍の場を見つけられるようになった。その中で卒業アルバムの表紙ページを受け持つこととなった。絵を描くのが得意なのでみんなからも認められるようになっていった。学級の友だちの自然な応援を受けて立派に卒業していった。

現在，中学校（通常学級）へ元気に登校している。人間関係や学習面など克服すべき課題は多くあるが，児童A本人の想いに応えるべく動けたことが特別支援学級担任としての喜びとなった。児童Aのがんばりにこれからもエールを送りたい。

5 将来を見据えた進路指導

特別支援学級担任として子どもの成長を願うのは当然であり，責任だと考えていた。それは，今の成長だけでなく，進学，就労と先を見据えたものでなくてはならず，保護者と思いを共有していくことも大切であると児童Aとかかわっていく中で強く感じた。子ども

や保護者の思いや願いを大切にしながらも，中学校や三雲養護学校，ことばの教室などの専門機関ともやりとりすることにより，子どもや保護者の思いに近づくことが重要である。

　小学校高学年での取り組みは，中学校だけではなく，その先の進路にもつながっていく。そのため，児童によっては在籍変更を考える場合が他学年よりも多くある。「担任が替わり本人の見立てが変わったから在籍変更する」「本人の希望だけで在籍変更する」のではなく，発達支援システムにおける方向性の中で考える必要がある。したがって，就学指導については，一担任レベル・学校レベルでのみ考えるものではないと，再確認できた。

　小学校でできること，特別支援学級担任としてできること，専門機関と連携してできること等それぞれに精一杯支援していくことの大切さを学んだ一年であった。

4　小学校知的障害特別支援学級における実践
　　　——生活単元学習

村頭彰子（湖南市立菩提寺小学校　教諭）

1　みんななかよし　しってる？しってる？

　毎年，新入生を迎える4月は「みんななかよし1」の学習を行う。友だちや先生と一緒に学習や生活をする中で，仲間づくりをする時間として「みんななかよし1」の時間を設定した。この時期は1年生がまだ学校生活に慣れておらず，特別支援学級児童や全職員の写真カードを作って，友だちや先生の顔や名前を覚えたり，簡単な自己紹介や名前クイズをしたりする学習が中心となった。上級生についても，特別支援学級だけではなく，通常学級担任や，クラブ・委員会・縦割班・登校班の先生などが替わり，新しい関係を築くうえでも必要な学習であった。

　1学期後半には，「みんななかよし1」に続く「みんななかよし2」の単元を設定した。自分のことを伝え，相手のことをよりくわしく知ることをねらいとした単元構成を考えた。一人ひとりが，カードに，好きな色・食べ物・遊び・勉強，行ってみたいところやしてみたいこと，ほしいものなど，自分のことをことばや絵でかいていく。そしてインタビュー形式で互いに質問しあい，わかったことをカードに書いていくようにすると，質問のバリエーションが増え，友だちとのかかわりを広げながら楽しんで学習する姿が見られるよう

になった。また,「○○なのはだれでしょう？」と,クイズやゲームをすることで,さらに意欲や関心が高まった。

学習をより効果的に進めるうえではいくつかの支援法を考えて実践した。

①教材・教具の工夫
- 学習の順番・内容がわかるフラッシュカードの用意
- 自分カードと友だちカード（自己紹介や友だちの情報記入のために。一人ひとりに合わせて大きさやマス目の工夫）
- 「聞く」「話す」ことなどの1時間のめあてをはっきりさせる目・口・耳・心の絵カード

②グループと場の設定（全体の時間とグループの時間を設ける）
- 落ち着いて学習できる組み合わせ・中心となって話を進める役割分担

③個々の課題に応じたお助けグッズ
- 話し方カード・司会カード
- 相手にわかりやすく伝えるための絵や写真

子どもたち一人ひとりの得意なことや苦手なことは異なり,気持ちの切り替えが難しくてトラブルになる場合もあるが,自分が得意な方法や手段を使うことで,抵抗が少なくなったように思う。この経験を生かして,家族や先生へのインタビューへと発展させた児童もいた。

2　みんなのおいしいカレーやさん・おでんやさん

1学期終業式にカレーやさん,2学期終業式におでんやさんを開いて,先生方や家族に食べに来てもらう取り組みを行った。自分たちが作ったものを食べに来てもらうという大きなめあての単元構成が,子どもたちの興味や関心を高め,最後まで意欲的に学習することができた。

お店を開くにあたっては,当日までにメニューと値段の決定,注文をとる練習,お金の計算やおつりの出し方,応対の仕方,重さのはかり方など,個々の力に応じて課題を設定し,毎時間「チャレンジタイム」の時間を設定し,「話す」「聞く」「読む」「書く」「計算する」などの基礎的な力の定着を少しずつ図った。一人ひとりの課題と教材教具の工夫という点でグループ別に問題を考え,さらにそのグループの中でも個々に応じた問題を細かく設定し,問題ができたらその場でカードやプリントにシールを貼って評価すると,子ど

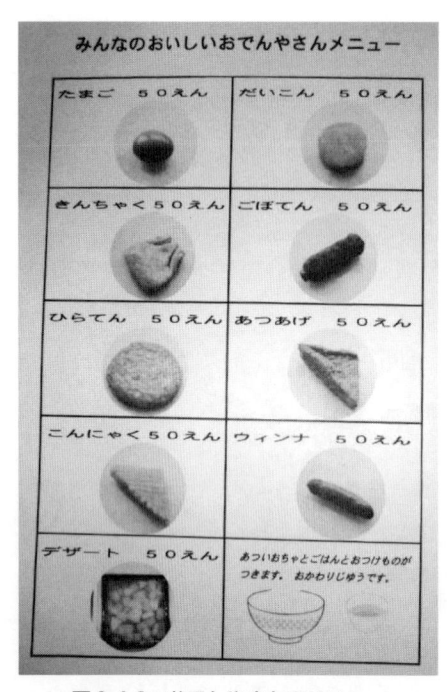

図 3.4.1　おでんやさんのメニュー 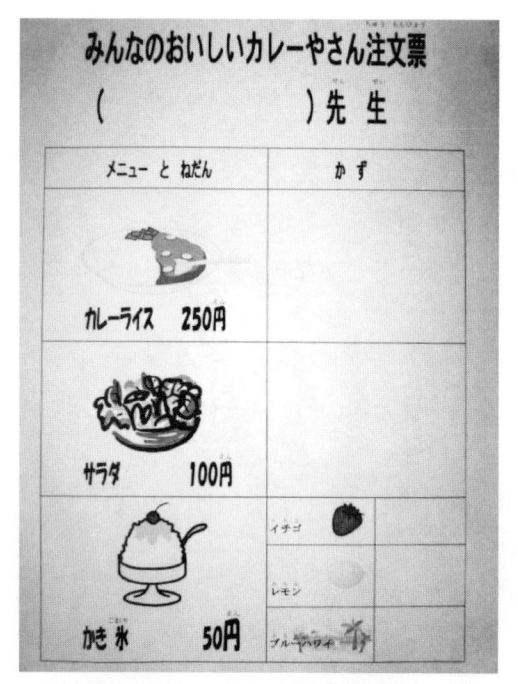　　　　図 3.4.2　カレーやさんの注文票

もたちが自分から取り組み，今までにない集中力を発揮して学習する姿が見られた。たとえば，お金ボックスやお金カードなどのグッズをつくるなどした。

　また実際に調理し，開店当日は，テーブルへの案内，注文の品の盛りつけや配膳，最後の食器洗いや片づけまでのすべての作業を行うことで，毎日の生活に必要な力を身につけることもできる。毎年続ける中でメニューが増えたり，新しい食材を使ったりする楽しみも増えた。子どもたち自身にも毎年の成長がわかり，できることが増えて自信を持つことができるようになった。注文を聞いたり，お店で応対したりすることで，気持ちのいい話し方ができ，会話の幅も広がるようになった。

　単元の最後には，売り上げを実際に計算し，みんなでパーティーを開いて満足感や充実感を味わうことができ，次年度への励みと意欲につなげることができた。

5 小学校自閉症・情緒障害特別支援学級における実践
—— 子どもたちをつなぐ縦割り活動と道徳教育

名田早苗（湖南市立三雲小学校 教諭）

　石部南小学校（以下，石南小）は校区に福祉施設が多くある学校である。県立三雲養護学校をはじめ，糸賀一雄氏が設立した近江学園，授産施設もみじ・あざみ，一麦，落穂寮などの人々が，生活し，学習する地域でもある。運動場で体育をしていれば，散歩中の寮生さんたちが手をふり，体育大会や音楽会では石南小の子どもたちに混じって，体育や音楽を楽しんでくれる。石南小の子どもたちにとって，このようなことは生活の一部と言えるほど，身近で当たり前のことなのだ。

　近江学園から通学してくる児童も多数いる。男女別，学年の大小別，それぞれの班から一つの分団を成し，校門前の坂道をゆっくりゆっくり上ってくるのである。この登校途中にもさまざまなドラマがあり，子どもたちの人間模様が随所に見え隠れする。

1　自閉症・情緒障害特別支援学級での取り組み

　そんな石南小は，特別支援学級在籍児童数が30名を超え（2012（平成24）年度末），全校児童の約1割が支援学級児童であった。知的障害特別支援学級4クラス，自閉症・情緒障害特別支援学級（以下，自・情学級）1クラスである。

　自・情学級は，1年生から6年生まで各学年在籍し，特徴もそれぞれで，学級としてまとまるのは大変難しい。また，個別に学習したり，対応したりすればうまくいくことも，人数が増えるごとにうまくいかないことも増える現状があった。多くの自・情学級での悩みではないだろうか。

　そこで，取り組んだことは大きく2つある。

　まず，特別支援学級での縦割り活動を充実させることである。これは人数の多い支援学級ならではの活動であろう。交流学級では力を発揮しきれない，しかし，自学級でも馴れあいになってそれぞれのよさがなかなか出せない，そんな悩みをどの支援学級でも持っていたので，支援学級5学級を解体しての縦割り活動は，大きな効果を生み出した。

　もう一つは，支援学級での道徳教育を充実させることである。学校として道徳教育を研

究していたこともあり，特別支援学級での道徳についても見直す機会となった。そして，道徳教育を意識して行い，自立活動と関連づけることで，子どもたちの心情にもなにか響くものがあったように思う。

2 特別支援学級の縦割り活動──アミーゴタイム

　石部中学校区では特別支援学級の交流会を毎年行っている。石部中学校，石部小学校，石南小の3校が一堂に会することは学期に一度あった。例年6グループに分かれて活動していたので，石南小でもこの6グループを活用することにした。各学年が混在したグループで活動するアミーゴタイムである。活動内容はさまざまであるが，毎回同じメンバーで活動することで人間関係を築き，それぞれのよさを出せるようにした。また，お誕生日会を兼ねることで，一人ひとりが主役の会が必ずある。

　児童Bはこのアミーゴタイムに入るのが苦手だった。人数の多さ，いつもとちがう場所，特別な活動が嫌だったのか，担任や友だちが声をかけても入れなかったが，同じグループの6年生が誘ってくれるとスッと入れ，その後は同じように活動ができた。児童Cは人に会うことを避けて登校し，週2回自学級でのみの生活をしていたが，アミーゴタイムのある日は登校し，他の友だちとかかわることも嫌がらず下級生に教える姿があった。交流学級で過ごす時間の多かった児童Dは，交流の時間が減ることを嫌がったが，アミーゴタイムには1時間は参加し，自分の分担の仕事をやりこなした。交流学級ではなかなか自分のよさを出せない児童Eが，6年生を送る会で中国ごまの出し物を練習し，みんなの前で自ら披露することができた。

　自・情学級の子どもたちは，個人差はあるが人とのコミュニケーションに何らかの課題のある子が多い。高い能力は持っているが，友だちと協力したり，教え合ったりすることは苦手である。交流学級ではお客さんのようにしている子もいる中で，アミーゴタイムでは自分の主張をしたり，得意なことを生かしたりしながら，回を重ねるごとに人とのかかわり方を確実に身につけてきた。また，異学年で活動することで上級生が下級生を見るという縦割り活動のよさを，全校よりは小さい集団で味わうことができ，慣らすこともできた。そして，特別支援学級という集団づくりにも大きく効果のある活動となった。

表 3.5.1 アミーゴタイム

```
4月…顔合わせの会「ゲームをしよう」：1年間の流れとグループのメンバーを知り，ゲームをする。
5月…若葉の会「よもぎだんごをつくろう」：よもぎ採りから，団子づくりまで自分たちでする。
6月…水上運動会「プールで遊ぼう」：自分でつくったペットボトル水鉄砲を使ったり，水中リレーをしたりする。
7月…夏祭り「お店をひらこう」：遊びコーナーをつくり，グループごとにお店屋さんとお客さんをする。
9月…体育大会がんばったね「流しそうめんをしよう」：地域の人が切ってくださった竹を使ってする。
10月…収穫祭「ピザトーストをつくろう」：自分たちでつくったプチトマトを使って，ピザづくりをする。
11月…合同文化祭がんばったね会
12月…冬祭り「お店をひらこう」：夏祭りとはちがうお店を考えてひらく。
1月…鏡割り「お正月遊びをしよう」：お正月遊びをして，ぜんざいをいただく。
2月…収穫祭「おでんやさんをひらこう」：育てた大根を使って，先生に注文をとりおでんづくりをする。
3月…お別れ会「6年生を送ろう」：卒業生を迎える準備をし，最後の時間を楽しむ。
```

3 特別支援学級の道徳

　個々の課題が多い子どもたちの道徳の授業は，通常学級の道徳のようにはいかないことが多い。資料だけでなく，主題設定や内容項目も学年に相当するものではないことが多く，手探りで工夫しながら進めてきた。道徳の授業の中でも，資料を読み取っているときは客観的に考えることができるが，自分を振り返る活動になったとたんに考えられなくなることも多い。そこで，課題とそれを解決するための工夫をまとめてみた。

〈課題〉
・資料の読み取りがむずかしい子が多い。
・自分の気持ちを伝えることが苦手な子が多い。
・心情を考えることに抵抗のある子が多い。
・お話や人の意見を聞いて，自分のこととして考えることがむずかしい。

〈工夫〉
・学年にこだわらず，子どもの実態に合わせた主題設定をし，それに応じた資料を選択したり，学年別に道徳教育を行ったりする。
・具体物を見せたり，視覚支援をしたりすることで，内容を理解できるようにする。
・ことばで表しにくい子どものために，表情で選べるような工夫をする。
・身近な出来事や普段の生活の中で，考える機会を増やす。
・個別に支援し，気持ちを引き出すようにする。
　心情に迫る活動を仕組む中でもっとも意識してきたところは，気持ちを表現するための

工夫である。ことばの出にくい子や，うまくことばにできない子が，気持ちカードで簡単に表現する。表情の絵を見ながら，自分の気持ちに近い物を選び，ことばにする。気持ちをどのようなことばで表現したらよいか，表を見て伝えられるようにする。そのような工夫をすることで，個々の課題に応じた道徳を展開できるようにした。さらに，自立活動の一部に道徳的な内容を取り入れたり，道徳の時間にソーシャルスキルトレーニングを取り入れたりすることで，より身近なこととして考えられるような時間とする。また，オリンピック選手をゲストティーチャーとして招いたり，身近な出来事をもとに自作の資料をつくったりすることで，よりストレートに自分の心情に結びつけ，自分のこととして振り返るきっかけになったように思う。全教育活動と自立活動の中で道徳教育をする必要性をとくに感じている。

6 特別支援教育コーディネーターの役割
―― 日枝中学校での現状と課題

四辻　厚（湖南市立日枝中学校　教諭）

1　日枝中学校の現状

　筆者は特別支援学級担任で，特別支援教育コーディネーター（以下，コーディネーター）をしている。
　特別支援学級はもちろん，通常学級の中にも支援を必要とする生徒が在籍している。たとえば，「授業が理解できない」「知識が定着しにくい」「授業中落ち着かない」「学習に意欲がわかない」「すぐにイライラする」「人をからかったりちょっかいを出す」「自分の言いたいことをうまく伝えられない」「人の言っていることを聞き取れない」「白か黒かの判断しかできず苦しい思いをしてしまう」「多くの人数の中にいることがしんどい」「家庭的な支えが少なく，気持ちや生活が不安定になる」「学校へ登校しにくい」「外国にルーツを持ち，日本語がわかりにくい」……など。
　本校ではこのような特性を持つ生徒たちを，できるだけみんなの中で教育し，中学校卒業後の進路を保障して，さらに社会的自立や自己実現ができる人になるため支援をしている。

2 「支援が必要」と思われる生徒がいることに気がつく

　上記実現のためには，教員が「支援が必要」なのではと気づくことが大切である。そこでコーディネーターは，教員に特別支援教育の「目」を持ってもらうための研修の場をつくる必要がある。できるだけ実際のケースの中から学んでもらうために，ケース会議を実施するときに担任や学年代表だけでなく，対象となる生徒の所属学年教員にも呼びかけ参加してもらっている。また，年度当初に特別支援教育の具体的な取り組みについて，全員研修の機会を持つとともに，教師の教科指導の仕方のうち，授業のわかりやすさや生徒への入りやすさなどについて，発達支援室から参観してもらい，授業改善につなげている。同時にその改善のポイントが，生徒を見る視点となっていることにも気づいてもらう。

　コーディネーターはその「目」を持ってもらった教員から，情報を手に入れ，その生徒の「困り感」を具体的なイメージにしていく。もちろん，コーディネーター自身が授業をしたりかかわったりしている生徒については，ケース会議で情報を提供する。

3　ケース会議開催

　生徒の情報をキャッチしたら，その生徒をどう支援するか，該当学年教師や生徒指導，養護教諭，教科担任などと相談し，おおむね以下のように分類する。

　　A：担任や学級，学年で支援ができる
　　B：全校的な体制での支援が必要
　　C：外部機関と連携しての支援が必要

　以上のうち，B，Cに該当する生徒についてケース会議を開催する。ケース会議には誰が入るか，どの外部機関に入ってもらうかなどを検討し，出席を依頼する。ケース会議開催までの間に，その生徒についての情報を整えておく。

　ケース会議では，コーディネーターが司会をする。とくに意識をすることは，すべての情報を出してもらうこと，具体的な取り組みの方針と，役割分担を決めることである。また，1時間で終わる（愚痴ばかりの言い合いにならないよう配慮する）ことに心がけているのは，ケース会議が支援のための会議とならずに，参加者の疲労感を募らせるだけのものになることを避けるためでもある。また，その生徒が中学校を卒業した後のこともイメー

ジしながら会議を進めていくことや，学校だけが，担任だけが抱え込まなくてもいいように考えることも重要である。

なお，ケース会議開催にまで至らない生徒についても，担任や学年教師とつねに情報交換しながら，具体的取り組みについて相談したり，外部からアドバイスをもらったりして，取り組みを作り支援する。

取り組みについては，目標に迫れているかそうでないかについて，担任などから情報を得るようにする。取り組みがうまくいっていないケースについては，相談をしながら修正するか，当面予定どおり続けていくかも考える。

4　外部機関との連携をつくる

教員や生徒，保護者と外部機関とをつなぐために，まずコーディネーターが外部機関とつながる。校内の課題を抱える生徒について，できるだけ早く情報交換し，相談に乗ってもらうことで，連携のスタートを切る。

とくに発達支援室，ことばの教室，ふれあい教育相談室（第4章❶参照），民生委員・児童委員，家庭児童相談所との連携は大切にしている。多くの場合，学校に来て相談に乗ってもらうが，ときにはコーディネーターが出向いていって相談や情報交換をする。湖南市内の関係機関との連携については湖南市発達支援ITネットワーク（KIDS）を活用することが欠かせない。情報のやり取りがタイムリーにでき，また，過去の情報を確認することもできる。

外部機関とつながるうえで意識するのは，長く学校だけで抱えて，どうすることもできなくなってから相談を持ちかける，ということのないようにすることである。

5　課　題

①とくに生活面を背景に生徒指導上の課題を抱えている生徒に対する取り組みについて，担任や学年，生徒指導部の考え方と特別支援としてのその生徒のとらえ方に食い違いが生じたり，取り組みの方針を一致させにくい場合の対応について時間がかかったりすることがある。

②多くの生徒が困難を抱えているため，どの生徒にも十分対応ができなかったりしにく

かったりする。とくに目立たない生徒や状態が恒常化してしまっている生徒への働きかけが後回しになってしまう。

③通常学級の中で生活しながら，とくに学習面で困難を抱えている生徒に，十分な対応ができるだけの人的な余裕がない。

④コーディネーターが特別支援学級の担任であることのメリットもあるが，持ち時間数が多いのと，交流学級の時間割変更に伴い，一日の予定が立てにくい。そのため，結果としてコーディネーター自身に余裕がなく，確実に情報を収集したり，対応について考えたりすることがしにくい。

7 不登校中学生についての取り組み

木田　香（湖南市立甲西中学校　教諭）

1　つながることで前向きに

筆者は，4年前から特別支援教育コーディネーターを担当することになり，これまで発達支援室，ことばの教室，ふれあい教育相談室，保健センターなどの関係機関に，さまざまな生徒のケースについて相談にのってもらった。いや，たんなる「相談」ではない。各機関には，ときにはさりげなく，ときにはじっくりと本人や保護者にかかわり，そして，ときにはタイミングをはずさず動いてもらったという感がある。

保護者だけが，担任だけが，学校だけが，それぞれの思いでがんばっても，本人のしんどさは軽くならない。本人を中心に据えて，支援者がつながることで，役割を分担し，見通しをもって本人に接することができる。そして，本人も見通しをもって前向きになることができたことで，停滞していたケースが動き出す。

2　しんどさの背景にあるものに気づく

小学校のときは，ときどき欠席はあるものの，さほど大きな困り感はなく，個別の指導計画も作成されていないが，中学1年生後半あたりから欠席が目立ち，長引くことが多くなる生徒がいる。

担任としてできる限りの働きかけをしても状況は変わらず，さらに，昼夜の生活が逆転し，生活リズムが崩れ，長期化の兆し……。以前，勤務校ではこんな状況の背景に本人の発達の課題がある場合があることに教師がなかなか気づけず，有効な手が打てないことがあった。

　生徒Ｆの場合もそんなケースであった。不登校ネット会議・巡回相談員連絡会議（第4章 **5** 参照）でチェックを受け，ふれあい教育相談室からこの生徒についての問い合わせがあり，発達の視点での対応の必要性が確認された。そこで，巡回相談を利用し，各関係機関で役割分担のうえ，多角的な支援体制に入った。まず，ことばの教室で保護者面談（聞き取り）を行い，心理検査を受けることの了解も得た。それと同時に，不登校期間が長くなった本人に，ふれあい教育相談室への通所を勧め，まずは週2回の通所から始めることとなった。心理検査も，ふれあい教育相談室へことばの教室の支援員が赴き，実施した。検査の結果，発達の課題が明らかになり，担任をはじめ，それまで生徒とかかわってきた周囲の者は，それまで学校という集団の中での活動や学習，コミュニケーションにおいて，生徒Ｆが直面してきたであろうしんどさに，あらためて思い至ることとなった。

3　見通しをもって進む

　その後，生徒Ｆは順調にふれあい教育相談室への通所を続け，そのペースが定着し始めたころから月1回の定例ふりかえり会（本人，保護者，ふれあい教育相談室支援員，担任，特別支援教育コーディネーター出席）を持った。その中で，本人を中心にすえて，がんばれたことの確認と生活の見直し，目標設定と実現のための具体的な手立てについて話し合った。学校の行事や活動に参加するために，本人が不安を解消し，見通しを持てるように，本人と一緒にその場面をイメージしながら細かな部分まで詰めた話し合いになった。

　また，通所時には，生活リズムの回復や自己理解に向けて，細やかな取り組みがなされ，保護者支援として，カウンセラーとの面談も実施された。不登校状態にある生徒に対して，学校現場でじっくり行うことが現実的には難しい支援を，学校外のネットワークでカバーしてもらえることは，学校としては大変ありがたかった。

　さらに，巡回相談員やふれあい教育相談室相談員の，専門的見地からのていねいなアセスメントにより明らかになったこと（読み書きに関するつまずき，物事のとらえ方，こだわりなど細かな部分の特性）を，その都度伝えてもらえた。その情報を共有しながら，より

具体的で効果的な対応ができるようになった。

このように，本人，保護者，関係機関，学校がつながりながら歩を進め，生徒Fは少しずつ学校への登校が可能となった。そして，中学校卒業後も，発達支援室と進学先の高校が連携し，生徒Fの見守りと支援が継続されている。

4 さらに先へと支援をつなぐ

不登校や生徒指導にかかわる問題の背景に，発達の課題がないか留意し，特別支援的な視点で生徒理解を進め，対応していこうという共通理解は，現在，本校の教師には浸透している。

担任の気づきから巡回相談につなぎ，スピーディーな対応ができたケースも多くなってきている。今後も，発達支援システムを活用し，専門的な視点から本人の特性や困り感を把握し，保護者・関係機関と協力しながら，適切な支援を進めていきたい。そして，その先の進路でも，生徒が安心して自分らしさを輝かせることができるように，支援をつなげていきたい。本校卒業生の中には，中学から高校へ，高校からその先の進路へとていねいな引き継ぎが行われ，自信をもってのびのび自分のよさを伸ばしている生徒もいる。湖南市発達支援ITネットワーク（KIDS）での情報交換を通して，中学校卒業後も，支援者のあたたかなまなざしに見守られ，がんばっている生徒の成長にふれられることは，たいへんうれしいことである。

❽ 中学校知的障害特別支援学級における実践

井上しず子（湖南市立石部中学校　教諭）

中学校知的障害特別支援学級の作業学習の指導で大切にしていることは，「作業を通して働く喜びや完成・収穫の成就感を味わえること」，「社会の中での有用感を感じ，自分で工夫を加えるなど，勤労意欲を高めること」，「自ら目標を持ち，自ら評価できるような習慣を身につけること」である。

1　作業学習の例

- 集中力・手指の基礎訓練として……アイロンビーズ，LaQ（ラキュー・知育ブロック），ミサンガづくりなど
- 園芸……サツマイモ栽培，葉ボタンの栽培，プランター菜園など
- 紙工……紙すき，切り絵（しおり，はがき，カード），封筒づくり
- 食品加工と販売……お菓子（ケーキ，ゼリー，和菓子など）・カレーライスなど
- 校内受注作業……給食用ストローの仕分け（給食棟）
  ベルマークの整理，すみっこ棒（割りばしに不織布フロアシートを巻きつけ輪ゴムでとめたもの）の制作（生徒会）
  ウォークラリーのチェックカード・完歩証の作成（実行委員会）
  審判台のさび落としと塗装（部活動担当）
  はちまき・団旗のクリーニング（実行委員会）

　作業学習に取り組む際にまず心がけることは，いかに生徒に繰り返し興味・関心を持って取り組ませるかということである。たとえば手指の基礎訓練の際には，見本や図案を見ながら丁寧に取り組むことで，「できる」という自信をつけさせるようにしている。また，各教科等で学習したことを作業学習の指導に取り入れたり，作業学習で学習したことを各教科の学習で補完したりすることで，学習効果を高めるようにもしている。

　生徒は「○○のために△△する」というような，目的が明確な作業内容には自然と意欲も湧いてくるようである。また校内のさまざまな仕事などを通して，教員や給食棟の職員，生徒会など他者から高く評価されることで，自分のしていることに自信を持ち，それが働く意欲へとつながっている。今は校内での取り組みで終わっているが，今後はふれあい広場（第4章 8 5参照）への出店など，作業学習の成果を通した地域社会への参加の可能性を探っていきたい。

2　滋賀県立近江学園との連携

　校区に近江学園を有する本校では，近江学園との連携は大変重要である。年度途中での転入学も少なくないため，県立子ども家庭相談センターを中心としたケース会議を転入学

前・後に持ち，家庭・本人の情報を共有しながら対応をしている。とくに入園を機に入級するケースについては，子ども家庭相談センターと連携しながら，可能な限り事前に見学・体験に来てもらうなど，本人・保護者に理解を得られるよう対応を工夫している。

また，近江学園入園後も日中生活の大半を中学校で過ごすことから，転入学後のケアなど，本人の気持ちに寄り添いながらの連携をする必要がある。生徒は生活環境や周囲の人間関係などに大きな課題を持っているケースが多く，生活習慣や信頼関係の構築，自尊感情の育成などが最優先の取り組みである。一対一の対応のていねいなかかわりの中で，教員が"信頼できる大人の一人"になること，そして，未知の集団での不安やストレスを上手に吐き出させることが，その後の安定した学校生活を送るうえでも重要である。

3 小学校からの引き継ぎの現状と課題

校区での小中交流会を学期ごとに持ち，縦・横のつながりを密にする取り組みを進めている。そして6年生の段階で，本人・保護者へ中学校特別支援学級の体験・見学を勧めている。その際に，保護者に中学卒業後の進路や将来の就労・自立した生活についてもふれ，それらを見据えた中学校での指導内容を説明し，理解を求める取り組みをしている。

「知的障害特別支援学級では高校に行けない」というとらえ方をする保護者も多いが，「将来を見据え，つけるべき力はなにか」という視点で，中学3年間とその後の進路を考えていきたい。そのためには，小学校での入級の際，または高学年の段階でのきちんとした障がい理解と将来への展望が重要であり，本人・保護者の不安を十分理解し，寄り添う支援が不可欠である。

ただ，小学校と中学校の教員の進路に関する意識の温度差は残念ながら大きい。校種にかかわらず，一人ひとりの進路を考えていくという点でも小中の連携・交流を密にしていく必要がある。また，研修の一つとして，甲賀地域の児童生徒の進路を考える懇談会（甲賀地域障害児・者サービス調整会議主催）に，保護者だけでなく教員の参加も勧めたい。

4 高等学校・特別支援学校高等部等への引き継ぎ

生徒には中学1・2年時から進路に関心を持ってもらい，2年の3学期には心理検査を実施し，自己の特性についての理解を進める一方，個に応じた進路相談にも取り組んでい

る。3年では1学期より学校や職場の見学や説明会，体験などを具体的に進めている。その際には卒業後だけでなく，将来の就労まで見据えて「自分で決める」ことを大切にしながら指導をしている。すでに地域の特別支援学校とは巡回相談などを通して密接な連携があり，生徒の情報が共有できているため引き継ぎもスムーズである。ここで確立している連携は，小中の校種間や他の機関との連携を進める際に一つのひな形となり得るものであり，コーディネートという立場が重要性を増す中で，参考にできるものであろう。

9 中学校自閉症・情緒障害特別支援学級における実践

木村淳子（湖南市立日枝中学校 教諭）

1 子どもたちの実態──キーワードは「不安」

「いやだ，やりたくない」「帰ってもいい？」「めんどくさい」等々，わが学級の生徒たちにはマイナス発言が多い。中には，登校してこないというマイナス手段に訴える生徒もいる。朝，さわやかな挨拶などはありえない。畳のスペースで寝転んでいるか，読書や好きなことに没頭して，担任には目もくれない……。

でも，じつは律儀で真面目で，他人に対してどうしようもなく不器用な生徒たち。彼らのことが理解できず，悩んだ日々もあった。もちろん，今も悩みは尽きないが，彼らのマイナス発言，マイナス行動の裏に隠れた心理が少しわかるようになってきた。

筆者は，その心理を一言で表すと「不安」であると考えている。そのことに気づいてから，彼らと向き合うときに，少しだけ肩の力を抜くことができるようになってきた。気合いの入りすぎた自分は，彼らを「不安」にすると気づいたからである。

2 自閉症・情緒障害特別支援学級経営で心がけていること
　　──不安を和らげるために

①教室環境

学習スペースとリラックススペースを分けるという当たり前のことだが，自閉症・情緒障害特別支援学級（以下，自・情学級）の生徒にとって，オンとオフを場所によって切り

替えることが，とても有効であると実感している。生徒Gは登校するとすぐ，リラックススペースでトランプを並べる。生徒Hは隅のマットの上に座って本を読むのがお気に入りと，それぞれの定位置が決まっていて，その場所がとても落ち着くようである。教室の中に安心できるスペースを作ることで，心の安定を図ることが，取り組みの一つめである。

そして，担任である筆者も教室環境の一部だと考えている。登校してきた生徒を「よく来たね」と，とにかく笑顔で迎えようと心がけている。

②朝のリラックスタイム（自立活動）

自・情学級の生徒にとって，人とのかかわりの多い学校生活はそれだけでストレスが高まる場である。そこで，1校時を自立活動に充て，登校してきた生徒が得意なことや好きな活動ができるようにして，教室の中で落ち着ける時間を確保するようにした。登校してすぐ教科の学習をしていたときには10時半にしか登校できなかった生徒Gが，リラックスタイムのおかげで毎日9時過ぎには登校できるようになった。生徒Iは切り絵に取り組み，作品を完成させた後，自分で家から図案をさがしてきて，さらに2作品を制作した。生徒Jは朝からいつもだるそうにしているが，家での様子や好きなゲームの話を聞いているうちにスイッチが入るようで，次の授業に出られるようになる，といった具合だ。それぞれの生徒に生活のリズムがあり，いきなり学校のリズムに移行すると不適応を起こしかねない。それを少しでも学校生活のリズムに近づける時間として，朝のリラックスタイムは，今では欠かせない時間になっている。

③保護者の不安を和らげる

支援が必要な生徒とつねにかかわっている保護者は，それだけで大きな不安やストレスを抱えている。とくに中学校では，卒業後の進路決定にかかわって，本人にも保護者にも不安が高まる。本校では知的学級と連携して，特別支援学級保護者会を定期的に行っている。学校からさまざまな情報を伝えるだけでなく，保護者同士にもつながりを持ってもらうことで，少しでも不安が解消されればと考えている。また，行事の前など，生徒の不安が高まるときには，保護者と直接懇談する場をもつことを心がけている。保護者の気持ちの安定が生徒の気持ちの安定につながり，行動に向かう力となるからだ。

④いろいろな人の力を借りる

生徒と接していて，これでいいのだろうかと考えることがよくある。しかし，担任が不安になっていると，それが生徒にも伝わってしまう。生徒が安心できるためには，周りにいる大人がおおらかな気持ちで接することが必要だ。

本校の特別支援教育の特徴として，何でも相談できる体制が整っていることが挙げられる。特別支援学級の生徒一人ひとりについても，ケース会議を開いたり，ことばの教室や巡回相談の先生方からアドバイスをもらうことが日常的にできることはたいへん心強い。専門的な立場から直接保護者と話をしてもらえることも多く，進路にかかわる保護者の不安を和らげてもらったり，学校との緩衝材になってもらったりしている。

⑤入口と出口，両方のつなぎを大切にする

　小学校から入学するときには，個別の指導計画の引き継ぎを受けることはもちろん，本人を小学校へ参観しに行くことにも取り組んでいる。また，本人が中学校での体験ができる機会を設けている。このことは，生徒自身のみならず，保護者，そして受け止める教員が安心して，新しい生活へ移行することが可能となる手立てである。

　また，卒業時には個別支援移行計画（第3章**16**参照）を生徒とともに作成し，進路先へと引き継いでいる。卒業生には，対人面での不安が強く登校しにくかった生徒や，トラブルが絶えなかった生徒もいるが，そのような生徒が元気に高校生活を送っているとの知らせがあることもある。支援が高等学校へもつながり，さらにさまざまな人の力を借りて，広がっていることを感じている。さらに，社会人となった先輩の姿が後輩たちの安心につながることを願っている。

　担任に求められることは，中学校在籍時のみの支援にとどまらず，小学校から引き継ぎ，そして，進路先へと引き継ぐことである。

10 養護教諭の役割

西村久恵（湖南市立岩根小学校　養護教諭）

　発達障害のある子どもたちにとって，聴覚や皮膚感覚の過敏さ，不安定な人間関係，こだわり等で，想像する以上に学校生活を送ることは大変である。そのため，けが・体調不良・気持ちの調整等の理由で，保健室に頻繁に来室する傾向がある。保健室で過ごす時間が長くなると，学習の遅れだけでなく，保護者や友達との関係等に大きな影響が出てくる。養護教諭が，校内の支援委員会や外部の関係機関と連携し，早期に適切な支援をすることが大切である。そのためのポイントは以下のとおりである。

1 頼れる養護教諭になる

　養護教諭は，入学から複数年，学校生活をともに過ごすので，早期に良好な人間関係を築くことが大切である。はじめに，担任が発達障害のある子どものために作成している個別の指導計画から支援のポイントを教えてもらう。そして，発達障害のある子が，けがや体調不良で来室したときは，訴えをしっかり聞き，納得し満足する対応になるように心がける。また，パニック状態で来室したときは，ゆっくり寄り添いながら，表情や語彙の強弱等から，思いを理解し受容する。その後，「○○と思っていたのかな？」「○○したかったのかな？」と本人も気づいていない部分も含めて，思いを整理するとともに，本人の思いを担任や友だちに伝える。このような対応を続け，「保健の先生の所にきてよかった！」と思ってもらえるようにする。

2 保健室を安全で安心できる場所にする

　発達障害のある子どもは，保健室に不意に来室する子どもたちの思いがけないことばや行動に対して，突然，暴言や危険な行動をしたり，逆に動かなくなってしまったりすることがたびたびあるので，保健室を安心して休養できる環境にすることが大事である。そのために，学校の約束事の中に，「担任の先生に伝えてから保健室へ行きましょう」を入れ，すべての子どもが守るように，全職員が保健室の状況に合わせて指導を繰り返し行い，保健室を必要とする子どもに対応できる保健室にする。また，保健室の備品の配置（たとえば，キャスターのついているいすを使わないことや，水に関係する物の置き場所など）や注意書きを工夫し，発達障害の特性からくる行動に対して，口頭で注意することを少なくできるように努める。よりよいコミュニケーションを促すために，興味を持っている本，色紙や自由帳などを用意する。

3 「やった！」「できた！」の成功体験を増やす

　発達障害のある子どもは，対人関係（とくに同年代）の築きにくさからくる不満，みんなができるのに自分だけできないことへの苛立ち，やりたいのにできないことへの焦り等

で，不安感が高まると，些細なことからけんかをしたり，不意の行為で物を壊したり，行き渋りすることがある。そうなると，注意や怒られることが増え，また不安感が高まるという悪循環のサイクルが起こる。それは，とくに運動会や持久走大会，音楽会等の学校行事のあるころによく起こると感じている。そこで，毎年繰り返される学校行事を「できた！」「よかった！」という成功体験をする機会にしたい。そのために，養護教諭が，今年のエピソード，家族やその子の思い，かかわった先生方の意見を集める。それをベースに，次年は学校行事の計画段階で，専門の先生（ことばの教室，巡回相談員）を招き，その子の発達障害の特性を踏まえた「○○行事の支援計画」をケース会議で話し合い，それを，全職員が共通理解して対応するように働きかける。

また，近年，よりよい学びをするために，発達障害のある子どもの服薬が増えている。以前は学校で服用することがあったが，（朝，服用したら1日効果がある薬になったため）最近は宿泊を伴う行事のときだけ学校がかかわっていることが多いので，今後は服薬を含めた健康相談を実施していきたい。

4　理解してくれる仲間を増やす

発達障害のある子どもも，今後も地域で生活する。今，ともに学校生活をしている子どもたちに，発達障害のある子の特性や困り感を理解してもらい，よき理解者，さらによき援助者になってもらいたいと考えている。そのためには，子どもたちから情報（エピソード）を集め，専門の先生から助言を受け，具体的に困り感や，以前とくらべて少しずつでも成長していることを伝えるようにする。

筆者は，以上の4つのポイントを大切にしながら，発達障害のある子どもたちとかかわりを深めていきたい。また，発達障害のある子の保護者はいろいろな思いをして，ここまで大きく育て，今後も育てていく。保護者の思いに寄り添いながら，養護教諭として，助言をもらえる外部の相談機関だけでなく，保健・福祉・医療・就労などの専門機関をさがしていく作業にもかかわっていきたい。

11 特別支援教育の推進体制

田邉　忍（湖南市立甲西北中学校　校長）

1　管理職に求められること

「特別な支援を必要とする子どもへの対応」「教材研究」「学力向上」「子ども同士のトラブル」「保護者対応」等々，教員が対応しなければならないことはさまざまである。さまざまであるうえに，問題の深刻さは年々重さを増している。

中でも，特別な支援を必要とする子どもへの対応は，この点を充実することができたら，他のことや，他の子どもにも好影響が生じることは明らかである。

管理職には，教員が特別支援教育の推進に取り組む意欲を持ち続けられるような，また，関係機関との良好な連携が図り続けられるような，体制整備に努めることが求められている。

以下，甲西北中学校での体制について紹介する。

2　特別支援の対象とする生徒の基準

学校生活において気になる生徒（以下の5項目の中で一つでも当てはまる生徒）については，学年部会を通して特別支援教育推進委員会（校内委員会）へ報告し，この委員会で協議の後，保護者の了解も得て支援対象生徒としている。

①医師または専門家による診断で特別支援が必要だと判断された。
②心理検査の検査結果で，発達に課題があると指摘された。
③担任や本人にかかる複数の教師によるチェックリストや観察により，発達に課題がありそうだと指摘された。
④不登校などの不適応行動や反社会的行動の要因として発達障害があるかもしれないと指摘された。
⑤本人や保護者から学校生活（学習面）での困り感が強いと訴えがあった。

```
気づいた教職員 → 学年主任 → 特別支援教育コーディネーター → 管理職
                              ⇕
                         校内委員会の開催
                              ⇕
                           発達支援室
                  ことばの教室 ⇔ ふれあい教育相談室
```

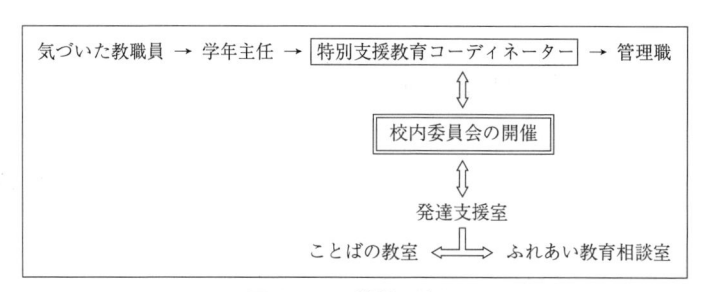

図 3.11.1　情報の流れ

表 3.11.1　支援の分類

	分　類	おもな担当分掌	関係機関
A	発達障害	特別支援部会　学年担当　担任	発達支援室　ことばの教室 巡回相談員
B	不登校	教育相談部会　学年担当　担任 スクールカウンセラー スクールソーシャルワーカー　学習支援員	ふれあい教育相談室
C	生活支援	生徒支援加配　生徒指導主事 学年担当　担任	少年センター 家庭児童相談室（子ども家庭相談センター）
D	学習支援 外国籍生徒	日本語教室部会　学年担当　担任	教育委員会 さくら教室（日本語初期指導教室）＊
E	特別支援学級	特別支援学級教育部 特別支援学級担任　交流学級担任	校区就学指導委員会 巡回相談員

＊第3章14参照。

3　情報の流れ

校内での特別支援教育における情報の流れは図3.11.1のとおりである。

4　支援の分類と担当分掌，関係機関

学校での特別な支援は，表3.11.1のように大きく5つに分類される。

5　必要とする支援レベルについて

特別な支援を必要とする支援レベル（『湖南市特別支援教育ハンドブック Ver.2.2』に準ず

第3章　特別支援教育①——学齢期の支援（小・中学校）

る。レベル1…学級での支援，レベル2…学年全体での支援，レベル3…学校全体での支援）については，校内委員会で検討している。

また，ケース会議の開催についても，必要性の高さに応じて設定している。関係機関等の出席もケースにおける必要性に応じて求めている。

6　校内体制

特別支援教育コーディネーターは校内に2名おき，そのうち1名は教育相談と不登校対応コーディネーターを兼務している。この者の担当授業時間数は週9時間で，授業担当学級は特別支援学級である。また，週1回配置されているスクールカウンセラー（SC）とスクールソーシャルワーカー（SSW）は，その者の担当指導下におき，ケースの相談や生徒（保護者）の支援にあたるようにしている。関係機関との連携窓口も一本化して，互いの報告・連絡・相談がもれなく，スムーズにできるようにしている。なお，もう1名の特別支援教育コーディネーターは，特別支援学級の担任である。また，各学年主任は学年特別支援教育コーディネーターとして位置づけている。

7　校内委員会の構成

校内の特別支援教育の取り組みを推進するために，特別支援教育推進委員会（図3.11.2：校内委員会）を設置している。この委員会は，学期に一度定例会として開催する

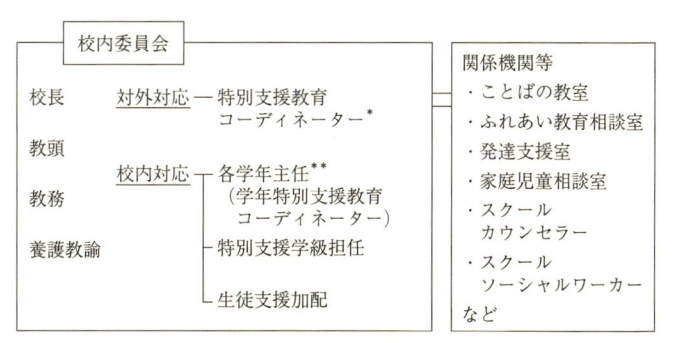

図3.11.2　校内委員会

＊特別支援教育コーディネーター…総合的な支援の調整役・会のまとめ役
＊＊各学年主任…学年の調整役・学年特別支援教育コーディネーター

が，必要に応じて臨時の会を持つようにしている。

12 ことばの教室学齢部

細田佳予子（湖南市立菩提寺小学校 教諭）

1 ことばの教室学齢部とは

　小学生から中学生まで，義務教育の年齢の児童生徒が対象の通級指導教室である。小，中学校の通常学級に在籍している児童生徒が，1〜2週間に1回のペースで学習をしている。言語障害・発達障害などから来る困難さに対して，自立活動や教科学習の補充を行うことがおもな指導内容である。

　学校内に通級指導教室がある自校通級については，学習は基本的に課業時間内に行われ，保護者の送迎で放課後に通ってくる他校通級については放課後に行われている。1単位時間は約1時間である。

　現在，湖南市には2012（平成24）年に菩提寺教室が新たに設置され，3つのことばの教室がある。通級してくる児童生徒は100名を超え，中学校区ごとにエリアを決めて指導を行っている。

　ことばの教室では，児童生徒一人ひとりに対してアセスメントを行い，それに応じて個別の指導計画を作成しながら，課題に応じた学習内容を設定して指導を行っている。発音，ことばの発達などの言語面の課題，不注意や多動などの行動上の課題，コミュニケーションや対人関係などの社会性の課題，学習の困難さによる課題などさまざまな課題があり，通級生の見せる様子も多様化している。

　ことばの教室学齢部に通う子どもたちは，小学校に入学したばかりの児童から，義務教育を修了しようとする生徒まで年齢の幅がとても大きい。したがって，個人内の力をつけていく段階から将来を見越して自分のできることを見つけていく段階まで，その子のライフステージによって取り組み方もさまざまである。しかし，基本的な取り組み内容や大切にしていることは共通しており，次のようなものである。

2 取り組みの実際

①通級による指導

　1対1を基本の形として，通級生の課題に応じた学習を行っている。ここでは自分の特性に気づき，自分を認め，自らが困難に立ち向かう力をつけることが目的であるため，まず通級生自身が何のために通うのかを明確にする。目的意識があれば自ら気づけることも多い。そして，本人の課題に寄り添い，じっくり向き合い，状況を整理していき，考え方や行動の仕方を修正する方法を見つけていく。そして，見つけた方法を振り返り，確認しながら実際に身につけていくまで指導員は継続してかかわっていく。

　たとえば，不安が高く教室へ入れなかった児童に対しては，何に不安を感じているのかを時間をかけて探っていく。自分では気づきにくいことが多いが，ともに見つけていく作業を重ねていくと見つかることが多い。そして環境の設定であったり，実際の対処法であったり，自分の中でのとらえ方であったり，その不安を解決するために見つけた方法を試してみる。さらに効果がある方法で継続して取り組むことで様子が改善されていく。一度「できる。」と自信を持った子は，その後は自らの力で挑戦していけるようになっていく。

　また，集団での適応を図る場合は，同様の課題を持った子たちでグループ指導を行うことがある。学級のような大きな集団に入る前に，学習したスキルを実践する場を設けるのである。指導者と数人の通級生の小集団で活動を行い，その中での振る舞いややりとりを振り返る。課題やできていることをすぐに確認できる場となっており，自分の行動を見直しやすい。また，教室へ帰ったときの安心につながっている。

②教育相談（巡回相談）活動

　特別支援教育コーディネーターの要請に基づき，学校へ出向いて授業を参観する。話を聞くのみでなく，実際の教室の様子を見て雰囲気を感じたり，授業中の先生と児童・生徒のやりとりの様子を見たりしながら，学校の先生方とともにみんなが過ごしやすくなるような学級経営を考えたり，必要な支援の方法を見つけたりする取り組みを行っている。

　児童生徒の基盤となる学級の状態はとても大切で，居場所がある，受け入れてもらえるという安心感が自分の学級にあれば，課題があってもうまく適応できることが多い。そのためにも今後，教育相談活動は重要な役割を担っていくと思われる。

　もう一つ，教育相談活動には保護者相談という役割もある。子育てで悩んでいるがどう

していいかわからないと困っている保護者は多い。学校を通じて話を聞く時間を設けたり，必要な情報を伝えたりすることで，また元気に子育てをしていこうという意欲を高めてもらうための取り組みである。最近では，発達の特性によるかかわり方の相談や進路の悩みなどの相談が増えてきている。

③発達・心理検査の実施

　客観的に個人の特性や力を知るためにさまざまな検査を行っている。ここで得た情報は本人の理解を深めたり，特性に応じた指導法や支援法を探ったりするための大切なものである。結果は支援の方法とともに個別の指導計画に明記し，今後の取り組みに役立てている。

④読み書きチェック湖南市版

　市内の小学１・２年生を対象に読み書きチェックを行っている。２年生は４月にひらがな，カタカナ，漢字の聴写テストを行い，１年生は９月にひらがなのみの聴写テストを実施している。実施は学級ごとに担任が行うが，採点と考察はことばの教室の指導員が行う。市内全部の採点を複数の指導員が行う際には，基準を設け同時に行うことで，採点にずれがないようにしている。

　このチェックにより児童一人ひとりの読み書きの特性に気づくことができ，２年間行うことで個々の学習の定着状況や学校ごとの児童の実態をつかむのにとても有効なものとなっている。結果を学校へ返すことで教科学習の指導法の工夫につながったり，支援の必要な児童への具体的な方法を考える材料になったりしている（第３章**13**参照）。

⑤学校訪問

　６月と11月の年２回行っている。ことばの教室と学校が立てた個別の指導計画を交換し，各校の通級生の担任と指導員が直接話せる貴重な機会である。

　日常的に電話や湖南市発達支援ITネットワーク（KIDS）を使って情報交換をしているが，直接出会って話すことで学校，ことばの教室での通級生の姿とそれぞれの場でどのように取り組んでいるかをより具体的に共通理解することができる。担任の先生の考えや子どもへの向き合い方，学校の状況を知る機会にもなっており，今後の指導に役立つ情報をたくさんもらうことができる。実際に顔を合わせる機会が増えると，支援者どうしに相談できる関係ができ，日頃の些細なことでも気軽に話し合えるようになって対応の仕方にもプラスに働いている。

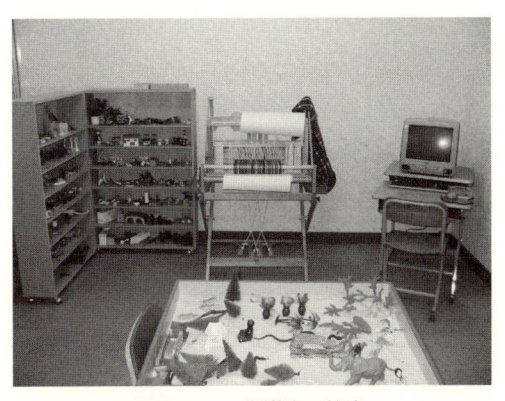

図3.12.1　指導室の箱庭

図3.12.2　指導室

⑥卒業後の進路・引き継ぎ

　中学を卒業すると義務教育を修了し，それぞれが自分の道に進んでいくことになる。進学，就労，その他種々の道があるが，個別支援移行計画を作成しながら，より自分に合った進路を本人，保護者，学校，支援者で一緒に考えていく。いかに自分に合った，充実した道を選択するかにより，その後の人生が大きく変わってくるので，何度も何度も話し合い，情報を交換しながら慎重に決定していく。個別支援移行計画は進路先に引き継がれ，さらに継続した支援につながっていく。

　ことばの教室としては中学校卒業時点でかかわりを終了するが，その先は発達支援室に引き継いでいく。

13　読み書きチェック湖南市版

青木澄子（湖南市立水戸小学校　教諭）

　発達支援システムの構築と運用により，幼児期に保護者や園の気づきから発達相談につながり，発達支援センター就学前サービス調整会議を経て早期対応へ，という流れが定着してきた。それにより集団になじみにくい子どもたちへの支援はおおむね就学前にスタートできている状況である。集団生活への適応が進む一方で，就学後「文字が定着しにくい」「特殊音節の表記に誤りが多い」など，読み書きに困難さを抱える児童の実態把握と支援をどう進めるかが課題となってきた。

　そこで2006（平成18）年より，「読み書きチェック湖南市版」を作成し，取り組みを開

【1年生】
ひらがな学習終了後9月に実施。清音＋濁音の10問。「め」「ぬ」「そ」「ぶ」など形やバランスの取りにくい文字を含む身近な語。

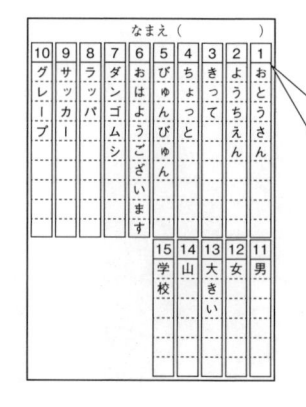

1. （自分の名前を書く）
2. みかん
3. ねこ
4. ざりがに
5. まめ
6. うで
7. そら
8. いぬ
9. ぶた
10. あり

【2年生】
4月に実施。促音，拗促音など特殊音節を含む平仮名の語6問と，カタカナ4問，漢字5問。

1. おとうさん
2. ようちえん
3. きょうと
4. ちょっと
5. びゅんびゅん
6. おはようございます
7. ダンゴムシ
8. ラッパ
9. サッカー
10. グレープ
11. 男
12. 女
13. 大きい
14. 山
15. 学校

図3.13.1 「読み書きチェック湖南市版」の解答用紙

始した。以後毎年実施し，現在8年目を迎えている。「読み書きチェック湖南市版」実施の目的は，早期発見，早期対応の2つに集約されるが，「スクリーニング」としての役割以上に多くの発見があり，経年変化を追って考察を加え，結果の活用を図ってきた。

1 「読み書きチェック湖南市版」の実施方法と内容

- 市内全小学校の1，2年生全員を対象とする。
- 実施時の指示，実施期間を市内で統一し，学級担任による聴写テストを行う。
- 採点・考察はことばの教室が担当する。採点基準を統一し，学齢部指導員が同時に採点を行う。採点結果を一覧表に入力後，集計し，市全体，学校や学級集団としての考察，個別の考察を行う。
- 子どもの解答用紙はことばの教室で保管する（2008（平成20）年度以降）。
- 両学年ともに平均正答数を算出するとともに，1年生は標準偏差をもとに7／10点以下，2年生は9／15点以下を「要支援」とし，経年変化を追っている（図3.13.2）。また2009（平成21）年度以降は，採点時に形・バランス・筆圧・落書きなどを備考欄に記入し，高得点でも備考欄への記入が多い場合には「要観察」としてチェックを入れている。さらに学校ごとに解答一覧表を作成するとともに，各問誤答率を市内平均と比較し（図3.13.3），考察を加えている。

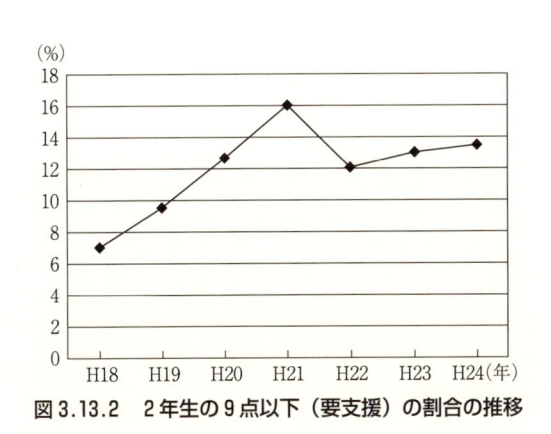

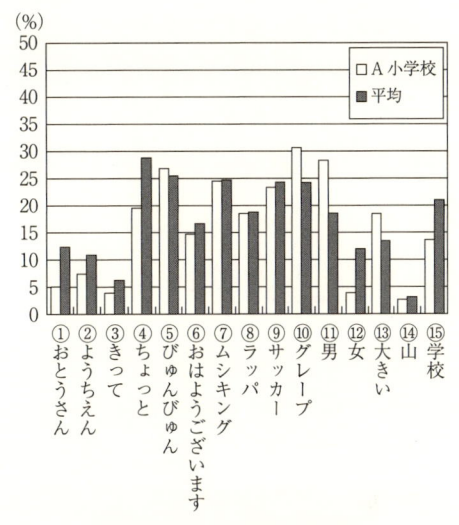

図3.13.2　2年生の9点以下（要支援）の割合の推移

図3.13.3　A小学校の誤答率
（注）　2013（平成25）年度より「ムシキング」は「ダンゴムシ」に変更した。

2　結果と考察の実際

　支援学級の児童も含む全児童を対象として実施した2008（平成20）年以降の要支援率を見てみると，1年生は6％〜9％，2年生では12％〜15％である。2年生の支援率の数値は，就学前に園から引き継がれる個別の指導計画作成園児の割合とほぼ合致している。園での気づきを就学先に引き継ぐことの意義を再認識するところである。また，2年生で支援率が高くなるのは，特殊音節，カタカナ，漢字などの習得について，学校での適応の度合いや学習の習得度が反映された結果と見ることができる。

　実施により見えてきた課題として次の4点が挙げられる。

①読み書きの習得上の課題

- 1年生：形や音が似ている文字の誤りが見られるほか「ざりがに」→「ざにがり」のように聞き分けの弱さが疑われる誤りも多い。文字の習得が進みにくいケースも見られる。
- 2年生：1年生で高得点だった児童の中にも特殊音節，カタカナ，漢字の定着に困難さが見られる。
- 採点結果から，発達の遅れの可能性，視知覚の課題，運動面の課題，音韻意識の弱さな

どがある子，またそれらを併せ持つと思われる子が「要支援」「要観察」として挙がってくる。

②解答に見る「要支援」「要観察」を必要とする例
- 線を止められていない，枠からはみだしている…ADHD傾向があるのか，不器用さの問題なのか。
- 線のふるえ，継ぎ足し，何度も書き直している…不安の高さ，過度の緊張，不器用さからくる問題ではないか。
- 指示した説明をそのまま書く，低学年が使う国語ノート同様の補助線を書く…指示に従う力，意図の理解はどうか。
- 不要な書き込み（落書き）…こだわり傾向があるのか。

③学級での学習指導上の課題
　市全体集計と学校集計の比較により，各学級での指導が効果的で習得につながっている部分，逆に工夫や配慮が必要な部分を明確にすることができる。

④学習環境・学習に向かう姿勢についての課題
- 誤答の分析から，声のトーンや発話明瞭度など教師の言語環境はどうか。
- 解答用紙への記述などから，学習規律，学級経営のあり方はどうか。

3　結果の活用と早期対応

　結果については学校訪問などの機会を利用し，説明を加えて各学校の特別支援教育コーディネーターに手渡す。市，学校，学級集団，そして個について情報提供し早期対応を行うように働きかけている。また，考察した内容について市特別支援教育コーディネーター会議で報告する。

　読み書きの課題への対応としては，巡回相談につなぎ，アセスメントを深めて支援の役割分担の明確化を図っている。文字や解答用紙の特徴的なケースへの対応については学校での支援の有無の確認と，注意喚起の働きかけを行う。学校全体の誤りの傾向からは，文字学習，漢字学習の指導上の留意点，指導のあり方を発信している。市内の教師の同僚性を活かすという観点で行い，とくに誤りが少ない学級の取り組みについて，担任の先生が日々すすめている読み書き学習を紹介するとともに，通級指導の中で活用している教材や，指導法なども紹介する。同時に，学習規律や教師の指示の出し方といった言語環境につい

てもよりよい方法を発信していく。

4　読み書き通級グループの試み

　2年生の読み書きチェックで特殊音節の表記に誤りが多かった児童を対象とし，グループ学習を行った。メンバーは結果から決定し，保護者の了承を得て5〜6名で，2学期に計6回のプログラムを組んだ。学習内容，指導法を視覚化，構造化させてことばの教室指導員が指導に当たった。グループ後の学習評価では，読み書きそのものに対して苦手意識が強かった児童が，教室での学習にも前向きに取り組めるようになる，特殊音節の表記の規則を理解して，活用できるようになるなど，効果が大きかった。今後も子どもの実態や状況に応じて取り組んでいきたい。

5　成果と今後の課題

　成果としては，読み書き学習の早期段階で，学習上，行動上課題のある子の発見，早期対応が実現していることがまず挙げられる。就学前に「書字に困難さがあると予測されるケース」では，入学後の読み書き学習の定着の様子を確認する機会ともなっている。さらに特別支援教育の視点に立った子ども理解，授業，学級経営について振り返り，就学前につけたい力の再確認や小・中学校間の連携のあり方などを考える，市全体で読み書き学習について検討する気運が生まれている。

　小学校3年生以降の読み書きの評価については，学校間，学級間格差とそれを埋める研修のあり方，英語習得の困難さへの具体的な対応について等が課題であり，今後引き続き検討していきたい。

14 外国籍児童についての取り組み

中村由佳里（湖南市立水戸小学校　教諭）

1　児童の状況

　本校は外国にルーツを持つ児童が多く，2013（平成25）年5月1日現在56名の児童が在籍している。多くのブラジル籍児童以外に，ペルー・フィリピン・中国・韓国・アメリカ・インドネシアの児童が数名ずつ在籍している。現在，在籍している児童の家庭は，日本に永住することを考えている家庭が多い。しかし，経済的に苦しくて就学援助を受けている家庭が多く（約40％），生活基盤が不安定であったり，日本での永住が可能かどうかについても不明である。

　湖南市には，日本語初期指導教室（以下，さくら教室）[2]があるため，日本語がまったくわからない，また，学校生活にまったくなじめないという児童は少なくなってきた。しかし，さくら教室が湖南市立岩根小学校に設置されているため，初期指導が必要な場合でも家庭で送迎ができず，本校に通っている児童もいるのが現状である。

　また，他の児童においても，日本語が十分わからないことに加え，外国籍児童同士のかかわりが多いことから，日本の児童とのかかわりが少なく，日本語の習得が難しい状況がある。非常勤講師やボランティアの協力を得て，ティームティーチング体制や個別指導体制等，工夫して指導することができるようになってきたが，日本語指導にかかわる課題，学力保障にかかわる課題は非常に大きいものがある。

　また，昨年度は母語支援員に来てもらえる日数や時間が大変少ない期間があり，とても困った。母語による指導支援，保護者との対応等，母語支援員はなくてはならない存在である。

（2）「湖南市在住の外国人児童生徒のうち…（中略）…学校教育に必要な初歩的・基礎的な生活指導及び日本語指導を含む適応指導を一定期間集中的に行うことにより，在籍校での学校生活を円滑に進めることを目的と」する（「湖南市日本語初期指導教室設置要綱」）。

2 具体的な指導事例

　小学2〜6年生は，毎日1時間国語の時間に日本語教室に来られるよう，年度はじめの時間割編成時に調整している。（1年生は，初期指導が必要な児童のみ週1〜2時間，地域のボランティアに指導をお願いしている。）以下，日本語教室での取り組みを紹介する。

①学習指導
- ひらがなカード，カタカナカード，漢字・絵カード，ことばの絵じてん，デジタル教科書などを活用し，視覚的にとらえられるようにしている。
- 物語文や説明文などは，当該学年の教科書を用いて学習をしているが，学年が上がるにつれて内容が難しく音読するのもままならない児童もいるので，児童の実態に応じて簡単な詩や早口言葉などを取り入れ，声に出して読むことを楽しめるようにしている。

　児童の学力の実態を見ると，日常会話はできるようになってきても，学習言語としての漢字の読み書き，ことばの意味理解，文章を書く力に課題が多くある。国語だけでなく，算数や理科・社会などは学年が上がるにつれて当該学年の学習が難しく，理解できない児童が多いのが課題である。

②生活適応指導

　子どもたちは，自分の学級では日本語が十分わからないために，授業中はあまり話さずおとなしくしていることも多い。そのかわり日本語教室に来たときは，人が変わったかのように母語で話し出す。普段，自教室で思いを出せずにいることがうかがえる。本人が困っている・悩んでいる等緊急を要することには，時間を割いてじっくり話を聞くようにしている。また，本人の興味のあること（楽しかったことやテレビの話等）については5分程度話を聞き，学習に切りかえるようにしている。

　一方で，日本語教室でも学習に集中して取り組んでほしいという願いから，日本語教室での学習の約束を決めている。

①勉強をがんばる（しゃべらない，しっかり聞く）。
②持ち物をしっかり持ってくる。
③いすに姿勢よくすわる。
④人にやさしくする。
⑤教室をきれいに使う（ごみを出さない）。

図 3.14.1　ポイントとしている写真

　これは，昨年度のルールをもとに，4月のはじめに児童と一緒に決めた。毎時間このルールが守れていたかどうか授業の終わりに評価し，一定のポイント（図3.14.1）がたまれば（例：25個花がたまれば2000ポイントで）お楽しみ会をするというように，主体的に学習のルールが守れるよう工夫している。

　また，一人ひとり学期ごとにめあてを考えさせて掲示し，1か月ごとに評価することにより，個人のがんばりを目で見ることができるようにしている。

3　日本語教室からの発信（アミーゴ週間）

　国際理解の観点から，本校では毎年日本語教室と各クラスとの交流授業などを行っている。昨年度も全クラスに1時間ずつ来てもらい，日本語教室で学ぶ児童が進める形で授業をし，子どもたちが自信と意欲を持って活動してきた。

①目的
- 日本の児童が，日本語教室の児童との交流を通して，日本語教室の活動や異文化について理解を深める。
- 日本語教室の児童が，母国の文化を知り，日本の児童に知らせる活動を通して，自尊感情を高める。

②日時：アミーゴ週間12月3日（月）〜10日（月）
- 特別支援学級の児童は，交流学級で参加する。
- 各クラス1時間。総合的な学習の時間 or 学級活動で

③場所：日本語教室

④内容
- 日本語教室クイズ，ブラジル・ペルー等の紹介とクイズ（ブラジルボックス（ブラジルに関するもの。例：国旗，シマホン，マテ茶，教科書）を活用して）
- 歌，手遊び
- 「サンポーニャ」「カポエイラ」「リオのカーニバル」等のビデオ視聴

図3.14.2　教室の様子①

図3.14.3　教室の様子②

　ブラジル人・ペルー人でありながら，自分の国のことを知らない児童が多いため，昨年度は，滋賀県国際協会よりブラジルボックスやブラジル・ペルーの楽器を借用し，実際に物に触れながら学習を進めた。中には知っているものもあり，「これ，知ってる！」「これ，家にある！」「こんなふうに使うよ。」などと生き生きと話す外国籍児童の姿も見られた。また，知らないものについては，母語支援員に使い方などを教えてもらい，知っていることや教えてもらったことをもとにクイズをつくることができた。

図3.14.4　ブラジルボックス

　はじめはクイズの文字を読むのに戸惑っていた児童たちも，何度も練習をしたり場数を踏んだりすることで母国の文化やことばを日本の児童たちに自信を持って伝えることができるようになった。コンピュータを使って日本の児童たちにプレゼンテーションをすることで，より意欲を見せていた。また，日本の児童も，実際に物を見ることでブラジルの文化を知ることができ，自分の家にあった外国の食材のバーコードを持ってきたり，同じクラスの外国籍児童が給食を食べられないのは仕方がないと理解を示したりするなど，異文化について興味を持ったり理解を深めたりすることができた。

4　保護者との連携

　家庭訪問や個別懇談では学級担任と一緒に，日本語指導加配と母語支援員も同席し，学校の様子を伝えたり，保護者の願いや悩み等も聞くようにしている。算数がわかっていないが教えられない等，学習に関する悩みも多い。
　学校から配布する文書はとても多いが，外国籍児童の保護者に知らせるべきこと，知っていてほしいこと等，大切な内容はできるだけ母語支援員に翻訳して子どもに話してもらい，配布するようにしている。また，運動会等特別なことがあるときは，持ち物等を日本語教室からも通信として知らせるようにしている。日々，個別に伝えなければならないことも，母語支援員に電話連絡してもらい，家庭の理解を促している。しかし，無断で休んだり，持ち物を忘れずに持ってくることができなかったりする児童が多いのが課題である。

5　発達に課題のある児童の支援

　「日本語の習得が進んでいない」ために，理解できていないことがあるのか，それとも「日本語の習得がうまくいかない」ような発達の課題があるのか，児童についての見立ては慎重さを要する。
　まず，保護者にそのことについて理解してもらうためには，保護者が理解しやすい言語を使う必要がある。心理検査について説明したり，学級での支援について説明することは，日本語では容易なことであっても，通訳を介すると困難なことがある。そのため，湖南市では学校教育課において，検査や特別な支援について理解したうえで通訳できる人の育成に努めている。
　また，たんにことばの理解が難しいだけでなく，日本の文化と母国の文化の違いによって，特別な支援を受け入れにくい保護者もいる。そんなケースでは，通訳を要しないケース以上に慎重に懇談を重ねたうえで，特別な支援を実施する了解を得る必要がある。

15 個別の指導計画の作成と実行

田井中志帆（湖南市立菩提寺北小学校 教諭）

　個別の指導計画は，児童生徒一人ひとりの障がいの状態等に応じたきめ細かな指導が行えるよう，学校における教育課程や指導計画，当該児童生徒の個別の教育支援計画等(3)をふまえて，より具体的に児童生徒一人ひとりの教育的ニーズに対応して，指導目標や指導内容・方法を盛り込んだものである（2004（平成16）年1月文部科学省「小・中学校におけるLD（学習障害），ADHD（注意欠陥／多動性障害），高機能自閉症の児童生徒への教育支援体制の整備のためのガイドライン（試案）」より）。

　つまり，子どもの目指す姿を明確にしたうえで，つけたい力やその手立てを具体的に記したものである。

1　教育的効果

　個別の指導計画を作成し，活用することにより，以下のような教育的効果がある。
- 一人ひとりのニーズに応じたきめ細かな指導が行える。
- 具体的な目標を設定することで，見通しをもって，一貫性のある指導をすることができる。
- 子ども自身にとっても，目指す姿が明確になる。
- 複数の教師が共通理解したうえで指導に当たることができ，次学年への引き継ぎや関係機関との連携もスムーズに行える。
- 個別的な指導だけでなく，集団の中での個別的な配慮・支援についても検討できる。
- 指導を定期的に評価することにより，より適切な指導への改善につながる。

（3）個別の教育支援計画…障がいのある子どもにかかわるさまざまな関係者（教育，医療，福祉等の関係機関の関係者，保護者など）が子どもの障がいの状態等にかかわる情報を共有化し，教育的支援の目標や内容，関係者の役割分担などについて計画を策定するもの。

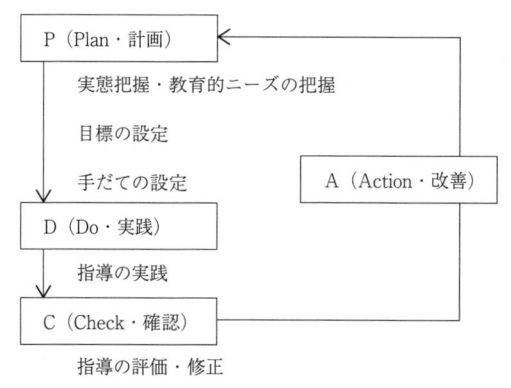

```
   ┌─────────────────┐
   │ P (Plan・計画) │◄──────────┐
   └────────┬────────┘           │
     実態把握・教育的ニーズの把握  │
        目標の設定                │
   ↓    手だての設定      ┌──────────────────┐
   ┌─────────────────┐    │ A (Action・改善) │
   │ D (Do・実践)   │    └──────────────────┘
   └────────┬────────┘           ▲
        指導の実践                │
   ↓                              │
   ┌─────────────────┐           │
   │ C (Check・確認)│───────────┘
   └─────────────────┘
        指導の評価・修正
```

図 3.15.1　作成と実行の手順

2　作成と実行の手順

　個別の指導計画の作成と実行についての大まかな流れは，以下のとおりである。
①前学年の教員より，子どもの様子について，引き継ぎを受ける。
②チェックリスト等で，支援が必要な子どもをピックアップする。
③検査につなげる場合は，支援の必要性について，保護者と懇談し，承諾を得る。
④個別の指導計画の作成・実行（図 3.15.1）。

3　作成にあたっての留意点

　個別の指導計画作成にあたっての留意点を，以下の作成例（小学校・通常学級用）をもとに説明する。

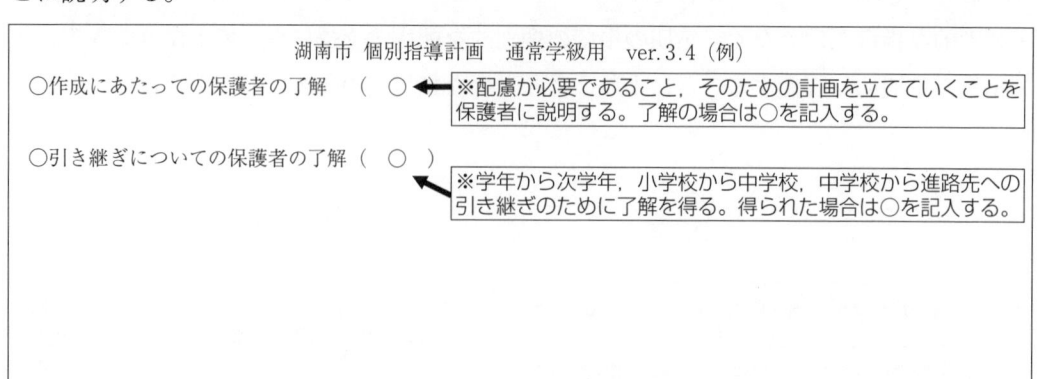

```
┌─────────────────────────────────────────────────────────────────────┐
│　　　　　　　　湖南市　個別指導計画　通常学級用　ver.3.4（例）　　　│
│ ○作成にあたっての保護者の了解　（　○　）◄─┬────────────────────────┐│
│                                              │※配慮が必要であること，そのための計画を立てていくことを││
│                                              │保護者に説明する。了解の場合は○を記入する。          ││
│                                              └────────────────────────┘│
│ ○引き継ぎについての保護者の了解（　○　）                             │
│                                            ┌────────────────────────┐│
│                                         ◄──│※学年から次学年，小学校から中学校，中学校から進路先への││
│                                            │引き継ぎのために了解を得る。得られた場合は○を記入する。││
│                                            └────────────────────────┘│
│                                                                       │
└─────────────────────────────────────────────────────────────────────┘
```

第3章　特別支援教育①──学齢期の支援（小・中学校）

対象児	○年○組（　○○　○○　）	記載日	※援助レベルは1・2・3・4で記す。
学校名	○○小学校　援助レベル　4	担任名	1→学級で支援 2→学年全体で支援 3→学校全体で支援 4→関係機関と連携して支援

親や本人の願い （聞き取りまとめる）	・身の回りのことを自分でできるようになってほしい。 ・話をしっかりと聞けるようになってほしい。 ・相手の気持ちを理解して，行動できるようになってほしい。
担任の願い （指導上の課題・ 　　問題の契機）	・見通しをもって，学校生活をスムーズに送れるようにしていきたい。 ・姿勢を正して座り，集中して話を聞く力をつけていきたい。 ・自分の思いを整理して，相手に上手に伝える方法を身につけるようにしていきたい。

※保護者や本児のニーズを把握したうえで，子どもの目指す姿を明確にする。

・つけたい力
・学校生活の中で配慮してほしいこと
・気になっていること，困っていること　　など

学級経営案 （学級経営での支援） ※本児への支援で，学級全体に生かせる具体的な内容等，学級経営との関連について記入する。	・1日の生活の流れや学習の流れを黒板に掲示し，見通しをもって行動できるようにする。できたときにはきちんと評価し，自分の動きが明確にわかるようにする。 ・前方の席にして，個別に声かけしやすいようにする。 ・みんなであそぶ機会を多く設けることで，友だちとかかわる場面を増やし，トラブルや何か困った状況において，担任が本児の思いを聞き取り，具体的なことばにして整理していく。同時に，周囲の子どもたちに，本児の行動やその理由，思いなどを伝えて，理解を図れるようにする。 ・本児が活躍する場面をつくり，周囲の子どもたちの本児に対する理解につなげていくようにする。

不登校・登校しぶりが　（ある）　ない　　＊ある時は，該当の □ にチェック

■登校状況
□欠席多い……記入時点で15％以上の欠席
　　（出席すべき日数　　日　うち欠席日数　　日）
□別室登校　場所（　　　　　　　）
☑保護者との登校　誰と（　母親　）
□遅刻多い……出席日数の10％以上

■学校と保護者・児童・生徒との連絡のとり方
□保護者から連絡帳等で欠席の連絡があった
☑保護者から電話で欠席の連絡があった
□担任から電話をし保護者に欠席の連絡を聞いた
☑担任が家庭訪問をして保護者と話をした

■不登校や登校しぶりの理由として推測できること
・発達障害の傾向
　□多少見られる
　☑傾向がある
　□診断されている
・本人の登校に対する意識
　□大変強い
　☑強い
　□弱い
　□大変弱い

（頻度　欠席のたび　）	
□担任が家庭訪問をして本人とかかわった（頻度　　　　）	
□担任以外が本人とかかわった（場所　　　頻度　　　）	☑学業不振
□連絡帳や通信等を家庭に届けた（誰が　　　　　）	□友人関係のトラブル
□担任が訪問しても本人に会えない	（　　　　　　）
□友達が訪問しても本人に会えない	□家庭生活の急激な変化
□保護者に連絡がとれない	（　　　　　　）
＊頻度の記入例：欠席のたび・3日欠席が続いたら・週1回・月1回等	□親子関係のトラブル
■連携している関係機関　　■不登校支援のキーパーソン	（　　　　　　）
（ことばの教室）　　　　　（養護教諭・不登校対応の先生）	・その他（　　　　）

専門機関からの情報	※WISC-ⅢやⅣ等の検査結果や専門機関との懇談内容，ことばの教室の通級状況，医療機関から得た投薬の状況などを記入する。
（医療，ふれあい教育相談室，ことばの教室等）	

総合所見	・作業等の見通しがもちにくく，手順表などの視覚的な支援やモデルが必要である。視覚的な理解は優れているため，この特性を指導に生かすとよい。
※上記の情報をもとに，子どもの困り感を分析し，その対応を明記する。	・全体での指示は理解できていないことが多く，周りの様子を見ながら作業をすることが多い。そのため，指示はことばだけでなく，必ず板書やモデルで示し，視覚でとらえられるようにする。 ・板書を写すのは集中してできるが，書き間違いが多く見られる。写し間違いを防ぐために，マス目黒板を使用したり，補助的なワークシートを提供したりするのが有効であると思われる。 ・そして，必ず個別に声かけをする必要がある。 ・対人関係でのトラブルが原因の登校しぶりが少し見られる。その要因は，相手の気持ちを理解しにくいことにあると思われるので，担任が仲介してわかりやすく説明する必要がある。

基本的な配慮・支援（各教科・生活で共通すること，または行動面）			
実態把握	目標設定	具体的な手だて	結果および手だての評価・考察
一つの作業から次の作業へとスムーズに移れず，パニックを起こすことがある。	学習や作業，1日の生活の見通しをもち，自分のペースで行動することができるようにする。	・絵カードと時計の模型を用いて，作業の順番と時間を示す。 ・手順表を示し，作業が終わるごとにシールをはる。	・絵カードや手順表をたよりにすることで，作業の見通しをもつことができ，パニックを起こすことなく，行動することができていた。 ・学校生活の流れやチャイムの意味について理解し，スムーズに行動することができるようになった。 ・新しい学習や時程の変更に戸惑いを感じるので，これからも，絵カードや手順表を用いて支援していくのがよい。

全体への指示や話の場面で，注意がそれやすい。	集中して話を聞けるようにする。	・全体への指示の前に，「今から○つお話しするよ」と個別に注意喚起する。 ・黒板に指示内容を明示する。 ・モデルを示す。		集中して聞いているように見えても，聞いていなかったり，理解していないことが多い。個別の声かけが必要である。
板書を正確に書き写せないことがある。	板書をノートに正しく書けるようにする。	・マス目黒板を用いて，書く位置を正しく把握できるようにする。 ・板書のコピーや穴埋めワークシートを渡し，手元で見られるようにする。		板書のコピーや穴埋めワークシートより，マス目黒板を用いるのがもっとも有効であった。最終的に，マス目黒板を用いなくても，正しく板書を写せるようになった。
自分本位で遊びを進めるため，他児と思いを共有できず，けんかになることがある。	相手の気持ちを受け入れて理解したうえで，自分の思いを伝えることができるようにする。	担任が仲介して，事実を正確に把握したうえで，本人にわかりやすいことばで，その場の状況や他児の気持ちを説明し，理解できるようにする。		・友だちとトラブルになったとき，怒ったり泣いたりすることはなくなった。 ・相手の気持ちやその場の状況を理解することが難しく，担任が状況を説明して，やっと理解ができる状態であった。担任が仲介すれば，自分の気持ちを落ち着いて相手に伝えることができる。

教科での配慮・支援（配慮・支援がとくに必要な教科，必要行数分だけ枠を伸ばす）					
教科	単元領域	実態把握	目標設定	具体的な手だて	結果および手だての評価・考察
国語	読む	文章の内容に関する問いかけに対して，意図が理解できず，正しく答えることができない。	問いかけに正しく答えられるようにする。	大事なことばを赤で囲み，確認する。	・文章の内容を少しずつ正しくとらえられるようになってきており，問いかけにも正しく答えられるようになってきたが，依然，読解力には課題がある。 ・日常生活で使用する語彙の理解が不十分なので，習得していく必要がある。
算数	加算減算	文章問題を読んで，加算か減算かを見分けるのが難しい。	文章問題を読んで，加算か減算かを正しく見分けられるようにする。	「あわせて」「のこりは」など，キーワードとなることばを赤で囲むようにする。	・「あわせて」「のこりは」などのキーワードに着目して，立式できるようになった。 ・「どちらがどれだけ多い」という意味がよく理解できていない。具体物で丁寧に説明する必要がある。

> ※実態把握…行動観察，チェックリスト，WISC-Ⅲ，Ⅳ等の検査，医療機関等の専門機関からの情報，ことばの教室の巡回相談，他の教師からの情報等をもとに，本児の状況，実態を記入する。
> ※目標設定…子どもを主体にした達成可能な目標を立てる。スモールステップで，徐々にレベルを上げていく。
> ※具体的な手だて…本人への課題設定等の個別的な対応と，学級集団の中での個別的な対応の両面から考えていく。
> ※結果および手だての評価・考察…目標設定が適切か，手立ての効果があったのかを考察し，次の目標へとつながるように，支援のあり方を見直す。

4　個別の指導計画を実際に活用して

①気づき

　支援が必要かどうかの判断には，担任の気づきが重要である。「少し気になる」ことが支援のきっかけとなる。

　実際は，「気になる」が，「困り感」の原因がよくわからないことが多い。性格，家庭環境，発達障害，友だち関係，学習など，さまざまな要因が複雑に関連していることもある。

　子どもが出している小さなサインを見逃さないためにも，複数の目で子どもの様子を見ることが大切である。

　具体的には，
- チェックリストを活用する。
- 学年間で話し合い，支援の手立てを工夫する。
- 校内委員会で子どもについての情報を共有し，つねに子どものことについて，教師同士が情報交換できる雰囲気づくりをする。
- 「ことばの教室」の巡回相談やWISC-Ⅲ，Ⅳ等の検査を行うなど，専門機関からの情報を得る。
- 保護者から家庭での様子を聴き取る。

などの方法がある。

　できるだけアンテナを広く，細やかに張りめぐらすことで，よりよい支援の方法を検討することができる。

　実際に，私の経験では，校内の先生方に様子を見てもらうことで，「気になる」情報よりも，「○○さん，あいさつがよくできるね。」「○○さん，とてもいい表情で，年下の子にお話していたよ。」と，その子の頑張りやよいところを教えてもらえることが多かった。子どもや保護者，担任だけでなく，学校全体でその子の成長を喜べるのは，とてもすてき

なことであると思う。
②子どもや保護者に寄り添って考える
　個別の指導計画は，担任だけの思いで作成するのではなく，子どもや保護者の思いに寄り添いながら作成するものである。

　日常的な情報交換（会話・連絡帳・学級通信・個人面談・家庭訪問・アンケート等）の中で，家庭でも気になっていること，学校で感じられる子どもの困り感を互いに共有し，「こういうときは，こんなふうに支援してみます。」と具体的に伝えていく。

　その際に，保護者の子育てに対する思いや苦労などを十分にくみとり，ともに子どもを育てる者としての共通の立場に立ちつつ，教育の専門家として，子ども自身の発達を促し，可能性を開花させていくための提案をしていくことが大切である。

　筆者は，些細なことでもできたことを評価し，それを電話や連絡帳等で保護者に伝えるようにしてきた。すると，保護者も子どもをほめたり，励ましの声かけをしたりしてくれて，その結果，その子どもの力がぐんと伸びたケースがあった。

　「できない」ことや困り感ばかりに目を向けるのではなく，子どもが今持っている力をさらに伸ばしていくことや支援の結果できるようになったことを，ともに喜べるような計画であってほしい。

③「個」への支援は「みんな」への支援に
　個別の指導計画において，該当の子どもへの支援を考えるとき，個別指導（マンツーマンでの指導）だけではなく，集団の中で個別の視点での指導を行うことが大切である。

　たとえば，学校生活における1日の流れの見通しがもてない子どもに対して，絵カードや時計の模型を提示することは，その子だけへの支援でなく，他の子，つまり学級全体への支援にもつながる。

　実際に，1日の生活の流れを黒板に明示したり，次の学習や作業に移る時刻などを時計の模型で示したりすると，その子も他のみんなも見通しをもつことができるので，落ち着いて学習や生活ができる雰囲気が学級に広がっていくのが感じられた。支援のあり方も「バリアフリー」ではなく，つまずきのある子の学びの姿に着目して，授業を改善しようとする「授業のユニバーサルデザイン」が望ましいと思う。

　「どの子にもわかりやすく」……これは教育の基本である。つまずきのある子どもの学びの姿を授業の「わかりやすさ」の指標ととらえながら，個別の指導計画を立て，授業を改善することは，教員自身が自信をもって，すべての子どもたちの学びを進めることにつ

ながることを、あらためて実感した。

16 個別支援移行計画の作成と実行

青木澄子（湖南市立水戸小学校 教諭）

　個別支援移行計画は、中学校卒業後の進路先へ支援をつなぐ手立てとして作成される。その役割は、義務教育修了後も支援を必要とする人の情報を引き継ぐこと、また作成にあたって本人が自己理解を深めることの2点である。

1 個別支援移行計画取り組みまでの経過

　個別支援移行計画は、2009（平成21）年度を準備段階とし、発達支援関係課による検討を経て2010（平成22）年度より各校での作成に至った。当時の湖南市は、義務教育期間修了後、個別の指導計画を進路先に引き継いでいたが、本人の特性に応じた支援の継続が可能であったかというと、必ずしも十分ではなかった。そこで、義務教育を修了する時点で個別支援移行計画を作成し、支援を明確に引き継げるようにしていく必要があったのである。このことは平成19年4月1日付け文部科学省通知3(4)[4]とも一致する。

2 個別支援移行計画作成

　作成にあたり、生徒を個別支援移行計画作成の主体者へと導き、より主体的に参画できるようにワークシート「自分の事をみつめよう」を活用している（図3.16.1、図3.16.2）。記載項目を生徒向きの表現にし、「自己理解」を深める場となるように工夫した。今まで受けてきた支援、課題になった場面など自分の歴史を振り返り、今後も必要なサポートを自覚する場である。このほか個別支援移行計画にもある「プロフィール」の項を設け、必要な個人情報を自分で正しく記入する経験を積めるようにした。
　指導者は、生徒の思いを深く聞き取ったり、書かれたことの意義づけをしたり、過去の出来事をともに振り返ったりする。本人とともに今後の支援についてまとめ、進路先や発

（4）「特別支援教育の推進について（通知）」3．特別支援教育を行うための体制の整備及び必要な取組(4)関係機関との連携を図った「個別の教育支援計画」の策定と活用。

第 3 章 特別支援教育①──学齢期の支援（小・中学校）

作成日　　年　　月　　日

自分の事をみつめよう

● プロフィール

氏名（漢字とひらがなで）		
生年月日		
保護者名（父・母）		
住所		
出身校		
進路先		

● 自分について

★好きなことはなんですか
★得意なことはなんですか
★嫌いなことはなんですか
★苦手なことはなんですか
★落ち着ける環境（場所や時間など）
★健康面で心配なことはどんなことですか

図 3.16.1　ワークシート「自分の事をみつめよう」①

★人とのコミュニケーション（会話・やりとり・意思疎通）で心配なこと，苦手なことはどんなことですか

★活動場面で気になること，心配なことはどんなことですか

★生活場面で気になること，うまくいかないことはどんなことですか

★混乱したりイライラしたりするのはどんなときですか

●目標

1年間の目標	
卒業後の目標	

●将来の生活についての希望や夢
　大人になったら……
　　こんな生活を送りたいな　こんな仕事につきたいな　こんな人になりたいな　こんなことをしたいな

図3.16.2　ワークシート「自分の事をみつめよう」②

達支援室といった今後の支援者に引き継ぎ，送り出すように努めるのである。

　個別支援移行計画を作成するために必要なことは，指導者とのラポール（信頼関係）形成，自分の得意・苦手の自覚，課題への向き合い方を学んでいるなどの認識を高めておくことである。支援を重ねた結果「自分の事をみつめよう」シートに記入する際には，通級することや支援を受けることを肯定的にとらえられていることがほとんどである。話すことに効力感を持ち，自己を客観視できる，また進路先に自分のことを伝えたいという思いがある場合ほど，引き継ぎ内容も充実したものとなる。

　しかし，客観視の弱さ，思考の硬さや不安の高さを特性として持つケースも多く，実態とかけ離れた目標を設定したり，目標そのものを立てられなかったりすることがある。目標の設定を誤ると，達成できず自己肯定感の低下へとつながりやすいため，それまでの学びを書いて示したり，どの程度の支援が必要かをレベル表などで提示したりして，乗り越えてきたことや課題への取り組み状況などを考え併せて目標を立てることができるよう支援している。「できそうなこと」を目標に据え，予想される葛藤場面への対処法をともに整理することは，漠然とした不安や，困りそうなことを具体的な場面を挙げて整理し，どう対処するのかを明確にすることになり，新しい環境への期待を高めることができる。

3　義務教育修了後への支援の引き継ぎ

　発達支援システムを活用し，中学校生活を送ってきたケースでは，「聞いてもらえる」「考えを引き出し，整頓する手助けをしてもらえる」のが相談機関である，と本人が認識できているが，「早期発見はできていたけれどつながりがなかった」あるいは「青年期にさしかかるころに問題が明白となる」ケースもある。そういった場合も本人の参画を目指して相談機関を利用する経験を大切にしたい。個別支援移行計画の作成は，自分のことを相談する第一歩であるとともに，「卒業後も相談できる場がある」と近い将来の安心感を得るうえでも不可欠な取り組みであると感じている。

　個別支援移行計画は，本人が支援を受ける主体として充実した生活を送るうえで，かつ，支援者がタイムリーな支援を行っていくための情報源として重要な役割を果たす。まず，作成に本人が参加することで自分の生き方を見つめ，自己理解や進路選択について学ぶ場にできるということ，2点目は文書で引き継ぐことにより，本人や本人を取り巻く情報が正確に引き継がれること，3点目は事前に情報を得ることができるため，進路先でスムー

湖南市個別支援移行計画（記入例）

●作成日　　　　　年　　　　月　　　　日
●作成にかかわった者
　　所属（　　　　　）氏名（　　　　　　　）
　　所属（　　　　　）氏名（　　　　　　　）

●プロフィール

氏　名		性別 男・女	生年月日	年　　月　　日
保護者氏名		住　所		
出身校		進路先		
障害についてわかる情報(手帳・診断名・発達検査等)	医療受診をしていたら，診断名・受診日・病院名等を記入。WISC-Ⅲ,Ⅳ等発達検査の結果は，言語性IQ，動作性IQ，全IQとともに群指数の数値の記入をしておく。また所見の中でとくに支援の具体的な手立てが書かれてあれば転記する。手帳を取得していたら，取得した日等を記入する。			

●将来の生活についての希望

本人の希望	実現の可能性にかかわらず，本人・保護者が将来について希望していることを記入する。
保護者の希望	

●目標

卒業後の目標（長期）	本人・保護者が将来について希望していることを実現するために，具体的な行動で目標を書く。例（短期）：朝，6：45に起床し，7：40発の電車に乗り休まず登校する。
1年間の目標（短期）	
短期目標実現に必要と思われる指導支援目標	上記の短期目標の実現のために必要な指導や支援の目標を，具体的な行動で書く。例：1日でも遅刻したときには，朝の起床時間を確認する。欠席したときには，正当な理由であるか保護者と連絡を取り合う。行き渋りであれば登校したときに話を聞く。

●本人の状況

・本人が落ち着ける環境……例：不安になったときには職員室のS先生の机の周辺に来る。
・好きなこと(得意なこと)…例：電車。貨物列車をはじめ，時刻表を図書館で借りて東海道線の運行を把握している。
・嫌いなこと(苦手なこと)…例：周囲のクラスメートがふざけてもみくちゃになりながら，大きな声を出すこと。修学旅行など普段と違う行事。

図 3.16.3　湖南市個別支援移行計画（記入例）①

第3章 特別支援教育①——学齢期の支援（小・中学校）

（とくに支援が必要な場面のみ記入）	支援が必要な場面	具体的支援の方法
健康管理	例：昼食後服薬。 すべての項目に記入するよりも，とくに支援が必要な場面について記入する。	
意思疎通	例：相手の話の中に自分の興味がある事象についての単語が出てくるととびついてきて，持っている情報を，相手の嫌がる様子もかまわず一方的に話す。	例：その場面をキャッチしたときには，別の話題に本人を誘う。その後，先ほどの会話の状況を伝え，別の機会に「電車の話」を十分に聞く時間をとることを伝える。
活動場面	例：（体育祭での集団行動の状況）	
生活場面	例：（肢体不自由の生徒の介助の状況）	
葛藤場面	（誘発要因・予兆） 例1：時間割が変更となり，得意な理科がその日なくなることを朝登校して知る。 例2：電車通学中，電車が停車する。 例3：昼休みには図書館に行こうと考えていたが，部活動のミーティングが急に入ってきた。	例1：時間割変更をどうしてもしなくてはならないときには，事前に本人に伝えておく。 例2：電車は定時運行できるときとできないときがあることを知らせておく。遅刻したときの連絡の仕方を事前に学習させておく。 例3：（視覚認知が強いことから）「昼休みに図書館」「部活動ミーティング」と1枚ずつカードに書き，優先順位をつけて見せる。

● 本人の生活を支援できるネットワーク

	支援内容	所在地・連絡先
福祉サービス	進路先から相談の連絡が取れるように，相談実現可能なネットワークのみを記入する。記入の際には「ここあいパスポート」の関係機関等を参照のこと。	
余暇・地域生活		
医療・健康	例：（医療機関名）	例：医療機関からの情報が必要なときには保護者を通じて得る。
相談	例：湖南市発達支援室 　　（石部保健センター内）	例：TEL 0748-77-7020 　　FAX 0748-77-7019

私は以上の内容を了解し，進路先に引き継ぐことを了解します。

　　　　平成　　年　　月　　日
　　　　　　保護者氏名（自署）

以上の内容を了解し，進路先に引き継ぎます。

　　　　平成　　年　　月　　日
　　　　　　中学校長名（自署）

図3.16.4　湖南市個別支援移行計画（記入例）②

ズな支援の継続が可能になることといった利点もある。

　湖南市・甲賀市からなる甲賀福祉圏域では，甲賀地域障害児・者サービス調整会議が設置され，特別支援教育部会（以下，特支部会）が位置づけられている。特支部会は，「早期発見・早期対応の取り組み」「学齢期における特別支援教育の取り組み」を学齢期以後の支援につないでいくことを目的としている（詳細は第1章 5 を参照）。2011（平成23）年度からは，義務教育修了後の支援が少しでもスムーズに継続していくことに加え，圏域の支援体制を知って，活用してもらえるようにすることを目的として，甲賀福祉圏域の県立高等学校特別支援教育コーディネーターにも参加をお願いしている。

　2011（平成23）年度末には，特支部会主催・学校教育課事務局担当で，中学校卒業後の高校等進路先を対象に，「甲賀地域の中学校卒業生にかかる個別支援情報の引継会議」を開催，10中学校から16名の担当者，15高等学校等から22名の担当者，1特別支援学校から1名の担当者の参加を得た。この会議は進路先への引き継ぎに大きな役割を果たすこととなった。

　出席した高校等担当者からは「中学校の先生に出会い直接引き継ぐことに意味がある」「その上，書面があると，校内での情報共有に有効」といった声があった。この会議を積極的に活用したいという思いは，「転学先の高校等にも参加してもらえたことがありがたかった」「引き継ぎを一層手厚いものにするために，中学校からは複数の先生に参加してもらえるとありがたい」「直接出会えることで『気になる生徒』の情報が多数得られた」といった，話からもうかがえる。

　湖南市では人権教育課を中心に高校等訪問にも取り組んでおり，引き継いだ高校等との情報交換に個別支援移行計画が役立っている。進学後，生徒に困り感が高まったときに「相談＝発達支援室」との記載があれば，高校等から発達支援室へ相談が入るといった仕組みも定着してきている。

4　成果と課題

　個別支援移行計画の作成は，通常学級に在籍する生徒の場合，専門機関の利用がないと作成の時間を取りにくい現状もある。一方，特別支援学級在籍生徒にこそ，学級担任と「自分を知る」学習を，卒業までに深めてほしいと願っている。発達支援室で行っている義務教育修了後の人との面談で「自分が苦手なことを知っている人は，強い」「困ったこ

とがあるときに，相談できる人・場所を知っている人は，強い」と実感するからである。

　個別の指導計画を継続して作成し，支援を受けてきた生徒すべてが個別支援移行計画を作成されているわけではない。作成を必要とする生徒かどうかは，一担任の判断に任せることではなく，支援者によって慎重に検討がなされるべきである。専門機関からも積極的に中学校へ個別支援移行計画作成の意義を発信していきたい。

第4章
特別支援教育②
学齢期の支援(特別支援学校など)

1　ふれあい教育相談室

林　直子（ふれあい教育相談室 室長）

　不登校の子どもにとって、「湖南市教育相談室（ふれあい教育相談室）」（適応指導教室。以下、ふれ相）は小集団で他者とかかわれる社会との窓口である。家庭以外で社会性を育む場所であることにおいて、義務教育期間の中では「最後の砦」である。

　ここに通えなくなるということは、引きこもるということ……責任は重い。しかし、指導員のかかわり方一つで子どもが変化していく様子を毎日近くで見ることができる。そんなやりがいも日々感じている。

　よく「子どもや保護者に課題がある」という人がいる。しかし、支援者が子どもに合う支援をすれば子どもは自然と前向きに変化する。「支援者がかかわり方を変えれば、子ども（保護者）が変わる。」ということを、長年見続けてきた。

　ふれ相だけでできることはそう多くはない。専門機関・学校と役割を分担しながら連携し、支援者が同じ方向を向くことで支援の輪は何倍にも広がりを見せる。このことをケース会議に出るたびに感じている。支援は『人と人とのつながり』により支えられているのだと。

　生きづらさを感じる子どもたちが、少しでも生きやすくなって社会に出られるように経験を積ませていきたいものである。

1　不登校ネット会議への参加

　不登校ネット会議は、学校教育課主催で、専門機関が集まって行われる（詳しくは第4章 5 参照）。

　不登校対応について、年3回の推進委員会議で方向性を出し、月1回の担当者会議で7日連続欠席・年間30日以上欠席の子どもの情報を交換している。また、専門機関がそれぞれかかわったケースの情報も交換している。ふれ相も担当者会議に参加する仕組みになって4年が経つが、この会議にはさまざまなメリットがある。

　まず、子どもの情報を早くキャッチできるということ。不登校の初期に、他の専門機関がかかわっている段階からケース対応の流れを知ることができる。そのおかげで、いざ、

ふれ相がかかわる場面で，学校や専門機関がどのようなことをふれ相に求めているかがわかっている。このため，対応の準備をすることができる。また，つなぎまでのタイムラグがずいぶん減ったように感じている。

次に，他の専門機関からの客観的な視点が入るため，子どもの見立てが多角的に行えるようになったということ。たとえば，「耳で聞くだけで理解することが弱いという情報をつかむ」と個別にかかわったときと小集団でかかわったときとで，子どもが見せる姿が異なっていることがある。そこから子どもの課題が見えてくることもある。自分たちの見立てだけでなく，他者の見立てが入ることで，思い込みによる指導がずいぶん改善した。

そして最大のメリットは，困ったときに学校・専門機関と相談ができるということ。以前のようにふれ相だけでケースを抱え込んでしまい，動きがとれなくなるということがなくなった。必要に応じて学校・専門機関とケース会議を持ち，たとえ学校にまったく通えていないケースでも，どの時期には再登校させるという目標設定ができるようになった。

2　学校との連携

不登校の子どもは，さまざまな状態でふれ相につながってくる。引きこもっていた子ども，放課後登校はできていた子ども，行事だけは参加できていた子どもなど……。ふれ相に来たとき，「学校には行きたくない。」という子どもも多い。しかし，よくよく聞いてみると学校のすべてが嫌な子どもはいない。「教室が……」「友達が……」「勉強が……」何かひっかかりがあるから学校に行くことができていないだけなのだ。

こういったことから，ふれ相では，4年前から「振り返りの会」「連絡会」を導入している。子どもがなぜ学校に行けないのか自己理解するのを助けながら，子どものペースでふれ相への通級や学校登校の回数をコントロールするのが目的である。

「振り返りの会」は，まったく学校に行けない子ども，または，ふれ相の通級が週1〜3日の子どもが，月末に翌月の通級の日数などを「ふれ相でふれ相指導員と保護者，本人」で見直す会である。

「連絡会」は放課後登校や別室登校など，なんらかの形で学校に通えている子ども，またはふれ相の通級が週3日以上の子どもについて，月末に翌月の通級や登校の日数を「学校で学校の先生とふれ相指導員，保護者，本人」で見直す会である。

学校への登校回数を増やす……ことばで言うのは簡単なのだが，再登校をするには丁

寧で細やかなつなぎが必要となる。「学校のどこで，誰と，何をするのか……」等に関して，より詳しい見通しが立たないと，不安になる子どもも多い。逆に，詳しい見通しを設定すれば，学校の教室に再登校するのもけっして難しいことではなく，継続させることも可能になるのだ。

3　個別支援移行計画の作成

　ふれ相には，中学校3年生卒業時点まで通級している子どももいる。個別支援移行計画（詳しくは第3章16参照）を作成するにあたっては，「振り返りの会」での経験を活かすことができる。自分が感じている「得意」「不得意」「ひっかかり」等を具体的に記載できるのである。

　個別支援移行計画は，最終的には在籍する学校で仕上げ，保護者と校長の署名がなされるが，ことばの教室・発達支援室とも情報交換しながらふれ相も作成に携わる。義務教育期間中の支援を，その次へ引き継ぐという責任の一端も，ふれ相は担っている。

4　指導員としての願い

　ふれ相に来る子どものわがままに見えるその態度や行動の裏には，見通しの立たないことへの不安がたくさん隠れている。それはふれ相に来る子どもが他の子どもよりほんの少し見通しを必要とすることを示すもので，子ども自身がそんな自分の不安を一つひとつ知ることが，再登校するための力を育むことにつながる。

　支援者が子どもを信じ，それぞれがつながることで一人でも多くの子どもが本来あるべき力を発揮できるようになることを願いながら，指導員自身も日々，支援することを学び続けていきたい。

第4章　特別支援教育②——学齢期の支援（特別支援学校など）

2　高校等訪問による引き継ぎ

安井清克（人権教育課　指導主事）

1　中学校から高校等への引き継ぎ

　子どもたちにとって，生活環境の変化は大きなストレスを感じる場合もあり，そのことが新しい集団や新しい環境への不適応となって現れることも少なくない。小学校1年生や中学校1年生で見られるこのような状況は，高校等への進学時にも見られるようになってきている。

　高校等への進学は通学範囲の拡大を伴い，また新しい環境の中での人間関係づくり，さらに単位取得による進級などのシステムは，頭では理解していても多くの生徒にとって戸惑いや不安を感じるものとなる。中学校時より集団への不適応を起こしていたり，友だちとの人間関係をうまくつくれなかったりした生徒にとっては，より大きなストレスを感じることとなる場合もある。

　このような戸惑いや不安を解消していくために，中学校で支援をしてきた生徒については，卒業時に個別支援移行計画を作成し，個別の指導計画とともに，中学校の担当者から進学先学校の担当者へと，当該生徒の課題と感じていることや学校での支援の状況，指導の内容等についての引き継ぎを行っている。個別支援移行計画には，生徒本人も作成にあたり，将来の希望や自分自身が得意としていること，苦手としていることなどについて記載していく。このときに，中学校の担任や支援をしてきた関係機関の職員とともに作成する場合もあり，本人に対して進学後の目標をもたせたり，不安を感じたときにどのように対処すればいいのかなどについてともに考えたり，指導を行うことで，戸惑いや不安の解消に可能な限り努めている。そして，保護者もその内容を確認したうえで中学校長に提出し，中学校長が最終の確認をし，高校等へ引き継がれていく。

　一方，引き継ぎを受けた高校等では，担当者から校内の委員会や関係の職員に生徒の状況が示され，指導に関する共通理解が図られている。

2　高校等と中学校・関係機関の連携

　湖南市では，生徒が自分の目標を実現（自己実現）したり，高校等での生活を継続していけるよう，中学校や発達支援室等の関係機関の教職員が生徒や保護者とのかかわりを保ち続け，支援を行う取り組みを行ってきた。具体的には，年度はじめに高校等を訪問等し（2013（平成25）年度の対象は53校），取り組みの依頼とともに，進学・進級直後に不適応を起こしている生徒について確認をしている。そして，個に寄り添い，個に応じた高校等での指導につながることを目的に，年間を通して定期的な訪問を実施している。

　これまでも，コミュニケーションや感情の表現などに課題が見えてきた場合，本人や保護者と高校等との間で個別に相談や連携が行われてきた。しかし，課題が見える形で現れなかったり，変化が小さかったりした場合には，本人の困り感や不安に気づくことが遅れることがある。小さな変化を発見したり，これまでの支援の継続を確認するうえで，定期的な訪問の意義は大きい。そして，高校等訪問や面談で得られた情報を発達支援室が集約していくことで，さらに新たな支援の方策ができていることも少なくない。その結果，在学する高校等での生活を立て直すことができた生徒や，別の高校等に転校をして学習を続けられた生徒が増えてきている。さらに，高校等での学習・生活が続けられず中退となった場合も，引き続き関係機関が連携することにより，生活の立て直しや就労に向けた支援を行っている。

3　事例から

　ある課題があった生徒は，小さいころからともに生活してきた友だちが多い中学校までは，周りの友だちにも順調に受け入れられており不自由を感じることなく生活できていた。しかし，高校進学により通学時間が長くなったことや，中学校に比べると予習や復習などの量が増えたこと，学習と部活動の両立に大きなプレッシャーを感じるようになった。中学校の教師からも声かけを行うなどをしたが，次第に学校生活から気持ちが遠ざかるようになってしまった。同じころ，発達支援室からも本人や家族への支援が始まった。本人や母親への面談を通して悩みや課題が明らかになり，本人の状況が周囲にも理解されるようになった。

その後1年間をかけて，本人が課題を解決するために取り組んだり，同じような課題のあった先輩の話を聞いたりしたことから，もう一度1年生からやり直すきっかけをつかんだ。そして，新しいクラスで自分の感じている悩みや不安を明らかにすることができ，新しい人間関係を築くことができた。また，課題にかかわる部分については，学校の中でも教師間の共通理解が図られ，授業などでの支援が的確に行われ，順調に学校生活が送れるようになった。

4 今後に向けて

就学前から義務教育修了までは，保育士・教職員の間で特別支援の重要性が高く意識されるようになってきており，支援が継続される体制が整備されてきた。

一方，高校等の教職員にも特別支援に対する認識が進んできている。広範囲の中学校と連携をしなければならないことや，単位認定というシステムの課題はあるが，多くの高校等で本人や保護者に対して可能な限りの対応をするようになってきた。そこで，中学校や関係機関は，高校等での支援に結びつく情報を，さらにていねいに引き継いでいかなければならない。また，学習面や生活面における義務教育中と義務教育後の違いを中学校と高校等とで共有し，どの生徒にも必要となる中学校での「進路選択時につけておきたい力」や高校等での「入学時に配慮するべきこと」を考えていく必要がある。そして，高校等訪問は，適切な時期に適切な支援につなげられるよう，生徒の進学先での生活を見守る取り組みでありたいと考える。

③ 専門家チーム会議（湖南市 LD/ADHD 教育振興に係る専門家による事例検討指導会議）

大濱早苗（学校教育課 指導主事）

1 特別支援教育の実践研究から教育施策へ

2000・2001（平成12・13）年度，文部科学省（2000年度までは文部省）は「学習障害の判断・実態把握体制に関するモデル事業」を全国15都道府県に委嘱し，滋賀県では旧甲西町

の3校が実践研究を実施した。引き続いて2002（平成14）年度，旧甲西町の全小中学校は，委嘱事業として「LD指導体制充実事業」の文部科学省指定を受け，小学校から中学校への継続指導のあり方や，小学校での指導について具体的な実践研究を行った。2003・2004（平成15・16）年度は「特別支援教育体制モデル事業」と「幼稚園における障害のある幼児の受け入れと指導に関する調査研究」の指定を受けた。2005・2006・2007（平成17・18・19）年度は，「特別支援教育体制推進事業」としてこれまでの事業内容を継承するとともに，対象を幼稚園および高等学校に拡大し，乳幼児から就労に至るまでの一貫した支援体制の整備に取り組んだ。そして，2013（平成25）年度には，文部科学省の「インクルーシブ教育システム構築モデル事業」の委託を受けた。湖南市立水戸小学校をモデルスクールに指定し，障がいのある子どもに対して，その状況に応じて提供する「合理的配慮」の実践事例の蓄積や適切な「合理的配慮」のための校内体制の整備等について実践研究を行い，次代の特別支援教育のあり方を追究している。

　こうした経過を踏まえ，本事業においては以下の諸点に取り組んできた。
・学習障害や発達障害の事例については，「校園内委員会」において実態把握等を行うとともに「専門家による事例検討指導会議」において指導方法や体制についてのスーパーバイズを行う。
・学校では特別な支援を要する子どもを見極め，担任が中心となって個別の指導計画を作成し，具体的な支援をおこなう。
・「巡回相談」では，特別支援教育コーディネーターを窓口にして，担任や学校への指導や助言等を行う。

2　特別支援教育推進に向けての取り組み

　特別支援教育の推進のために，個別の指導計画と個別支援移行計画を軸にした指導体制を充実させてきた。そのサポートのため巡回相談と専門家チーム会議を実施している。巡回相談では，巡回相談員が市内の校園を訪問し，教職員の研修・校内委員会への参加・事例の相談等を行っている。専門家チーム会議は，特別支援教育推進の指導的な役割を果たしている。また，巡回相談員が，医学的な見地が必要な事例について，医師に相談できる場となっている。医師からの指導助言は，巡回相談員の貴重な研修の機会となっている。また，必要な医療的サポートにつなぐ場にもなっている。

3　専門家チーム会議の開催について

①目的
　巡回相談員が各校の特別支援教育コーディネーター等から示された事例について，障がい・教育的措置・支援内容等について総合的に検討する。

②実施計画
　年間6回開催する。

③構成員（2013（平成25）年度の場合）
- 国立大学法人滋賀医科大学　発達外来小児科医師
- 市巡回相談員（元県総合教育センターLD相談員）
- 発達支援室　室長
- 発達支援室　保健師
- 湖南市立水戸小学校　通級指導教室担当教諭
- 湖南市立三雲小学校　通級指導教室担当教諭
- 湖南市立菩提寺小学校　通級指導教室担当教諭
- 湖南市立三雲養護学校　教諭・教育相談部長
- 学校教育課　課長
- 学校教育課　指導主事

4　専門家チーム会議で取り上げられた事例

- 家庭内のストレスにより，遺糞症を発症している児童についての対応と医療へのつなぎ方について検討した。発達障害が疑われるが，父親の理解を得るのが難しいケース。担任，巡回相談員，医療機関とが連携し，理解が得られやすい遺糞症の治療から，父親とも連携し，児童の理解を深めていった。中学校より通級指導へつないでいきたい。
- 自閉症スペクトラムの診断を受けていて，二次的な問題行動が頻発しているケース。医療機関より数種の薬を処方されている。状態像と薬の種類，量が適切であるかどうか検討した。今後の支援や措置についての総合的なアセスメントを立てた。
- 知的支援学級に在籍しているケース。情緒的に大きな波があり，少しの刺激で気持ちが

途切れ，学校の活動にのれないことが多い。人とのやりとりが悲観的で投げやり。挑発的でもある。家では，放尿したり母親に暴力を振るったりする。服薬を開始したが家での様子は変わらない。虐待が背景にあるケースであることがわかり，薬の種類を変えた。

4　専門家チーム会議への医師参加の意義

阪上由子（滋賀医科大学小児科学講座　特任助教）

1　「この子らを世の光に」

「この子らを世の光に」これは筆者が小学生のころ，はじめて目にした言葉であった。両親が入学祝いにと買い与えてくれた鉛筆に書かれていたのを今でも鮮明に覚えている。「この子ら」とはどんな子どもを意味しているのか，まだ幼い筆者は知る由もなかったが，無性に胸が熱くなったことが昨日のことのように思い出される。

　その後，故郷を離れ，滋賀県で小児科医として働くようになってから，糸賀一雄先生が知的障がいの子どもたちの福祉と教育に生涯を捧げ，日本の障がい者福祉・教育に多大な足跡を残した方であったことを知り，見えない糸のようなものを感じたが，今回，先生の生誕100年記念事業に参加することとなったのもきっと何かのご縁なのだと思う。

2　医師として参加することについての思い

　筆者が湖南市 LD/ADHD 教育振興に係る専門家による事例検討指導会議（以下，専門家チーム会議）に参加するようになったのは2011（平成23）年度からで，今年で3年目を迎える。普段は滋賀医科大学附属病院で，主に発達障害のお子さんたちの診療を担当しているが，日々の診療の中で，「この子たちは家庭や学校でどんな姿を見せているのだろう。もっと現場に近い所で仕事ができたらいいのに。」という思いが募っていた矢先のお話で，一も二もなくお引き受けした。

第4章 特別支援教育②──学齢期の支援（特別支援学校など）

3 発達支援システムにおける専門家チーム会議の意義

　湖南市が全国に先駆けて2002（平成14）年に乳幼児期から就労期までの途切れのない支援体制の構築を目的とした「発達支援システム」を立ち上げてから，すでに10年が経過し，医師として私は4代目に当たる。この会議に医師として参加させてもらって，非常にありがたいと感じている点は，お子さんたちが普段地域でどのような支援を受けているのか，病院に紹介してもらう前にお子さんの状態を直接担当者から聞くことができることである。
　会議に参加している関係者（発達支援室・ことばの教室・特別支援学校の先生）は，それぞれの専門分野に関し豊富な経験に裏打ちされた知識を持っていて，提示されたケースについて，情報共有にとどまらず，具体的な介入・援助方法の検討まで深めることができるのが，この会議の利点であると思う。
　発達障害への支援は，保健・福祉・医療・教育および就労の関係機関の横の連携と，個別の指導計画による縦の連携による支援とが欠かせない。それを具現化する場所として，湖南市の専門家チーム会議のように関係者が一堂に会する機会を設けることで，支援者同士の顔の見える関係づくり，また知識や経験の共有化が促進され，関係者全体の支援スキルの向上にもつながることが期待される。
　筆者自身はまだまだ若輩者であるが，設立に尽力された先輩諸氏の思いを引き継ぎ，これからも医師の立場からの助言をしていこうと思っている。また，大学においては発達障害の診療にかかわる医師の育成に力を注ぎ，滋賀県内の子どもたちの健やかな発育・成長を支える体制づくりに尽力したいと思う。

5 不登校ネット会議・巡回相談員連絡会議

大濱早苗（学校教育課　指導主事）

1 長期欠席児童生徒数の推移

　湖南市の小中学校で文部科学省へ報告している不登校児童生徒数は，2007（平成19）年度には100名を超えていた。病気欠席者を含む長期欠席児童生徒数（年間30日以上の欠席）

表 4.5.1　湖南市小中学校長期欠席児童生徒数の推移

小学校	19年度	20年度	21年度	22年度	23年度	24年度
不登校児童数（文部科学省への報告）		28	16	11	12	8
長期欠席児童数	39	39	26	22	25	16
年間全日欠席児童数	0	0	0	0	0	0
全児童数（5月1日）	3450	3417	3324	3318	3277	3234
長期欠席児童在籍率	1.13%	1.14%	0.78%	0.66%	0.76%	0.49%
中学校	19年度	20年度	21年度	22年度	23年度	24年度
不登校生徒数（文部科学省への報告）		59	79	64	49	56
長期欠席生徒数	108	63	77	76	66	69
年間全日欠席生徒数	2	2	1	1	1	0
全生徒数（5月1日）	1616	1614	1594	1547	1545	1530
長期欠席生徒在籍率	6.68%	3.90%	4.83%	4.91%	4.27%	4.51%
小中全体	19年度	20年度	21年度	22年度	23年度	24年度
不登校児童生徒数(文部科学省への報告)	119	87	95	75	61	64
長期欠席児童生徒数	147	102	103	98	91	85
年間全日欠席児童生徒数	2	2	1	1	1	0
全児童生徒数（5月1日）	5066	5031	4918	4865	4822	4764
長期欠席児童生徒在籍率	2.90%	2.03%	2.09%	2.01%	1.89%	1.78%

は150名近くに上っており，不登校対策は市の喫緊の課題であった。そこで，不登校ネット会議を立ち上げ，市として統一した取り組みを行ってきた結果，表4.5.1のように，徐々に長期欠席児童生徒数が減少してきた。また，年間全日欠席児童生徒数は，2012（平成24）年度にはついに0になった。

2　不登校ネット推進委員会議

　4月・10月・2月に不登校ネット推進委員会議をもち，市内の取り組みの立案，評価を行っている。構成メンバーは，小中学校教育相談部部会長，校長および教頭，社会福祉課発達支援室長，ふれあい教育相談室（適応指導教室）室長，少年センター指導主事，通級指導教諭代表，学校教育課課長，生徒指導担当指導主事，特別支援教育担当指導主事である。決定事項等は，校園長会にて指示伝達され校園内では学校長がリーダーシップをとって取り組みをすすめている。

　湖南市の不登校対策の特徴は，「不登校の未然防止や再登校の促進には，学校内外の支

援者が『子どもの認知特性をつかみ，適切なアセスメントを立てること』と『授業や学級経営の改善についての視点を持つこと』が必要である」といった方針を明確に打ち立てていることである。

3 不登校支援における特別支援教育コーディネーターの役割

特別支援教育コーディネーター会議の中で，行き渋り・不登校という現象を発達の視点で考えることを共通理解している。「漠然とした不安感」「対人関係の困難さ」「学習の困難さ」といった不登校につながる要因が発達障害の特性と関連が深いからである。特別支援教育コーディネーターは，校内支援委員会でケース検討会を開催したり，巡回相談へつないだりと，校内外の支援者・関係機関をつなぐ要の存在である。

4 巡回相談員の役割

巡回相談員は学校や園からの相談依頼を受け，本人や保護者との面談，発達検査や心理検査の実施，適切な目標の設定，登校支援の手立ての助言を行う。ケースによっては，スクールソーシャルワーカー，医療機関，ことばの教室，ふれあい教育相談室，発達支援室へとつなぐ場合もある。巡回相談員は，不登校の相談だけでなく，広く教育相談，子育て相談の窓口となっている。

また，巡回相談員は，個別のケースに対応するだけでなく，学級の参観を通して授業や教室環境についての助言も行っている。発達障害がある子どもにとっても，わかりやすい授業，落ち着いて学習できる環境を担任とともに目指している。

巡回相談員は，県立三雲養護学校教育相談部長，発達支援室室長，通級指導教室担当教諭3名，市費巡回相談員の計6名が担当している。

5 不登校ネット会議・巡回相談員連絡会議

巡回相談員および，ふれあい教育相談室指導員，発達支援室保健師，市家庭児童相談室室長，湖南市スクールソーシャルワーカーが月1回集まり，連絡会議をもっている。学校教育課指導主事は事務局を担っている。各小中学校から寄せられた欠席状況を見ながら，

相談員それぞれが受けた相談結果を報告し合い，各機関の連携が必要なケースについて情報共有している。

この会議が，市内校園全体の実態をつぶさに把握できる場となり，掴んだ課題は，推進委員会議へ上げ，さらなる取り組みへと発展させている。

❻ 特別支援教育の視点を活かした生徒指導のあり方
―― 『生徒指導提要』(2010(平成22)年3月文部科学省発行)を参照して

藪下和彦（学校教育課　指導主事）

1　生徒指導とは

「生徒指導とは，一人ひとりの児童生徒の人格を尊重し，個性の伸長を図りながら，社会的資質や行動力を高めることを目指して行われる教育活動のことです。すなわち，生徒指導は，すべての児童生徒のそれぞれの人格のよりよい発達を目指すとともに，学校生活が全ての児童生徒にとって有意義で興味深く，充実したものになることを目指しています。生徒指導は学校の教育目標を達成するうえで重要な機能を果たすものであり，学習指導と並んで学校教育において重要な意義を持つものと言えます。」(『生徒指導提要』より)

学校における生徒指導といえば，ともすれば表面に現れた問題行動や不登校への対応等，対症療法的な面のみが強調されがちである。しかし，問題行動等は，児童生徒とその生活環境との間でのさまざまな葛藤から生じる「心の問題」の表れである。したがって，生徒指導に当たる教員は，表面的に表れた問題行動等にとらわれることなく，子どもの心にしっかり寄り添い，児童生徒の内面や心にしっかり意識を向けるとともに，日ごろから，一人ひとりの児童生徒のよさを評価，理解し，児童生徒自身がそのよさに気づき，それを伸ばしていくことができるような開発的・予防的な指導・支援を重視することが大切である。

また，このような生徒指導を，学校生活のすべての場面（教育課程として編成された領域〈各教科・科目，道徳，特別活動，総合的な学習の時間〉，部活動等の課外活動，休み時間や放課後の時間等），必要に応じて校外の生活など，特定の領域や内容に偏ることなく，教育活動全体において十分機能させることが，児童生徒の問題行動や不登校等の未然防止にも効果を上げることにつながる。

2 生徒指導の基礎となる児童生徒理解

　生徒指導を進めていくうえで、その基礎となるのは、児童生徒一人ひとりについての理解の深化を図ることといえる。児童生徒理解は、一人ひとりの児童生徒を客観的かつ総合的に認識することが第一歩であり、日頃から一人ひとりのことばに耳を傾け、その気持ちを敏感に感じ取ろうという姿勢が重要だ。

　児童生徒理解の深化とともに、教員と児童生徒との信頼関係を築くことも、生徒指導を進める基礎であるといえる。教員と児童生徒の信頼関係は、日頃の人間的な触れ合いと児童生徒とともに歩む教員の姿勢、授業等における児童生徒の充実感・達成感を生み出す指導、児童生徒の特性や状況に応じた的確な指導などを通じて形成されていくものである。人は理解してくれている人には安心して心を開くが、理解してくれていない人に対しては拒否的になり、心を閉ざしたままになりがちである。しかも生徒指導においては、愛と信頼にもとづく教育的関係が成立していなければ、その成果をあげることはできない。

3 集団指導と個別指導の意義

　集団指導と個別指導については、集団指導を通して個を育成し、個の成長が集団を発展させるという相互作用により、児童生徒の力を最大限に伸ばすことができるという指導原理がある。そのためには、教員は児童生徒を十分に理解するとともに、教員間で指導についての共通理解を図ることが必要だ。

　なお、集団指導と個別指導のどちらにおいても、「成長を促す指導」「予防的指導」「課題解決的指導」の3つの目的に分けることができる（図4.6.1）。

4 指導における留意点

　集団指導においては、指導的立場である教員は一人ひとりの児童生徒が、「安心して生活できる」「個性を発揮できる」「自己決定の機会を持てる」「集団に貢献できる役割を持てる」「達成感・成就感を持つことができる」「集団での存在感を実感できる」「他の児童生徒と好ましい人間関係を築ける」「自己肯定感・自己有用感を培うことができる」「自己

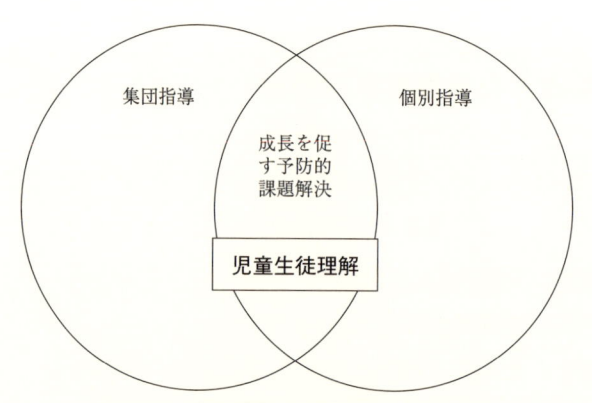

図 4.6.1　集団指導と個別指導の3つの目的

実現の喜びを味わうことができる」(『生徒指導提要』より)ことを基盤とした集団づくりの工夫が必要である。

　個別指導においては,「日常の学校生活を通して,児童生徒と教員の信頼関係をつくるように努めることが大切」「言葉だけではなく,言葉と同じメッセージを態度でも伝えることが必要」(『生徒指導提要』より)であり,つねに心がけることが大切である。

5　失敗を繰り返す,または不適応が長引く児童生徒の理解

　「同じ失敗ばかり繰り返し,反省していないように見える」「学校へ行かせようとする家庭の力が弱いから不登校状態が続いている」……こういったとらえ方で児童生徒理解を続けていると,本人の努力不足や家庭の教育力にのみ原因を求め,本人の本質的な問題に迫ることから遠ざかりがちである。

　発達障害や虐待によるダメージという本人の背景に気づくことができる存在が校内にいることで,二次障がいに陥ることを防ぐことができる。この視点については全教員が持っていることが望ましいが,残念ながらそうではない。なぜなら,本人自身の努力によって反省したり,あるいは状況変化が起こったときに,一瞬,状況が好転するからである。反省……好転……その繰り返しによって「やればできる子ども」と理解され,何とか大きな問題行動に至らずに時を過ごしてしまっているケースがあるからだ。その間に,医療との連携が必要であったケースが見逃されてしまっていることもある。

　この気づきは,特別な支援を要する児童生徒との適切なかかわりを経験した者が,積み

上げていくものであり，他ケースへと活かせる貴重な経験である。

6　なぜ，発達についての理解が必要なのか

　生徒指導のあり方として「児童生徒の自発性や自主性をはぐくんでいく」（『生徒指導提要』より）ことが，自己決定と参加・役割・責任感というキーワードで求められている。この，「自己決定と参加・役割・責任感」こそ，まさに特別な支援を必要とする児童生徒にとって困難なことで，環境設定や自分の認知特性を自己理解することが力を培う基礎となる。

　生徒指導と特別支援教育をまったく別の取り組みとしてとらえていた以前に比べると，湖南市では，生徒指導を窓口として学校から学校教育課へ相談のあるケースにおいても，巡回相談を通した取り組みやケース会議の開催によって，本人理解の視点を変えていくことが柔軟にできるようになってきている。

7　個別の課題を抱える児童生徒への指導

　「教員は，すべての児童生徒には問題行動の要因が潜在している可能性があるということを常に念頭に置き，児童生徒の発するサインを見逃さないよう，日頃から，観察や面接，質問紙調査，関係機関や地域とのネットワークづくりを進めるなどの方法により，児童生徒理解を着実に進め，問題行動の早期発見に努める必要があり」，「その上で，問題行動の迅速な事実確認を行い，その原因を分析し，一人ひとりの児童生徒に応じた指導方針を確立することが重要」（『生徒指導提要』より）である。

　児童生徒が抱える課題は，一人ひとりによってさまざまで，集団を対象とする指導だけでは解決できないという場合が少なくない。個別の課題を抱える児童生徒については，その課題ごとの特質を踏まえることが必要である。そのうえで，一人ひとりの児童生徒に合った指導方法や対応，あるいは関係機関との連携など，適切で効果的な指導をしていくことが重要である。

　問題行動といえば，一般的には行動が乱暴であったり，学習意欲が低く，ルールやマナーを平気で破り，教員や保護者の言うことをまったく聞かないような児童生徒の行動であると考えがちである。しかしながら，学校生活で友人も少なく，学校のさまざまな活動へ

の意欲も低く，他人への関心を持たない児童生徒もまた，問題を抱えていると考えなくてはならない。問題行動は具体的に次のような視点でとらえる必要がある。
（1）すべての児童生徒が問題行動の要因を内包している可能性があること。
（2）小学校段階で問題行動の予兆があること。
（3）成長を促す生徒指導を進めること。

8　個々の児童生徒の特性に応じた指導の基本的な姿勢

　発達障害のある児童生徒の特性に応じた指導の基本的な姿勢は，間違いやできないことに気づかせるだけでなく，正しいこと，できるための方法を具体的に，そして丁寧に教えていくことである。

①学習面への対応

　「学習面に課題のある児童生徒への対応は，どうしてもできていないこと，上手く取り組めていないことに注目しがちになります。苦手なことに対しても学習意欲を高めていくためには，できることを認め，得意な面を上手く活用して自信を持たせる指導を行うことが大切になります。」

　また，「学習活動を難しくする要因は個人の問題だけではなく，学習環境，教員や周りの友達との関係なども大きく影響している場合があります。授業のわかりやすさや教員の指導方法等もこの学習環境に含まれます。学習のつまずきや困難さに対する対応を検討する際には，個人の要因を考えると共に，学習環境やかかわりなど，環境要因の両面から考えていくことも大切です。」（『生徒指導提要』より）

　引用したように，学習活動を難しくする要因は個人の問題だけではなく，学習環境の問題もある。学習環境は，教員や周りの友だちとの関係なども大きく影響している場合があるからである。具体的には，落ち着いて学習できる環境であるかどうか，教員や友だちとの関係が安心感のあるものになっているか，能力や特性に合った指導内容であるか，時間配分や課題設定，教材教具は実態に合っているか，などについて，個人の要因との両面から考えていくことが大切である。

　また，学校におけるさまざまな学習活動においては，「わかった」，「できた」という達成感や成就感を体験させ，周りの人たちにきちんと認められていると感じさせることが何よりも大切である。

②行動面への対応

「注意や叱責により改善していくことは難しいという前提に立って，対応することが大切です。適切でない行動を減らしていくには，適切な行動を増やしていくという視点で，適切な行動の取り方を具体的に教えていきます。適切でない行動には理由があります。起きている行動だけに注目しないで，きっかけになることや行動後の結果など，前後関係を通して適切でない行動を生起させている要因を分析し，対応を考えることが肝心です」（『生徒指導提要』より）。

適切な行動を増やす方法を具体的にあげてみると，次のとおりである。

①怒りや不安，困惑などの気持ちを受け止める。
②してはいけないことより望ましいと認められる行動に意識を向けさせる。
③怒りや不安がすぐに適切でない行動につながらないように，支援することで問題を起こさずに済んだという状態をつくる。
④人に危害が及ぶような危険なこと，絶対にしてはいけないことにはきちんと対応するよう心がける。
⑤曖昧な対応や，人や時によって異なる対応は，ただ混乱させるだけ。一貫した対応を心がける。

③指導にあたっての留意点

「指導したことを定着させ，確実に身につけさせていくためには，失敗を指摘して修正させるという対応ではなく，成功により成就感や達成感が得られるよう経験を積むこと，そしてそれを認めてくれる望ましい人間関係が周囲にあることが重要になります。」

「気付きを適切な指導につなげていくためには，対応を担任一人に委ねるのではなく，情報を共有化して共通理解を図り，組織やチームで考えていくことが重要です。」（『生徒指導提要』より）

気づきを適切な指導につないでいくためには，指導の体制として学年体制で協議・検討を重ねることが大切である。学年体制でも対応が難しい場合には，校内委員会等，学校全体で事例検討することになる。事例検討の意義は，複数の目により生徒の実態を多面的にとらえることができること，また，生徒の課題について共通理解をしたうえで指導目標を設定できること，具体的な支援のアイディアをたくさん出し合えることにある。

組織やチームで考え対応していくことは，目の前の児童生徒一人ひとりに丁寧に向き合っていくことにつながり，そのことが子どもの成長にとって大きなプラスとなっていく。

④保護者との協働

「発達障害のある児童生徒の保護者も大きな不安を抱えています。」

「学校は児童生徒の目先の問題にばかり気を取られずに，保護者も家族も問題を抱えているという視点で見守っていく必要があります。特に，行動面に課題を抱えている児童生徒の場合は，しつけや養育の問題を指摘されることが多く，保護者自身も子育てに自信を失い，孤立している場合が多く見られます。

保護者が担任や学校に相談する気持ちを持てるかどうかは，そこに信頼関係があるかどうかです。日常的に情報交換を行い，保護者と教員がお互い話しやすい関係をつくっておくことが大切です。保護者の考えを十分に受け止めながら，児童生徒の情報を共有し，適切な対応について一緒に考えていく姿勢が肝心です。」(『生徒指導提要』より)

保護者の不安の裏返しとして，我が子への期待感や気持ちの焦りから，苦手なことを無理強いしたり，注意や叱責を繰り返したり等，誤った対応が続いてしまうこともしばしば見受けられる。また，ついついできないところにばかり目がいき，その子どものよさを認める機会が少なくなってしまいがちである。認められるよりも叱られる機会が多いほど，児童生徒は不安定さを増し，適応状態がさらに悪化してしまう。適切な問題意識を持ち，適切な対応がなされることで，親子関係は安定し，児童生徒の状態も落ち着きを取り戻す。学校は児童生徒の目先の問題にばかり気をとられずに，保護者も家族も問題を抱えているという視点で見守っていく必要がある。

7　特別支援学校の果たすセンター的機能

寺岡ゆみ子（滋賀県立三雲養護学校　教諭）

1　湖南市にある特別支援学校──滋賀県立三雲養護学校

滋賀県立三雲養護学校は，小学部・中学部・高等部があり，2013（平成25）年4月から近隣の滋賀県立石部高等学校内に開設した石部分教室（高等部）や，遠く離れた甲賀市信楽町にある国立病院機構紫香楽病院内にある紫香楽校舎で構成されている（紫香楽校舎は在籍している子どもたちの全員が重心病棟に入院している）。

三雲養護学校の通学区域は湖南市・甲賀市の2市となっている。しかし，本校の前身が

県立児童福祉施設である近江学園内特殊学級であったことから，学園に入所し通学している子どもたちもいる。その子らの中には，甲賀地域以外の子どもたちも在籍している。本校では，「地域に根ざし，湖南市・甲賀市と連携しながら甲賀地域の特別支援教育のセンター的機能を担っていく」という目標のもと，校内組織の一つである教育相談部がその役割を果たしている。そこでは，各学部に転入学相談係を位置付け，特別支援教育コーディネーターを中心に，2市と連携しながら教育相談，巡回相談にあたっている。

2 本校への入学前までのかかわり

本校への就学に関しては，各保育所・幼稚園や小中学校との連携はもちろんのこと，湖南市の療育教室である「ぞうさん教室」あるいは湖南市健康福祉部社会福祉課発達支援室，市教育委員会事務局学校教育課との情報共有により，本校へのスムーズな就学に努めている。

まずは，通学区域内の保護者（石部分教室については本人も含む）を対象に「学校見学会」（石部分教室は「学校説明会」）を1学期に実施し，特別支援学校の概要および教育課程等を知ってもらい，実際に授業の様子を参観できる機会を設けている。そして，園児・児童・生徒自身が，実際に本校の授業を体験できる「体験学習」へとつないでいく。地域の小中学校ではなく，県立の特別支援学校を就学先として考える保護者・本人にとって，実際に本校での学習や学校生活を体験することで，より個に応じた就学を考える一助になっている。これらの対応は，校内では主に転入学相談係があたっている。加えて，特別支援教育コーディネーターが必要に応じて各保育所・幼稚園や小中学校に連絡をとり，巡回相談として支援内容や配慮点について個別に聞き取りをしたり，関係者会議（専門家チーム会議・不登校ネット会議・巡回相談員連絡会議等）に出席したりすることで情報交換をすることもある。

3 市内の小中学校への巡回相談

特別支援教育コーディネーターが，湖南市の巡回相談担当者の割り振りの中で，子どもの実態等から，おもに本校への入学が考えられるケースについて各小中学校からの巡回相談の申し込みを受けて相談業務にあたっている。

個別の相談においては，児童生徒の実態を知るためにアセスメントの一つとして，発達検査や心理検査を実施することもある。検査の結果は，就学相談に活かすだけでなく，担任・保護者（あるいは本人）に報告し，学習や生活の中で実際に困っている場面での具体的な支援を考えていくにあたり，もっとも重要な役割を果たす。そのために，担任からの事前聞き取りに加え，授業参観をすることで，児童生徒の日常の様子を見ることを大切にしている。そのうえで，非日常的な検査場面で，標準化された検査をすることで，総合的なアセスメントができ，より課題が明確になったケースもある。

　市内小学校に在学していた児童K（小6）は，検査の際に正しい答えが得られなかったことに焦り離席してしまい，そのままでは検査の継続が困難なほどの抵抗感を示した。本児の就学については，地域の中学校の特別支援学級か本校かを選択する際に，担任や保護者が悩んでいた事例であった。児童の日常の様子等の情報を関係機関が共有し，本校からの巡回相談や本校での体験学習にも取り組み，慎重に話し合いを進めた。その結果，保護者は特別支援学校への就学を，今後の6年間も含め前向きに選択した。本校に入学後，児童Kはその特性に応じた学習環境での学習に取り組み，日々の活動の中で自信をつけ，学級のリーダー的な役割を果たすまでに成長している。さらに，中学部卒業後の進学先として，高等養護学校や分教室にも選択肢が増え進路の幅が広がった。

　また，この事例以上に入学前から何年にもわたる継続した巡回相談での対応に加え，本校からも関係機関が一堂に集まる会議に出席し，情報共有を行ってきた事例もある。入学後も，本人の実態としては社会性の部分で大きな課題を抱えるケースであり，本校での対応だけではなく，発達支援室はもちろん，医療機関や地域の民生委員・児童委員，本人の心のよりどころである学童職員等，地域全体での連携を求められるケースであった。

　不登校のまま中学校を卒業し，社会との接点もほとんどなく在宅となっていた生徒Lについても，発達支援室とより細やかな相談や確認を重ね，本人や保護者には巡回相談で面談を繰り返し実施した。その中で，本人の思いをくみ取り，人を信頼する気持ちを取り戻し，一歩社会へ踏み出せるきっかけをつくり，高等部への進学につながった。現在，毎日早朝からスクールバスに乗車して登校してきている。

　このように，巡回相談は必要に応じて継続して取り組むことで，児童生徒たちの今後を見すえた支援を，地域と連携しながら考えられること，本校への入学後の引き継ぎあるいは継続的な支援をすることにつながっていることは，言うまでもない。

4　地域から本校へ，また本校から地域へのつながり

　本校の入学の際には，各保育所・幼稚園・小中学校から，保護者の了解のもとに個別の指導計画を引き継いでいる。巡回相談や本校での転入学相談での情報に加えて，本人の実態や課題，支援内容を確実に引き継ぐことを大切にしている。そして，入学後には引き継ぎ会議を設定し，旧担任から新担任へと，個別の指導計画をもとに，実態課題だけでなくより具体的な支援内容等を，確実に引き継げるようにしている。それらの情報をもとに，入学後の児童生徒の実態把握をし，課題設定をして，個別の教育支援計画，個別の指導計画を，保護者と確認しながら作成している。本校在学中には年度毎に見直し，修正を加えつつ卒業後の進路先への情報としてつなげていくことになっている。

　卒業後の進路に向けて，高等部3年生の5月には，自立支援方針会議を実施している。本人・保護者および市社会福祉課・発達支援室・甲賀地域ネット相談サポートセンター・雇用・生活支援センター（甲賀）等の関係機関と懇談をもち，進路希望を確認するとともに，情報共有を図り，卒業後の進路先へのスムーズな移行に向けて，適切な進路指導の方向性を検討している。実際には，個々に応じて実習先や回数を選定し，進路の決定に至る。そして，3学期の自立支援（引き継ぎ）会議へとつながっていく。生徒の卒業後の生活・就労支援について，市社会福祉課・相談サポートセンター・生活支援センターなどの支援関係者や，進路先である作業所等に引き継ぎ，支援ネットワークや役割分担の確認を通して，学校から地域・社会生活へのよりスムーズな移行につなげていくことを目的としている。

　また地域とのかかわりという点で，高等部2年生の実習先として湖南市役所内での実習が実現している。この実習を実現するにあたり，湖南市では建設経済部商工観光労政課に窓口を担ってもらった。実習までに生徒の参観をし，アセスメントしたうえで，どのような実習とマッチングできるか政策調整部人事課と協議してもらい，実現の運びとなった。

　「入学前から地域の保育所・幼稚園と引き継ぎ，卒業後にはまた地域の関係機関へ引き継いでいく，人（支援者）から人（支援者）へ。」

　児童生徒への一貫した指導・支援とともに，地域とのつながりを切らないこと，そのために，県立である特別支援学校が，通学区域内の地域の関係機関と継続したつながりを持

ち続ける体制を整備することが，今後もっとも重要な課題であるといえる。

8　特別支援学校と地域小学校の交流

福永里美（湖南市立石部南小学校 教諭）

1　「心をひらく交流教育」をきっかけとして（1985・1986（昭和60・61）年度文部省指定「心身障害児理解推進校」）

　滋賀県立三雲養護学校は，本校の校区内に位置している。1983（昭和58）年11月7日，本校の「自然祭り」に三雲養護学校の児童を招待し，御輿をともに担いで学区内を練り歩く様子が新聞記事になっている。
　その交流を本格的・継続的に年間指導計画に位置づけさせるきっかけになったのが，当時の文部省から指定され研究校として取り組んだ「心をひらく交流教育」（心身障害児理解推進校）であった。これらの取り組みは，現在でも「交流教育」として教育課程に位置づけられ，引き継がれている。

2　三雲養護学校児童との交流——28年目を迎えて

　当初は，3年生と障害児学級（1年生から6年生まで全員）の児童が班に分かれ，学期に1回サツマイモの苗植え・収穫，レクリエーションなど，ともに活動しことばや笑顔を交わす行事を行っていた。さらに，このような学期に1回の「交流会」とともに，手紙やビデオレターでのやりとり，本校音楽会への招待と三雲養護学校学習発表会への参加など，相手校の友だちを意識した教育活動が繰り広げられていた。
　スクールバスに乗せてもらい，普段乗っているバスとの違いや車いす対応の車体の工夫についても知る機会となる。校舎にも，車いすでも移動しやすいように，スロープがあったり吊り扉があったり，段差をなくすための工夫があることに気づく。教室の広さや机や椅子の違いも，子どもたちにとっては大きな驚きのようである。「何でこんな形なん？」という素朴な疑問から，「知る・広げる・深める」へ移行できるように学習を進めた。これらの活動を支えるため，職員は校内の夏季職員研修で，地域の福祉施設で何班かに分か

れて実習を行った。

3　引き継がれる交流活動

　2006（平成18）年度からは3年生のみの交流になったが，今年度も「ともだちになろう―三雲養護学校との交流―」として，総合的な学習の時間において，計画的に交流活動を進めている。また，交流教育は本校教育の力点の一つであり，生活科・総合的な学習の時間のテーマの軸として「ひととの出会い」をキーワードにした単元構想を進めてきている。4年生の2学期には，三雲養護学校学習発表会に出演することも年間計画に組み込まれ，系統的な学びになるように設定している。

4　フローティングスクールでの再会

　1983（昭和58）年度から滋賀県が実施した「学習船うみのこ」（フローティングスクール）では，石部小学校・三雲養護学校・本校の3校の5年生が乗船していた（1泊2日）。3年生のときに出会っていた子どもたちは，再会を喜び，打ち解け合うのも早かった。就寝時とカッター活動（カッターとは，オールを使って漕ぐ訓練用ボート）は，健康面・安全面から別行動になるが，日中の活動はずっと一緒である。たとえば，寄港地である長浜で，豊公園を散策するときには進んで車いすを押したり，手をつないだりして一緒に行動する姿が見られた。あらゆる場面で，車いすの前に回り込み，目線の高さを同じにして，ことばを交わす姿が印象的である。ことば以外の方法でコミュニケーションを交わす姿も見られ，「伝えたい・わかりたい」という気持ちがいかに大切かということを学ぶことも多い。
　2013（平成25）年度は数年ぶりに（乗船校の組み合わせは毎年異なるため），石部小学校とともに三雲養護学校との乗船になる。子どもたちの活動が交流教育の視点からも有意義になるよう，担当教員を中心に計画を練った。

5　「てとてとくらぶ」の発足，「ふれあい広場」へのひろがり

　石部町（当時）で1996（平成8）年に，障がいの有無に関係なく子ども同士が交流活動を通して幅広い人間関係を構築し，豊かな心をはぐくむことを目指して「てとてとくら

図 4.8.1　はないちもんめ 　　　　　　　　　図 4.8.2　座ってお話

図 4.8.3　花吹雪 　　　　　　　　　　　　　図 4.8.4　カプラ

ぶ」を発足させる際，対象の子どもたちを何年生にするかも話し合った。その実行委員会で話題になったのが，本校と三雲養護学校の4年生を対象とし，地域の行事での「出会い」を石部町として設定することで，石部小学校区の児童にも機会を設けることにした。それにより，それまではフローティングスクールがはじめての出会いであった石部小学校区の子どもたちにも，「再会」できる場面ができたのは成果である。

　同時に，3～5年生の3年間だけでなく，地域をあげて，障がいの有無にかかわらず，同じ地域で生活する仲間として交流できる場を持ちたいという願いを込めて「ふれあい広場」を開催することになった。これには石部中学校区内の小学校と特別支援学校の3校が，クラブ活動など学校生活の発表の場としたり，ボランティアとして参加したりして，多くの人の前に立つ・賞賛される・認められる，「人の役に立てた」という充実感を味わうこと等により，「自分もやるやん！」という自己肯定感や自己有能感を培うこともねらっている。

6 ともに生活する仲間として

　多くの福祉施設があり，それが日常的な環境の中で育ってきている子どもたち。近江学園から本校へ通学してくる友だちもおり，障がいのある人との出会いには他の地域よりも恵まれている。しかし，正しく理解し良好な人間関係を構築していくために，交流教育は大切な教育活動である。障がいの有無にかかわらず，ともに育ち生活していく仲間として，これからも理解し認め合い，出会ったら挨拶が交わせるような仲間でいて欲しいと願っている。

9　学童保育における特別支援

田中一将（菩提寺学童保育所みちくさクラブ　主任指導員）

　湖南市には各小学校区に1施設ずつ学童保育所がある。学童保育は，毎日通ってくる小学1年生～6年生までの子どもたちと，学童保育指導員が，あそびを中心とした生活の場でともに過ごしながら子どもたちの成長・発達を保障し，そのことを通して，働く親の就労権を保障するという大きな役割がある。

　放課後や学校休業日といった課業から解放された時間帯に，家庭に代わる場として利用する場であるため，学童保育に通う子どもたちは，それこそ本性むき出しの姿を見せる。また，支援の必要な子どもは毎年増加の一途をたどっている。大人数かつ異年齢での集団生活，充実しているとは言い難い建物や周囲の環境などは，静かな環境でゆっくり過ごしたい彼らの望みとは正反対の生活環境だといえる。

　指導員は，そうした環境面の改善に努めながら，何としても「明日もここに来たい」「ここに来れば安心できる」と思ってもらえるようなかかわりと働きかけを行うことが求められている。指導員は，子どもたちの明日を明るく照らすために存在している。

1　支援が必要な子どものとらえ方

　支援が必要な子どもは，周囲から警戒されてしまうような行動をとることが多く，そのため誤解を受けることもある。しかし彼らの行動の背景には，そうせざるを得ない理由が

必ずある。指導員が彼らを共感的に受け止め，彼らにとってのYOU的他者となること(1)，みんなで決めたルールから外れる言動に対しては毅然とした態度を示すこと，そして彼らが抱える悩みや課題を周囲の子どもたちも一緒に考え共有していくこと，そして何より，あそびやとりくみを通して，彼らと周囲が認めたり認められたりできる関係を構築すること，そういったかかわりや働きかけがダイレクトにできる場が学童保育であり，それをつくるのが指導員の役割ではないかと考えている。

2　学童保育における支援の実際——できるだけ「見える化」する

以下，支援を必要とする子どもに一定の効果があった取り組みを紹介する。
- 収納棚や収納庫の整備：けん玉や一輪車など数の多い道具は，できるだけ整然と並べておく。ここにこのようにしまえばいい，ということが一目でわかるようにしておく（図4.9.1，4.9.2）。
- 表示：ごみの分別の表示，検定表などのあそびの目標，子どもたちで話し合った内容の掲示（図4.9.3）。
- 色分け：班での活動が多いため，班ごとの色をあらかじめ決めておくと，活動もスムーズに進行できる。
- アナログ時計の下にデジタル時計を設置する：時間の把握がとても楽になった（図4.9.4）。
- 逃げ込めるスペースづくり：クールダウンするための部屋（簡易テント）を部屋の隅に設置しておく（図4.9.5）。※施設の増設時，あえて死角を意識した入り組んだスペースを設計し，喧騒から逃れられるスペースをつくった。
- 極力，物を置いていない部屋：和室などはできるだけ物を置かず，静養に没頭できるよう配慮した。
- 導線の明示：トイレの電気スイッチの消し忘れが相次いだため，トイレの入り口からスイッチまでをビニールテープでつくった矢印でつなぎ，たどっていけるようにした。
- ホワイトボードの活用：子どもたちとの話し合いなどの際は必ずホワイトボードに要点

（1）「YOU的関わりをするYOUというのは，その人の身になってくれる人，その人のことを親しく思ってくれる人のこと，その人の意図を理解してくれる人で，基本的には母親のように親しく関わって世話をしてくれる人」（佐伯胖（編）『共感』ミネルヴァ書房，2007年，p.21.）。

第4章 特別支援教育②──学齢期の支援（特別支援学校など）

図4.9.1 一輪車の収納

図4.9.2 けん玉の収納

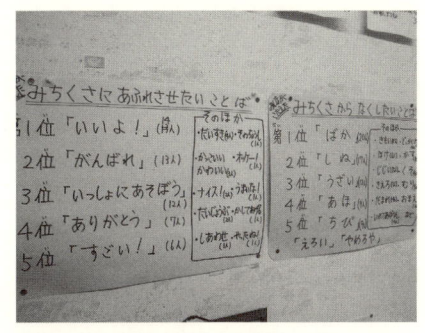

図4.9.3 「みちくさにあふれさせたいことば」の表示

図4.9.4 アナログ時計とデジタル時計

図4.9.5 クールダウンするための部屋

を書き出しながら進行する．とくにイラストを用いた説明は，子どもたちの理解度も文字だけよりも大いに深まることがわかった．
- 喚起ポスターづくり：帽子や水筒など，置き忘れてしまいやすい私物をイラストにし，玄関先の目の高さに掲示することで，忘れ物に気づけるようにした．

3 巡回相談の活用

　学童保育における支援の工夫について環境面での主立った工夫をあげた．どの学童保育でもこのような取り組みが日常的に行われている．これは，指導員が研修を重ねる中で，

お互いの取り組みを伝え合うことによって積み重ねてきた成果である。また，研修には発達支援室からの助言が欠かせないものとなっている。ときには，巡回相談ということで，学童保育へ来て実際の指導場面を参観してもらい，アドバイスしてもらっている。

　このような支援を通じて思うのは，子どもたちはこういった支援の効果だけを感じているのではなく，むしろこうした数々の支援を実践してくれることに対して，安心感や信頼感を立ちあがらせるものなのだということだ。工夫に対してではなく，「自分は大事にされている」という実感から指導員の取り組む姿勢自体につながりを感じていてくれるのではないだろうか。

　数年前，なかなか脱走癖が改善しない女の子のために，彼女の名前を貼り付けた簡易テントを用意した途端，それが治まったことがあった。といっても，彼女は一度もそのテントを利用することはなかったのだが。「支援があることが大事なのではない。支援を生み出そうとする大人の姿勢や向き合う姿こそ大事なのだ。そうした姿を子どもは見抜くのだ」……支援のあり方を考える大きなエピソードであった。

　仮説→実践→考察→改善→仮説→実践→考察→改善……地道な活動の繰り返しだが，「また明日！」と誓う限り，少しでも子どもたちの明日を明るく照らせる存在でありたいと思う。

10　ホリデースクールにおける特別支援

奥野修司（社会福祉法人湖南市社会福祉協議会　主幹）
山口雅己（社会福祉法人湖南市社会福祉協議会　主任主事）

　ホリデースクールの目的は，長期休暇期間中に家庭で閉じこもりがちとなる障がい児童を通所させることにより，学校で培った規則正しい生活習慣を継続させながら創作的活動や機能訓練等を通して自立を図り，また家族の多大な負担を軽減することである。一日の定員は20名（外出時15名）で，年24日（夏20日，冬2日，春2日）実施している。なお，2012（平成24）年度の対象児童は57名，延べ370名，一日平均15.4名であった。

1　運営内容

　事業を実施するにあたり，参加者の保護者，発達支援室，市内小中学校教諭，教育委員

会事務局学校教育課指導主事，特別支援学校教諭，福祉施設，ボランティア，指導員等で構成するホリデースクール運営委員会を開催し，運営に必要な事項を協議している。また，詳細な内容については，参加者の保護者，市内小中学校教諭，指導員等の企画会議で協議している。この会議は事前の計画はもちろんのこと，振り返りの会も大切にしている。

　以下，おもな取り組み内容である。
　①創作的活動：手芸，工作，絵，書，陶芸，園芸等の技術援助および作業
　②機能訓練：日常生活動作・歩行・家事等の訓練……
朝の体操，施設周辺ゴミ拾い（毎回），スーパーへの買い物，調理（カレー，おやつづくり）
　③その他：障がい児の福祉の増進を図るために必要な親子参加のスポーツ，レクリエーションならびに地域諸団体および地域の行事等との交流事業……
親子による交通機関を利用してのバイキング，ミニ運動会，グランドゴルフ，プール遊び，魚つかみ，夏祭り，学童保育児童との交流，クリスマス会

2　スタッフ

　ホリデースクールのスタッフは，指導員（20歳〜67歳の福祉経験者）が中心であるが，ボランティアが大半を占めている。ボランティアの内訳は，学生，一般市民，民生委員・児童委員，市内小中学校教諭，特別支援学校教諭，市役所職員である。行事内容によっては，ボランティアセンター登録グループからの支援もある。

　2012（平成24）年度は指導員294名，特別支援学校教諭37名，市内小中学校教諭26名，市職員31名，地域一般83名，大学・専門学校生11名，高校生44名，中学生16名，ボランティアセンター登録者62名，民生委員・児童委員51名，保健師5名であった（すべて延べ人数）。

3　特別な支援についての手立て

①研修

　事業開始前の6月〜7月中に3〜4回シリーズで，障がい児支援ボランティア講座を開催している。内容は，市発達支援室から子どもたちの特徴やかかわり方を学んだり，保護者の話を聞いたり，レクリエーションを学んだりしている。また，希望する受講生につい

ては，市内の障がい者施設への見学実習も実施している。

②参加者の事前見通しについて

　はじめて参加する子どもの中には，「はじめての場所」「はじめて出会う人」「はじめての活動」に不安を感じる子どももいる。そのため，新１年生やはじめてホリデースクールに参加する子どもを対象にプレホリデーを実施している。

　2013（平成25）年度は，２時間程度で，七夕飾りづくりやどら焼きづくりをした。親子で参加してもらうことによって，どのような場所で，どんなことをしているのか，スタッフにはどんな人がいるのか……といったことをつかんでもらった。

③事前情報の把握

　上記のような子ども自身や預ける保護者の不安を軽減したり，はじめてその子どもとかかわるスタッフ・ボランティアが子どもの特性を把握するために，事前情報は欠かせない。とくに，どんなことが苦手で，どんなときに混乱し，どのようにかかわることが適切であるのかをつかんでおくことは重要である。そのため，プロフィール票によって，保護者から，また在籍校の先生から情報を得ている（図4.10.7〜4.10.12）。

　また日々，その子どもについての日誌を記入することによって，次回に担当する者が状況を把握することにも努めている。

④ホリデースクールでの取り組み

・見通しが持てるように，１日のスケジュールを確認するためのホワイトボード，一人ひとりに配布するスケジュールを用意する（図4.10.1，図4.10.2，図4.10.13）。

・整理整頓しやすいように工夫する（図4.10.3，図4.10.4）。

・クールダウンできるように，できるだけ何も置かず，「ここなら安心」という場づくりをする（図4.10.5）。

・毎日同じことを繰り返すことで安心するように，毎朝，周辺のゴミ拾いをする（図4.10.6）。

第 4 章　特別支援教育②——学齢期の支援（特別支援学校など）

図 4.10.1　朝の会

図 4.10.2　スケジュール

図 4.10.3　リュックサック置き場

図 4.10.4　靴箱

図 4.10.5　クールダウンの場所

図 4.10.6　ゴミ拾い

プロフィール票（湖南市障がい児ホリデースクール）

（平成　年　月　日　記入）

フリガナ 氏名		歳	愛称	
保護者氏名				
主な介護者				

写真

《連絡先》

自宅		緊急	①
			②

《学校》

学校名		学年	
電話		担任	

《健康面》

血液型	（RH　＋　−）	身長	cm	体重	kg
服薬	症状		薬名		
	回数　1日　　　回		いつ		
発作	状態				
	対応				
発熱	1. よく熱を出す　2. 目立って発熱はない			平熱	℃
障がい区分	1. 知的障がい（A　B）　2. 重症心身 3. 身体障がい（　　種　　級部位　　　　　　　　） 4. その他（　　　　　　　　　　　　　　　　　　）				
かかりつけ医	医療機関名		主治医		
	住所		電話		

《安全》

命に関わる！危険！絶対やめさせて！

図4.10.7　プロフィール票①

第4章 特別支援教育②——学齢期の支援（特別支援学校など）

≪好きな遊び≫

一番好きな遊びは

10分以上一人でできる遊びは

≪できれば避けたい（嫌いな）遊び≫

こういう遊びは本人は嫌い。こういう状況は本人は辛い。

親としてできるだけやらせたくない遊び

≪飲食≫

好き		嫌い	
食べ方の特徴			
欲しい物を自分で	1. 選べる 2. 選べない	全体に食欲は	1. ある 2. 食が細い 3. モノによる
アレルギー			

≪生活習慣≫

排泄	小	
	大	
着替え		

図4.10.8　プロフィール票②

≪コミュニケーション1≫

表現方法	1. ことばで言う　　2. 1～2語程度で言う　3. 声を出す　　4. 指さしをする 5. 大人の手首を持つ　6. 大人の手や服を引っ張る 7. カード等の道具を使う→（　　　　　　　　　　　　　　　　　　　） 8. その他（　　　　　　　　　　　　　　　　　　　　　　　　　　　）
子どもからの表現	要求はどのようにしますか？ イヤなときはどのようにしますか？ 注意喚起（こっちを向いてほしい時）はどのようにしますか？
本人独特の表現方法	この行動はこういう意味です。（こういうときはこうしてください）

≪コミュニケーション2≫

伝達手段	1. 言葉で理解可　　2. 単語程度なら理解可　3. 文字で書く　　4. 指さし 5. ジェスチャーやサイン　6. カード類を使う　7. 実物を見せる 7. その他の道具を使う→（　　　　　　　　　　　　　　　　　　　） 8. その他（　　　　　　　　　　　　　　　　　　　　　　　　　　　）
大人からの指示	してほしいことをどのように伝えますか？

図4.10.9　プロフィール票③

第4章　特別支援教育②──学齢期の支援（特別支援学校など）

大人からの指示	してはいけないことをどのように伝えますか？ 大人の方に注意を向けるにはどうしますか？
その他の特徴	コミュニケーション全般で気をつけてほしいことはどのようなことですか？

≪困ったときは≫

パニック	こういう状況はパニックを引き起こしやすいです。 パニックにはこのように対応してください。
姿が見えない	一人で行きそうな所はどこですか？ 一人で戻ってくる可能性は 　1. 絶対あり得ない　　2. 多分戻らない　　3. もしかしたら戻る 　4. 多分戻る　　5. 必ず戻る

図 4.10.10　プロフィール票④

独特の癖・こだわり	こんな時にこういうことをします。 その場合はこう対応してください。

≪その他≫

なんだか不機嫌だ	こんな理由が考えられます。こうしてください。
担任からのコメント	
その他	こんな時はこんなことが考えられます。こうしてください。

図 4.10.11　プロフィール票⑤

第4章 特別支援教育②——学齢期の支援（特別支援学校など）

= 保護者のみなさまへ =
　湖南市障がい児ホリデースクールに参加いただくにあたって，保護者のみなさまには，ご面倒をおかけすることも多々あるとは存じますが，ご協力の程よろしくお願いします。
　今回のプロフィール票につきましては，ご本人がサマースクールに安心して，楽しく参加していただくための基礎的資料です。決して他の事業に使用するものではなく，また，プロフィールの情報は当会が責任を持って保護します。

記入にあたっての留意点

《服薬》　何のための服薬かをご記入ください。（てんかん発作，精神安定，内臓疾患，など）
　　　　　また，一日の回数や服薬の時間帯もご記入ください。（昼食後に服薬，9時と16時に服薬，など）

《発作》　発作がある場合はその身体状況（硬直やけいれんなど）とそのときの対応・対処方法を記入してください。発作を見ることが初めての者もいますので，詳しくご記入ください。

《安全》　安全面での留意点をご記入ください。とっさに取ってしまう危ない行動や周りの人への危険な行動など。また走り回ったり，物を投げたり，高いところから飛び降りることなど，危険につながる行為もあればご記入ください。

《飲食》　食べ方の特徴として，きざみ食や流動食など食事の形態や，お箸やスプーンなど食事の方法で，日常の生活で配慮している点をご記入ください。

《排泄》　自分からは行かないので適時に声掛けをする，ズボンは下げてあげるが後は自分でさせる，パンツまで下ろさないとしない，排泄の全介助をする，オムツをしている，など日々の状況や支援の方法をご記入ください。

《その他》
　　　　　日常生活でのコミュニケーションの方法や行動について，担当するスタッフやボランティアへのアドバイスとなりますので，どんなことでも構いません。知りうる限りの情報を細かくご記入ください。（絶えず目を離さないでほしい，急激な体温変化は調整できない，音楽に興味を示す，足腰が弱い，遊泳時の注意事項，など）

《担任からのコメント》
　　　　　家庭での様子と学校での様子では違う場合があります。担任の先生に学校での様子など，担任として注意すべき点や気になる点を記入してもらってください。また，プロフィール票全体についても一度目を通してもらってください。

図 4.10.12　プロフィール票⑥

8がつ19にち きんようび　スケジュール

じかん	かつどうのしゃしん	かつどうめい	せつめい
9:45〜10:00		しゅうごう	しゃかいふくしセンター　しゅうごうします
10:00		たいそう	「さんぽ」のきょく　たいそうします
10:05		あさのかい	なまえ　よびます きょうのスケジュール　せつめいをきく
10:15		ごみひろい	くつ　はきます ごみ　ひろいます
10:30		はっぴつくり	はっぴ　つくります ファッションショー　します
		トイレ	トイレ　いきます
11:30		まつりかいし	みこし　かつぎます たてものない　あるきます
		たべもの	て　あらいます チケット　わたします ポップコーン　わたがし　おこのみやき ひやしうどん　おにぎり
		アトラクション	チケット　わたします わなげ　ヨーヨーつり　さかなつり スーパーボールすくい　カラオケ バルーンランド
		きがえ	トイレ　いきます プールに入る人　きがえます
		すいえい	2かいのプール　およぎます
14:15		おやつ	て　あらいます かきごおり　たべます
14:45		かえりのかい	なまえ　よびます
15:00		むかえ	かえります

図 4.10.13　スケジュール票

	月 日	日課	午前	午後
			平成25年度湖南市障がい児ホリデースクール活動日程表	
1	7/23(火)	福祉センター周辺ゴミ拾い	開校式／陶芸をしよう	プールなど
2	7/25(木)		陶芸をしよう	プールなど
3	7/26(金)		《親子で参加》電車に乗ってバイキングに行こう	
4	7/29(月)		バス旅行　魚つかみをしよう（甲賀市土山 黒滝）	
5	7/30(火)		プールに行こう（竜王ドラゴンスポーツセンター）	
6	8/1(木)		バス旅行　魚つかみをしよう（甲賀市土山 黒滝）	
7	8/2(金)		《親子で参加》電車に乗ってバイキングに行こう	
8	8/5(月)		夏祭り準備	おやつ（クレープ）をつくろう・プールなど
9	8/6(火)		夏祭り準備	おやつ（クレープ）をつくろう・プールなど
10	8/8(木)		夏祭り	
11	8/9(金)		夏祭り	
12	8/12(月)		バス旅行（野洲なかよし交流館）	
13	8/13(火)		プールに行こう（竜王ドラゴンスポーツセンター）	
14	8/19(月)		工作をしよう	映画をみよう・プールなど
15	8/20(火)		プールに行こう（竜王ドラゴンスポーツセンター）	
16	8/22(木)		買い物に行こう	プールなど
17	8/23(金)		カレーをつくろう	プールなど
18	8/26(月)		買い物に行こう	プールなど
19	8/27(火)		カレーをつくろう	プールなど
20	8/28(水)		工作をしよう	映画をみよう・プールなど／閉校式

※日程は変更する場合があります。

図 4.10.14　活動日程表

第 5 章

就労へつなぐ

青年期・成人期の支援

1 高校生等への対応

松浦加代子（発達支援室 室長）

　中学校卒業後，新たに本人の困り感に気づいたときの，高等学校や就労先等から発達支援システムへのつなぎは，図5.1.1のとおりである。

1　高校生の継続面談事例①
　　個別支援移行計画により中学校から高等学校への引き継ぎをしたケース

　この生徒は中学校3年生まで，ことばの教室で指導を受けていた。本人参画で個別支援移行計画も作成した。

①発達支援室での面談の目的
　頑張りすぎてしまう（「全部，自分がやらなくてはならない」「任されたら断ってはいけない」「一度そのように考えたことは，そのようにこなさねばならない」といった思いが強い。逆に頑張れなくなってくると，すべてのことに取り組まなくなってしまう）ことは，中学校3年生までに自覚ができている。そのため，「どのぐらいの頑張り方で取り組むと，ほどよい具合か」発達支援室長との面談で考える。

②面談の頻度
- 月1回程度。放課後，保護者送迎で発達支援室へ。

③学校との連携
- 面談が近づくと特別支援教育コーディネーターからメールで学校での状況が伝えられる。
- 面談内容のうち学校との情報共有が必要なことは，本人の了解を得てメールで送る。
- 情報共有後，特別支援教育コーディネーターが中心となって，その先1か月の取り組みを共通理解する。

④有効であった学校での支援
- 発達支援室での面談情報をもとに，登校状況の調整（登校時間や休む日について考える）のために担任が本人と面談。
- どうしても教室にいることができなくなってきたときの居場所を決めて，活用できるようになった。

第5章 就労へつなぐ――青年期・成人期の支援

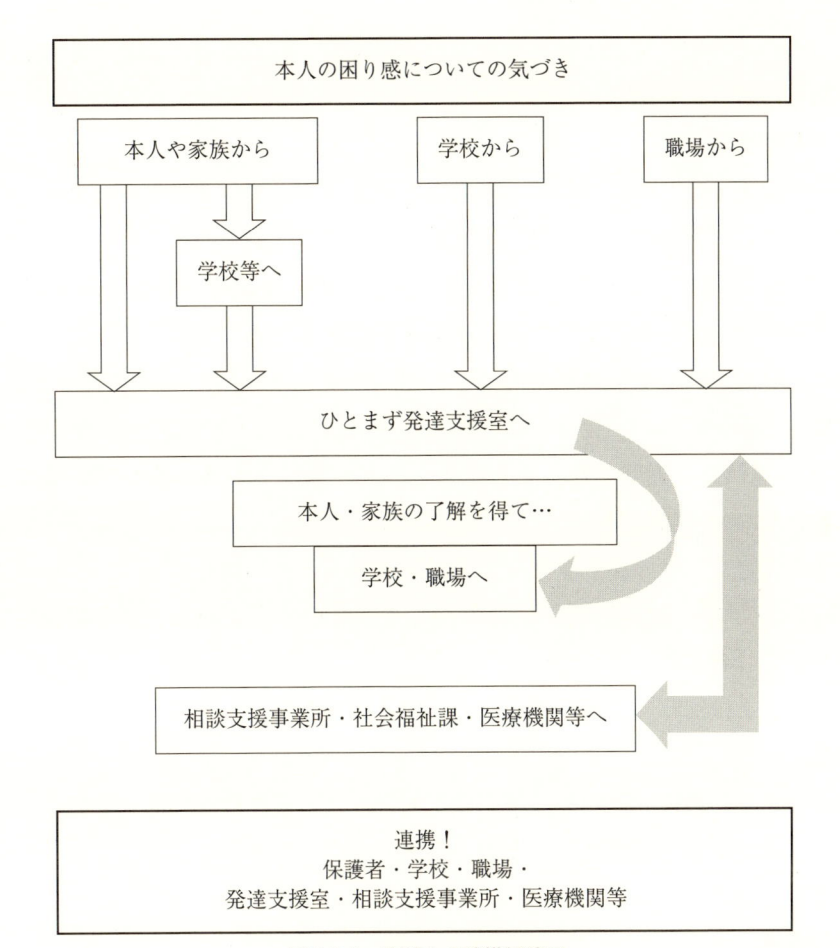

```
        ┌─────────────────────────────────┐
        │    本人の困り感についての気づき    │
        └─────────────────────────────────┘
     ┌──────────┐  ┌──────────┐  ┌──────────┐
     │本人や家族から│  │ 学校から │  │ 職場から │
     └──────────┘  └──────────┘  └──────────┘
           │              │            │
        ┌──────┐          │            │
        │学校等へ│         │            │
        └──────┘          │            │
           │    │         │            │
           ▼    ▼         ▼            ▼
        ┌──────────────────────────────────┐
        │      ひとまず発達支援室へ         │
        └──────────────────────────────────┘
                │
        ┌──────────────────┐
        │ 本人・家族の了解を得て… │
        └──────────────────┘
                │
            ┌──────────┐
            │ 学校・職場へ │
            └──────────┘

        ┌──────────────────────────────────┐
        │相談支援事業所・社会福祉課・医療機関等へ│
        └──────────────────────────────────┘

        ┌──────────────────────────────────┐
        │              連携！              │
        │       保護者・学校・職場・       │
        │  発達支援室・相談支援事業所・医療機関等 │
        └──────────────────────────────────┘
```

図5.1.1　高校との連携経路図

・本人についての理解を，発達支援室長が講師となり学年団で深める機会を持った。

2　高校生の継続面談事例②
　　中学校ではとくに気にならなかった生徒

①**継続面談につながるまでの経過**
・「学校への行き渋り」を主訴に高校から発達支援室へ相談があった。
・高校から保護者に発達支援室を紹介した。
・発達支援室で保護者との面談をした。まず，本人の今の状況と，乳幼児期からの状況を

聞き取った。その中で保護者は，幼児期における育てにくさと，現在の家庭における本人への対応の難しさを話した。

②本人との初回面談
- 周囲からの視線や話し声について，独特なとらえ方をしていることがわかった。
- 本人がこのことに気がついたのは，小学校4年生ごろであった。
- 「高校卒業後は大学へ進学したい希望を持っているが，上記の独特なとらえ方によって，登校に不安を感じている。そのため，不安を解消するために相談にのってほしい」というように，相談することには積極的。

③継続面談
- WAIS-Ⅳ心理検査を実施した。その結果を手がかりに，本人が感じていること等をもとに，現状について話し合った。
- 独特なとらえ方を，どのようなとらえ方に置き換えるか相談した。
- 「自信を持ってよいこと」と「相談しながらやっていくとよいこと」を明確にし，相談のしかたを話し合った。
- 本人との面談とは別時間に保護者面談の時間を設定した。

④面談頻度
- 月1回程度を半年継続。その後，学期に1回程度に。現在は次回面談を設定していない。保護者から電話で月1回程度，状況報告があり，必要なときには面談することにしている。

⑤学校との連携
- 事例①に同じ。

⑥有効であった学校での支援
- 本人が困っている場面（休み時間，私語が続く時間。弁当を食べる時間。行事で集団行動する時間）を発達支援室で聞き取り，どのような配慮があれば「やれそう！」と思えるのか，話し合った。
- 上記の配慮については，前もって，特別支援教育コーディネーターと場面を想定し，配慮できることと配慮できないことをメールで確認し合った。
- 発達支援室で話し合い，「やれそう！」という手応えのあった配慮については学校へ報告した。学校は，実行に移した。（例：休み時間の耳栓使用。弁当を部室で食べる。行事の参加・不参加を自分で決め，不参加であっても事前学習には参加させ，学習についての配慮を

第5章 就労へつなぐ——青年期・成人期の支援

する。)

3 事例の考察

両事例は，中学校時代に支援を受けていたかいなかったかで，大きく異なっている。しかし，両事例ともに就労というステージまでに「自分の強い力」「弱い力」を知り，「相談することによって解決につながる」ことを経験できている。「自分のことを知る」ことは「相談できる力や，相談できる場所を得ること」とセットで身につけていくことが望ましい。その時期は，学校へ通っているとき（相談できる人がいて，学校という組織が相談支援機関という組織につなぐことができて，なおかつ本人にも時間的な余裕がある）が望ましい。その点でも，就労のステージへ支援をつないでいくという教育が果たす役割は大きいといえる。

❷ 中学校卒業後の子どもについての悩みを語る会

古谷絵美（発達支援室 保健師）

2012（平成24）年1月から，発達支援室の主催により，「中学校卒業後の子どもについての悩みを語る会」という保護者（おもに母親）間での懇談を中心とした会を月1回開催している。

1 会の主旨

①発達支援室では学齢期終了（中学校卒業）後の人と，対人関係の困難さを主訴に面談を実施している。その中には，学校への行き渋りや不登校となっている人や，過去になっていた人も多数いる。
②現在，家庭内にひきこもっている人（発達支援室で面談をしている人）は，多くの場合，学齢期に行き渋りや不登校であったことを聞き取っている。そのため，学齢期のうちに対応しておくことが望ましい。
③自分の子どもが学校へ行き渋っていることや不登校についての悩みは，当事者でないと理解し合えないことがある。

④学校への行き渋りや不登校となっている人の親の中には，不適切な対応を続け，事態を悪化させている場合がある。この会はペアレントトレーニングの場として開催する。

2　実施内容

①保護者間での懇談（発達支援室長によるコーディネート）
②リラックスタイム（発達支援室保健師によるコーディネート。例：保護者どうしによるハンドマッサージ。）

3　参加した保護者の声

- 母親同士で話ができることにホッとする。
- 本人の不安よりも先に自分自身が不安になって，本人へ先々のことまで伝えてしまうことが多くなる。そうすると悪循環になり，本人は確認作業を繰り返してくる。この会に参加して，「焦っている自分」に気づくことができた。
- （約1年間不登校）現在，順調に学校へ行っている。けれど，自分自身「また，本人が元に戻ってしまわないか……」という不安を抱えている。
- 学校へ行けていない状況には変わりない。ただ自分から「9時に起こしてほしい」と言うようになってきた。以前は本人に合わせて自分も外出を控えていたが，「それはそれ」としながら，外へ出て行こうと思っている。
- 当たり前のこと（＝高校へ行くこと）がみんながみんなできると思っていたことが間違いだった。当たり前ではないんだと思えるようになった。複雑な気持ちはあるが，「この子はこれでいいんだ」という今の心境にたどり着くまでには10年以上かかっている。
- 就職を考えると支援なしではうまくいかないので，そのときはいっしょに考えてほしい。
- 自分は子どもに「待つ」という姿勢で対応しているが，父親は「すぐに結果を出せ」という人。自分一人が背負っている感じがする。

4　保健師による保護者面談事例

発達支援室保健師による保護者面談もケースに応じて定期的に行っている。相談のおも

な内容は以下のようなものである。
・子どもが学校へ行き渋っている。不登校である。
・高校で単位が取れず，このままでは進級が難しいと学校から言われている。
・子どもが家にひきこもっている。
・子どもが就職せず，家にいる。

　不登校やひきこもりの相談は，家族からの相談が多く，本人自身が相談につながるまでには時間がかかる。その間は，家族（おもに母親であることが多い）との面談を継続しながら，本人の状況を確認し，本人と出会うタイミングを考えていく。また，家族は，不登校やひきこもりが長期間となるため，将来への不安が高まり，子どもへの家庭の中でのかかわり方について悩んだり，夫婦間での意見の違いなどから，家庭全体の状況が悪くなるケースもある。中には，母親だけに負担がかかり，母親がうつ状態となり，心療内科や精神科への受診を勧めたケースもあった。そういった母親たちに寄り添いながら，定期的な面談を行い，じっくり話を聴きながら，母親が疲れ果ててしまわないように時間をかけて家庭支援を行っている。

　「いつになったら，学校へ行き出すの？」「いつになったら，家の外へ出て行くの？」先の見えない状況に答えを求め，家族には焦りの気持ちが出てきてしまう。その気持ちを受け止め，そのしんどさに共感しながら，焦りの気持ちを落ち着けていける面談になるよう心掛けている。子どものちょっとした変化や行動，家族の気持ちの変化などに面談を受けている側も気づき，それを面談の中でフィードバックしながら，少しずつ前進していることを家族にも実感してもらうことも大切である。

　こうしたかかわりを継続していく中で，いくつかの事例から，「ひきこもって家の外にも出られなかった子どもが，専門学校へ行くと言いだし，願書を書いたんです。」「息子が自分からアルバイトを見つけてきました。」「昨年はまったく学校に行けなかったけど，今はほとんど休まず朝早くから自分で登校しています。」といううれしい報告を聞かせてもらうこともある。しかし，母親たちは，うれしい気持ちの反面，「また，行かなくなったらどうしよう。」「アルバイトがうまくいかなかったら……」など，またうまくいかない状況が起こるのではないかという不安な気持ちもつねに心の中に持ちながら，日々の生活を送っている。保護者面談は，不登校やひきこもりの状況から脱した後も継続が必要な支援の一つである。

3 学齢期終了後対応事例①（1991（平成3）年生まれ）

松浦加代子（発達支援室 室長）

1 事例の概要

　この事例では，乳幼児期から発達支援システムにのって支援を継続的に受けてきた。
　早期発見から早期対応につながり，保育所での保育の充実があり，学齢期には，集団の中あるいは個別対応による特別支援教育によって，支援が順調に引き継がれていた。
　しかし，中学校卒業後，しばらく，個別対応の機会がなかった。この期間に，本人の自尊感情は著しく低下した。
　この事例から，「中学校卒業後，直接的にかかわる時間は少なくなっていっても，相談支援機関があることの重要性」が明らかになった。発達支援室と就労に関する相談支援機関や医療との連携により，投薬することなく，自尊感情の向上が見られた事例である。

2 高校進学までの経過

①早期発見（関係課・機関＝健康政策課）
　乳幼児健診で要支援と指摘された。1歳9か月時に初回発達相談があり，「言語発達が1歳前の水準」「言語・社会領域の遅れが顕著」との見立てであった。

②療育（発達支援室）
　療育教室での支援が行われた。初回は2歳9か月時で，母親の主訴は「言葉の遅れがある」「集団に入れない」ということだった。療育の現場では，「自閉傾向を示すサインが多く，対人基盤は脆弱。他者との感情の共有がなされにくいため，対人的なかかわりを持続させ，発展させることが難しいと思われる」との見立てが行なわれた。

③保育（子育て支援課）
　市内保育所に通った。本人に適切な保育がなされた。

④教育（学校教育課）
　小中学校の9年間，自閉症・情緒障害特別支援学級に在籍した。中学3年時点では，ほ

ぼ通常学級での学習が中心になった。また，ことばの教室でソーシャルスキル学習を重ねた。某医科大学で「高機能自閉症」との診断を受けた。

⑤**義務教育終了後（学校教育課・人権教育課・発達支援室）**

中学校からの個別の指導計画の引き継ぎが行われた。中学卒業後のアフターフォローとして，ことばの教室で3か月，計3回の面談を行った。その後は，発達支援室に定期的に通った。

⑥**高校（県立高等学校・発達支援室）**

個別の指導計画を作成し，学級における支援を実施した。しかし，中学卒業後は，本人の発達障がいの特性に寄り添う個別面談の機会はなかった。

学校での進路指導においては，「評定点の高さ」から大学の推薦入試を受けることになった。これは発達の特徴を十分考慮しない一般的なとらえ方であったと思われ，結果的に入試には失敗し，卒業後は浪人生活を送ることになった。

3　新たな支援へ

①**支援の仕切り直し**

高校卒業の直後である2010（平成22）年4月1日，発達支援室で本人の話を聞いたところ，「ぼくは生まれてこなかったほうがよかったんです。ぼくは弟に殺されてしまいます。」といった発言があった。自尊感情がいちじるしく低下していることが窺われた。

これを契機に支援を仕切り直すこととなった。発達支援室，障がい者雇用・生活支援センター（甲賀），滋賀県障害者職業センターでケース会議を開催し，「本人が自分の特性を知ることから始めよう！」という方針を立てた。

②**発達支援室と障がい者雇用・生活支援センター（甲賀）による継続的支援の開始**

支援の開始からの経過は以下のとおりであった。

1）ハローワーク甲賀での求職登録（H22/5/13）

待ち合わせ場所に本人は現れず，あとで問いただすと，支援者を指差し，悪いのは支援者であると主張した。

2）独立行政法人高齢・障害者雇用支援機構滋賀障害者職業センターでの準備支援（H22/5/17～8/6）

「ぼくに何でそんなことを聞くのですか？」「自分はダメな人間だから，働くなって言っ

てほしかった。」「ここに来たので障がい者扱いになった。しんどい。」などの発言があった。

3）ハローワーク大津にて体験実習（H22/7/12～16）

「ぼくにお茶なんか出さないでください。」との発言があった。「お茶を出すという貴重な時間をぼくのために使わないでください」という彼の考えであった。

4）医療受診（H22/7/16）

「悩みすぎることを相談してみよう。」と本人に伝え，発達支援室の支援者が同行して医療受診した。

5）滋賀障害者雇用支援センターでの実習（H22/9/21～30）

実習に行くまでは，「死にたいんだ。実習に行こうか迷っている。」「インターネットで見たらぼくのような障がい者は100人に1人。」「センターに行っても自分の答えは見つからないんだ。」など，悲観的な発言が多かったが，実習後には「（評価を見て）いいことばかり書いてあったから嬉しかった。暗い気持ちを受け容れてもらえる場所があってよかった。」と，体験を肯定的にとらえる発言があった。

6）ジョブガイダンス参加(1)（H22/12/13～16）

高い評価を受けたが，「ぼくは終了するのに値しない人間なんだ。」と言っていた。

7）作業所実習（H23/2/7～21）

「出来具合はいいと言われています。人と話せないことが困る点だと思います。昼食を大勢で食べるのは嫌なんです。休み時間に私情について話すのも失礼だと思いますし。過大評価すぎます。」との発言があった。

8）ジョブガイダンス参加（H23/2/28・3/23）

9）某市図書館臨時職員採用面接（H23/3/3）

支援者との相談は経ずに本人の判断で面接を受けたが，不採用だった。

10）某市役所臨時職員採用面接（H23/4/22）

再度面接を受けたが，不採用だった。「やはり，もう少し実習に行った方がいいんですかね。」「（精神障害者保健福祉）手帳は持つと頼りっきりになるから持ちません。」といった発言があった。

（1） ハローワーク甲賀の雇用連絡会議と甲賀地域障害児・者サービス調整会議の就労支援部会が協力して2010（平成22）年度より開催。支援を必要とし，再就職や新規就職したい人に，職業講話や，具体的な求職活動方法の指導を行っている。1日当たり，2時間程度を目安としている。

第5章　就労へつなぐ——青年期・成人期の支援

＊なお，発達支援室と障がい者雇用・生活支援センターでの面談では，支援開始後から継続して，「ぼくは死にたいんです。」「ぼくへの評価なんてみんな嘘なんです。」「ぼくは家にいると殺されそうになります。」「障がい者って思われたくないんです。」といった発言があった。

③転機

1）企業での実習（H23/5/24～5/31）

　2週間の予定で企業での就労の実習を行った。しかし，実習先で，働いている人を侮辱する発言をしたため，結局8日目で終了することになってしまった。発達支援室と障がい者雇用・生活支援センターでは，本人を交えて反省会を実施した。「働く目的」「自分のうまくいきにくさを他人のせいにしない」「支援してくださる方の話を聞く」といったことを今一度確認するために面談を重ね，もう一度実習に挑戦する，という方針を立てた。

2）作業所実習（H23/8/3～8/5）

　実習先での本人に対する評価として，「手先が器用」「時間を守って通える」という好意的なものがある一方で，「話をしてもよい場面とそうでない場面の振り分けが難しい」といった指摘もあった。

　作業所を利用するかどうかについては本人の意思確認が大事である。実習の直後，本人はケース会議で「継続して利用することについては50％。」と述べていた。しかしその後，就労には「休まず通所」「職場でのあいさつ等，働くために必要な力を身につける」「仕事を見つける」「働く」という段階を踏む必要があるという話などを聞く中で，作業所の利用に前向きになっていった。また，「母に弁当をつくってもらうことが負担になっているのではないか…。」と，本人が心配していたと思われることについて話し，その場で解消した。最終的に本人から，「（利用することについて）お願いします。」という申し出があった。

④働き始める

1）作業所にて実習継続（H23/9/1～）

　社会福祉課障がい者自立支援担当も新たにケース会議に参加するようになった。

2）医療受診（H23/9/5）

　精神障害者保健福祉手帳についての相談をした。

　後日，医師の意見書（本人には見せていない）をもとに話し合い，「時と場合によっては支援が必要である」という自己理解が進んだ。

3）作業所利用開始（H23/10/1〜）

　作業所を利用する中で、「同級生を見て、仕事を探すことに必死だった。そのストレスが焦りにつながっていた。仕事を探す前の段階にいることがはっきりわかって落ち着いた。」との発言があった。

　習い事（茶道）も始めた。

　「バザー」や「TOTOリモデルフェアー」等での接客でも活躍した。こうしたことが実現した背景として、湖南市障がい者就労情報センター（第5章5参照）のバックアップ（企業からの作業外注、イベント受入情報、施設外就労情報等）を受けたことが大きかった。

　2012（平成24）年1月には「ずっと、作業所にいるわけにもいかないことはわかってます。仕事をしたいなって思いもこみ上げてきます。でも、次のステージに行くのはもう少し、先のことかな……。」と、仕事への意欲とためらいの間で揺れている気持ちが語られた。

　2012（平成24）年6月にはA社から求人があった。本人は「ぼくが受けてもいいのでしょうか……。」と前向きに検討した。

＊発達支援室と障がい者雇用・生活支援センターでの面談でも変化が見られた。入室時のあいさつに変化があり、より気持ちのよいあいさつを交わせるようになった。また、「順調です。」「自分としてはいい感じでやっています。」など、前向きな発言が出るようになった。相談相手の話に「たしかにそうかもしれません。」と答えるなど、人の話に耳を傾ける態度が生じてきた。

⑤ステップアップ

1）作業所への通所＋月3回の茶道教室＋水曜日午後の甲賀市社会福祉センターでの喫茶店＋金曜日午前のサンライフ甲西のメンテナンス作業（H24/7〜）
2）3社の合同面接会（H24/9）
3）企業での実習（H24/12）

　実習後、「作業でのこだわりがあるために、この部署での継続的な就労は困難だが、別部署を考えてもよい」という企業からの申し出があった。

4）トライアルワークを開始（H25/1）
5）企業の合同面接会（3社）（H25/2）

⑥就職決定

　2013（平成25）年3月29日、就職が決定した。その後も、雇用・生活支援センターから

のワーカーの職場への訪問と発達支援室での月1回の面談を継続している。

4 本人と母親のコメント

①本人のコメント

「仕事はしんどいです。でも，職場の人の指示を素直に聞こうと思って頑張っています。職場の方には叱られることもありますが，ほめられることもあります。僕は，一人暮らしがしたいと思っているので，実現できるように働きます。ときどき，相談したいことは相談できているので，困っていることは，今はありません。」

②母親のコメント

「初めての子育てで，『何か……ちょっと心配』と思ったときから，あっという間の22年でした。その間，途切れることなくたくさんの先生や，支援者の方につながってきた息子です。何とか，ここまで本人の気持ちが折れることなくたどりつきました。コンピュータ関係の仕事しか考えていなかった息子が，いろいろな経験をしたり自分を客観視できる力がついてきたからか『僕なぁ，やっぱりパソコンを使う仕事は無理やとわかったわ。家で楽しむことにする。』と私に話したとき……息子が大人に見えた瞬間でした。」

4 学齢期終了後対応事例②（1975（昭和50）年生まれ）

松浦加代子（発達支援室 室長）

1 事例の概要

この事例では，発達支援システム構築以前に学齢期を過ごし，高等学校卒業後，一般就労していた。

初回面談で聞き取ったところによると，本人が苦手とすることは幼児期より，顕著であったが，適切な支援を受ける体制は整っていなかった。

35歳になり，いよいよ「自分の今後について」考えられるようになった本人の意思が支援につながるきっかけであった。

「少しでもいいので，家以外の場所へ出ていきたい」という思いから，発達支援室をイ

ンターネットで探すことにつながった。

　現在は,「自分のしたいことがたとえ今はわからなくても,たとえ時間はかかったとしても,たとえぴったりした答えは出なくても,いつか,たどり着ける日は来るさ」と思える日を目標にしている。スモールステップで自己理解や外出トレーニングを重ね,作業所への通所へとつながった。取り組みの中では「自分って,なかなか,やれている！」という思いを重ねることに,とくに力点を置いている。

　スモールステップを踏んでいくためには,本人についてのアセスメントはもちろんのこと,話をしないとわからない,本人にしか感じられない不安を聞き取ることが重要である。この相談の重要性を,かかわる関係機関が共通理解しておかないと,慎重に積み上げてきた自尊感情が崩れてしまう。関係機関が発達障害についての理解を深め,その支援は一人ひとりオーダーメードであることを前提に取り組んでいる。

2　「外へ出よう」という決意を固める期間

　2011（平成23）年1月,発達支援室での面談開始（室長が対応）：両親が来室。「発達障害についてインターネットで知った本人が,一度相談してきてほしいと両親に頼んだ」との理由。幼児期から現在に至る状況（ここ最近10年程度（27歳ごろから）,家にいた）を聞き取った。

3　自分のことを知ろうとする期間

① 2011（平成23）年2月
〈本人・両親との面談での話〉
- 相談員が「これまでのことを振り返ってもらって,いろいろと辛い思いもされたけれど,卑屈になっておられない。これはここまでのご両親のかかわりの結果だと思う。」と言うと,いきなり本人が「それでね,言いたいことがあるんです。そういう他の親たちに理解してほしいと思うんです」と少々声を荒げる（つまり,自分と同じような状態になっている人の親たちへの抗議）。相談員は「一般的には親の受け止めはそうだと思いますよ。『何で働かへんのや？！』とか『言えばわかるやろ！』といった具合に。Mさんについては,ご両親が保育園のころに指摘を受けられて,早くから心配しながら子育てされて

〈本人との面談での話〉
- 写して書くことと，聞きながら書くことは違う力で，2つをいっぺんにすることがMさんは苦手のようですね。
- 「2度目の質問をする」ことも，「2度聞いて相手が気を悪くしないか」とか「2度聞いてまたわからなかったらどうしよう」とか思うんだね。
- Mさんはとてもにこやかな表情をしているから，困っているときも周囲の人にわかってもらえないことがあったんでしょうね。
- 物や人にあたったりして，激しく「わからなさ」や「不満」をぶつけられる人はわかってもらいやすいんだけど，自分でクールダウンしたりできる人だからよけいにわかってもらえなかったんだろうね。
- Mさんは，今，自分の得意なことや苦手なことをよりよく知って，一歩踏み出そうとしています。その一助に心理検査をすることができます。
（ここまでの話に対して，「そうなんです！」といったように，何だかはじめて自分のことを話せたという受け止め方で，次回の心理検査も了解。）

② 2011（平成23）年4月
- 障がい者雇用・生活支援センター職員（＝就労を考えるときの支援者＝トンネルの先の光……というとらえ）とも出会った。

〈心理検査結果報告〉
- 言語性IQ＞動作性IQ……ただし「理解」の弱さがあり，ことばの入力（語彙を身につける・ことばの意味理解・ことばをことばで言い表す）は良好であるが，ことばの出力（どんなことばを使って場に合った話をするのか）は苦手。→この説明に本人は何よりも納得。
- 道案内ができないのは？……空間認知の問題と，ことばの出力の問題。地図が手元にあってその場所を知っていればできるであろう。
- 「就労していたときに，半導体をつくっていて，隔離された場所で，上司はPHSを使って連絡をとっていた。あんなんで縛られたらたまったもんじゃない」と，急に語気を荒げる。それに対して相談員は「その場はそれが必要であって，その状況を理解し心に納めるのがMさんは苦手という特性があるのかもしれないね」と伝える。
- 「ペーパーテストは得意だが（ことばの入力はよい。単純な記憶力もよい），実技はだめ

（処理速度の低さ）だった。」と本人が自分の「得意・不得意」を具体的に話せた。
- 検査の結果説明と本人が感じている自分の特性が一致。また言語性IQが低くなかったのが「安心材料」になったとのこと。

③ 2011（平成23）年5月

発達障がい者支援ケアマネージャーとの面談も始まった。

〈面談等を重ねた結果，本人がとらえた自分の苦手さ〉

【対人関係・コミュニケーション】
- 嫌なことがあると，ほとんどの場合，気持ちを切り替えて，先に進むことができない。
- 何かをするときには，一人でするほうが好きだ。
- 目に見えないもの（場の雰囲気や人の気持ちなど）を汲み取ることは苦手だ。
- 会話をどのように進めたらよいのか，わからなくなってしまうことがよくある。
- 人と議論するとき，相手の意見に耳を傾けず，自分の意見に固執してしまいがちだ。
- 新しい場面（状況）に不安を感じる。
- 大勢の中で，自分が話すタイミングがわからないことが多い。
- 会話の中の一言だけに，注意や興味がひきつけられてしまうことがある。
- 冗談がわからないことがよくある。
- 自分の話を聞いている相手が退屈しているときには，どのように話をすればいいかわからない。
- 新しい友人をつくることは難しい。

【作業・処理能力・注意集中】
- 仕事や課題の全体の構成を瞬時につかむのは苦手だ。
- いつも動いていて，落ち着きがない。
- 予定変更や新たな仕事（課題）などに，臨機応変に対応することは苦手だ。
- 課題や活動を順序だてて行うことがほとんどの場合できない。
- 課題や作業に集中し続けることは難しい。
- 日々の活動で忘れっぽいことがしばしばある。
- 整理整頓が苦手である。
- 同時に2つ以上のことをするのは難しい。

【興味・関心】
- 特定の種類のもの（車，鳥，電車，植物など）についての情報を集めるのが好きだ。

- 車のナンバーや時刻表の一連の数字や，とくに意味のない情報に注目する（こだわる）ことがよくある。
- あること（もの）を，他の人がどのように感じるかを想像するのは苦手だ。
- 話し手や話題が変わると，その変化についていくことがしにくい。
- 聞き間違いや取り違えがよくある。
- 順序だてて話すことが難しい。

④ 2012（平成24）年1月

医療受診することにもつながった。「広汎性発達障害」との診断を受けた。

4　自分のことをよりよく知り，自分の特性に合った場所を探す期間

- 発達支援室での面談を，それまでは随時であったが，月1回程度，次回の設定をして，継続することとなった（2012（平成24）年4月）。
- 相談支援事業所（精神疾患や障がいなどにより，生活しづらさがあり，相談や生活支援を希望または必要とされる方が利用）のサロン・サテライト（地域活動支援センターⅠ型）[2]の利用が始まる（2012（平成24）年6月）。
- 作業所の利用が始まる（2013（平成25）年1月）。

5　本人と両親のコメント

①**本人のコメント**

「以前は，外へ出ることがほとんどなく，焦るというか，悶々とするというか，どうしたらいいかわからなかったです。今は，外へ出る機会が増えてうれしく感じます。達成感もありますが，まだまだほんの一部だなという気持ちもあります。作業所へ通う道であいさつを交わす人もできました。いろんな人に巡り合うことができていることがうれしいです。」

（2）日中の居場所として，社会参加の場として利用できる。また，生活リズムを整えたり，コミュニケーションスキルを高めたり，体験を積み重ねながら，次のステップアップを目指したプログラム活動も行っている。地域交流や余暇支援プログラムも取り入れている。この事業を行っている「支援センターこのゆびとまれ」のサテライトとして，発達支援センターを利用されている。

②両親のコメント

「息子が家にいるときには,親としてどうやって接したらいいのか,本当にわからない状態でした。そんなときに,発達支援室の存在を知って相談してみました。その後は,さまざまな方から,本人が自信が持てるようなことばがけをたくさんしていただきました。本人の変化が伝わってきて,そして,今現在こんなふうに外へ出る機会が増えてきて本当にうれしく,そして,感謝しています。」

5　湖南市障がい者就労情報センター

浅野広美（商工観光労政課　主幹）

1　開設の経緯

湖南市障がい者就労情報センターは,身近な地域において就労に関する情報を一元的に集約・提供し,人と仕事のきめ細やかなマッチングを図ることで,就労支援の効率化と企業の負担軽減を図り,障がい者の働く機会を拡大することを目的として,2009（平成21）年4月に開所した。

開所に至るまでには,2005（平成17）年7月より障害者就労支援検討会や障害者雇用推進協議会および障がい者計画策定委員会などにおいて,企業や福祉関係者とともに,障がいのある人の就労支援について,多くの人と多くの時間をかけ具体的に協議・検討し,就労情報センターの設置に繋がった。

情報センターには,1名のコーディネーターを配置し,企業と就労支援事業所との橋渡し役として「顔の見える」身近な情報拠点として,就労に関する相談,情報収集,情報提供,啓発を行っている。

2　湖南市障がい者就労情報センター運営協議会

また,この情報センターの運営については,「湖南市障がい者就労情報センター運営協議会」を設置し,運営に関する調査および検討をしている。2009（平成21）年6月には,この協議会の部会として,市内5つの就労支援事業所が集まり,湖南市作業所部会を立ち

上げた。

　作業所部会では，共同受注による美化作業や封入作業，メンテナンス作業，イベント出店，市民サロン「いこい処　素舞琉（すまいる）」などの事業を行っている。それぞれの就労支援事業所では対応できない作業や大量受注を共同で請け負っており，他の就労支援事業所の利用者や指導員とのかかわりや，地域や工場の人との出会いの中で利用者の刺激にもなっている。情報センターは，この部会においても調整役となり業務が円滑に捗るよう努めている。

3　チャンスワークこなん

　湖南市では，2012（平成24）年3月に，就労情報センター内に国の一体的実施事業「生活保護受給者等就労自立促進事業」により，ハローワークの出先機関として「チャンスワークこなん」を開設した。チャンスワークこなんでは，ナビゲーター2名が常駐し，障がい者や福祉施策を受けている人を対象に，ワンストップ（複数にまたがっていた行政サービスを一度にまとめて行えるような環境）で就労相談から職業紹介までを行っている。

　今後も一人でも多く一般就労できるよう，企業への求人開拓や訓練生の受け入れなどでハローワークやチャンスワークこなんと連携し，就労支援事業所や特別支援学校への就労支援の効率化を図っていく。また，広く市民に障がい者が働くことについての理解を高める啓発をし，障がい者，企業，市民への情報発信基地としての役目を担っていく。

第6章

体制整備

1 発達支援関係課会議

松浦加代子（発達支援室 室長）

発達支援関係課会議は「障がいのある人に対して，乳幼児期から学齢期，就労まで一貫した発達支援をしていくため…（中略）…設置し，行政内の各関係課の連携を目的」（「湖南市発達支援関係課会議設置要綱」（巻末資料参照）より）としている。

1 会議の内容

実際の会議の内容は表6.1.1のとおりである。

表6.1.1 2012（平成24）年度会議記録

会議・開催	内容項目	記　録
第1回課長会議・ 第1回担当者会議 4/13（金）	・湖南市発達支援システムについての取り組み確認（視察資料の確認） ・発達支援システム関係活動計画 　①発達支援室室長・保健師活動計画 　②発達支援センター会議計画 　③発達支援関係課会議計画 ・湖南市発達支援システム評価についての取り組み確認 ・『湖南市発達支援システムハンドブックVer1.0』について	
第2回担当者会議 6/15（金）	・発達支援システム評価についての取り組み確認（評価システムについての検討） ・平成25年度『湖南市発達支援システムハンドブック Ver.1.1』について（提案） ・事例①（発達支援室より）関係課会議設置要綱第2条（4）	●平成23年度評価より ・発達支援室保健師：室における自分の役割について理解ができた。関係機関との連携や，継続的なかかわりができる専門機関であることを認識した。 ・学校教育課：特別支援教育担当にどの指導主事がなっても，業務として落としてはいけないことが，この評価によって引き継いでいける。 ・人権教育課：高校等訪問について湖南市から「お願い」に行っていたのが，高校等から「ぜひ来てほしい」という受け止めにずいぶんと変わってきた。高校生等について情報を受けるばかりでなく，発信していけるようにしたい。 ・商工観光労政課：チャンスワークこなんと障がい者就労情報センターの役割分担が明確にできるようになった。 ・健康政策課：昨年度の取り組みとの変化を課内で明らかにしていきたい。 ・家庭児童相談室：発達障害について理解のある保健師の配置や，ことばの教室等関係機関との連携により，保護者についての支援を進めることができた。

		・子育て支援課：各園での取り組みが充実してきている。外国籍児についての支援は課題である。 ・社会福祉課：計画相談という新たな取り組みが始まった。モニタリングについては引き続き進めていきたい。 ・この評価システムは担当者が発達支援システムをつないでいく上でも重要である。 ●事例①（発達支援室より） ・平成22年3月：高校卒業後，発達支援室継続面談ケース。 ・発達支援システムが機能し，支援をつないできたケース。 ・本人が障がい受容するまでの経過。支援機関の連携により，作業所での就労移行支援から企業への一般就労へチャレンジするようになるまでの経過。
第3回担当者会議 8/29（水）	・発達支援システム評価についての取り組みの確認（各課より「取り組み項目」の報告） ・平成25年度『湖南市発達支援システムハンドブックVer.1.1』について（小改定作業） ・事例②（人権教育課より高校訪問について）関係課会議設置要綱第2条（3） ・事例③（健康政策課より母子保健の取り組みについて）関係課会議設置要綱第2条（6）	●発達支援システム評価についての取り組み確認（各課より「取り組み項目」の報告） ・発達支援室：前年度同様。 ・社会福祉課：前年度同様。計画相談についてのモニタリング。 ・子育て支援課：前年度同様。受け入れる子どもの変化も見ていきたい。 ・健康政策課：新生児訪問に関することを追加。 ・商工観光労政課：前年度同様。 ・学校教育課：前年度同様であるが，表記の変更あり。 ・人権教育課：前年度同様。 ●ハンドブックは今年度の販売状況をみて，平成25年度予算計上する。また，湖南市障がい者就労支援検討会設置要綱を追加する。
第4回担当者会議 10/12（金）	・発達支援システム評価についての取り組み確認（各課より「評価の観点」の報告） ・平成25年度『湖南市発達支援システムハンドブックVer.1.1』について（小改定作業） ・事例④（商工観光労政課より障がい者就労情報センター・チャンスワークこなんについて）関係課会議設置要綱第2条（4） ・事例⑤（学校教育課より特別支援教育について）関係課会議設置要綱第2条（1）（3）	●発達支援システム評価についての取り組み確認（各課より「評価の観点」の報告） ・発達支援室：KIDSサーバー入替を今年度追加。 ・社会福祉課：前年度同様。計画相談についてのモニタリングを進める。 ・子育て支援課：前年度同様。発達相談の時期・形態について追加。 ・健康政策課：新生児訪問に関することを追加し，産後メンタルヘルス支援のあり方について体系化していく方向。 ・商工観光労政課：前年度同様。チャンスワークこなんを追加。 ・学校教育課：前年度同様。被虐待児にかかることを追加。 ・人権教育課：前年度同様。 ●事例④（商工観光労政課より） ・チャンスワークこなんができたことにより，これまで障がい者就労情報センターで担っていた就労相談を役割分担できた。そのことに伴い，コーディネーターが作業所から企業への就労のつなぎに長期にかかわることができるようになってきた。 ・企業の障がい者雇用にかかわって，研修や実習を依頼することで場を広げていきたい。 ・障がい者就労情報センターと湖南市作業所部会との協働による施設外就労についての説明。支援を必要としている人の，一般就労へのつなぎとしての施設外就労の有効性。 ●事例⑤（学校教育課より） ・中学校で個別の指導計画の作成率が上がってきたことは，就学

		前→小学校→中学校への引き継ぎが定着してきた結果といえる。 ・ここあいパスポートならびに個別の指導計画を保護者に提供することは，継続的に啓発していく。 ・自閉症・情緒障害特別支援学級→通常学級という事例は，早期対応の結果であり喜ばしい。
第5回担当者会議 12/7（金）	・発達支援システム評価についての取り組み確認 ・事例⑥（子育て支援課家庭児童相談室より）関係課会議設置要綱第2条（6） ・事例⑦（社会福祉課より現行の障害者自立支援法のサービス利用について）関係課会議設置要綱第2条（7）	●事例⑥（子育て支援課家庭児童相談室より） ・他機関と連携・支援ケース ・父親の支援＝障がい者就労情報センター・チャンスワークこなん・社会福祉課・雇用・生活支援センター・生活支援センターあかつき・作業所・医療機関 ・母子の支援＝中学校・ふれあい教育相談室・ことばの教室・家庭児童相談室・中央子ども家庭相談センター・医療機関 ・父親の支援・母子の支援……とそれぞれで進み出していた支援を，家庭全体についての共通理解をするためのケース会議により整理することができた。 ・子どもの思いを核にしながら，今後，中央子ども家庭相談センターの本ケースについてのかかわりをこれまで以上に求めていく局面が予想される。
第2回課長会議・ 第6回担当者会議 2/19（火）	・発達支援システム関係活動報告 ①発達支援室室長・保健師活動報告 ②発達支援センター会議報告 ③発達支援関係課会議報告 ・湖南市発達支援システム評価についての取り組み確認 成果と課題……各課より ・『湖南市発達支援システムハンドブック』について ・講評「湖南市発達支援システム1年間の取り組みについて」 講師：上智大学総合人間科学部社会福祉学科学科長，大塚晃教授	講評「湖南市発達支援システム1年間の取り組みについて」 講師：上智大学総合人間科学部社会福祉学科学科長，大塚晃教授（元厚生労働省社会・援護局障害保健福祉部障害福祉専門官） 1）事業の結果報告。このアウトプット（＊客観的指標）をもとにどのようにインプルーブ（＊改善）し，利用者さんが変わったのかというアウトカム（＊結果）を伝えてほしい。 2）「家族支援」というのはよい視点である。困難ケースについてどう取り組んでいくのかが今後のステップ。 ①対応に追われる。 ②その事象に至るまでの経過の中で，プリベンション（＊予防的な）観点をどうするか。 ①②をかみ合わせながらやっていく必要あり。 ③強力なチーム会議で，プロジェクト型の解決方法をとる。人と手間を入れていく覚悟が要る。 3）ソーシャルワークの観点。解決にはならないが，見守って支えていく仕組みづくり。 4）行政と民間のコラボレーションをもっともっと進めてほしい。区別する・力を貸しあうことを，それぞれが尊重しあいながら進めていく。 5）世代間の支援の目地が揃った中で，高齢期をどう過ごすのかが課題。 6）湖南市発達支援システムは全国に先駆けているということに，自信を持ってほしい。ユニークであり，モデル的なものになってほしい。地域支援システムを構築していくために，どんどん発信してほしい。 7）乳幼児期の気づき：これは「職人技」。大変デリケートな問題。そこに専門性を見出してほしい。発達障害の認識が保護者になくても，子育て支援の中で今やるべきことをやってほしい。気づきに導く支援をエンパワーメントしながら進めてほしい。伏せておいて進めていたものが，いつの日にかわかってくる……その

第6章　体制整備

		ことが支援にかかわる者の喜びにもなる。 8）ペアレントトレーニング：子育てを一緒にやっていきましょう……ということが，家族丸ごと支援の予防的な対応にもなる。 9）療育：適切なプログラムの作成と保護者と話ができる力量……専門性が問われる。 10）小学校の先生に保育園へどんどん入ってほしい。子どもを一緒に知るというのりしろがあると保護者も安心される。 11）本人の理解や意向を入れた支援を。「本人の意思決定の支援をしなさい」ということが法に書かれてある。できない本人や家族には，最善の利益について第三者が判断できる仕組みづくりを。 12）成人の問題を考えるときに，学齢期につくられた個別の指導計画等と突き合わせるとよい。 13）自立支援法のサービス：トレーニングや居住のサービスが増えていくであろう。就労へ向かうための場を考える必要も。 14）「地域生活支援システム」が今後も問われるであろう。 15）評価の観点は達成目標。今後，内容を細かくしながら分析していってもいいのでは。 16）人を育てることにより，この仕組みを次の人が来ても動かせるものにすること。

2　発達支援システム評価について

　2012（平成24）年度は，表6.1.2のとおり「取り組み項目」を定め，「評価の観点」「成果と課題・改善点」を明確にし，達成状況をABCDの段階で評価した。
　現時点では，関係課会議における内部評価であり，関係者の取り組みの指標となっている。外部評価を受けることについては，今後の課題である。

表6.1.2　2012（平成24）年度　湖南市発達支援システムの評価項目一覧

	部　署		取り組み項目
1	健康福祉部社会福祉課発達支援室	①	関係機関（保健・福祉・医療・教育・就労）との連携調整に関すること
		②	発達相談に関すること
		③	療育教室に関すること
		④	巡回相談に関すること
		⑤	就学指導に関すること
		⑥	本人との相談→（心理検査→）相談・支援（就労支援・生活支援を含む）に関すること
		⑦	対人関係スキルについての本人との個別対応に関すること
		⑧	保護者・教職員・支援者との相談に関すること
		⑨	発達障害に関するケース会議に関すること
		⑩	不登園・不登校に関するケース会議に関すること
		⑪	虐待に関するケース会議に関すること
		⑫	湖南市発達支援ITネットワークに関すること
		⑬	教職員・支援者向けの発達障害等理解啓発に関すること
		⑭	保護者の発達障害等理解啓発に関すること
2	健康福祉部社会福祉課	①	発達障害児・者に対する支援体制の構築および施策の実施
		②	障がい福祉サービスの適正な支給決定のためのアセスメントとモニタリングの実施
3	健康福祉部子育て支援課	①	保育所・個別の指導計画に関すること
		②	加配の配置に関すること
		③	特別支援教育コーディネーターの役割について
		④	虐待を受けた児童への支援に関すること
		⑤	学童保育に関すること
4	健康福祉部健康政策課	①	新生児訪問に関すること
		②	乳幼児健診に関すること
		③	ゆうゆう親子教室に関すること
		④	発達相談とのつなぎに関すること
5	建設経済部商工観光労政課	①	障がい者の就労・雇用について関係機関の連携に関すること
		②	障がい者の就労・雇用の情報に関すること
		③	障がい者就労情報センターの運営に関すること
6	教育部学校教育課	①	幼稚園・小学校・中学校の個別の指導計画に関すること
		②	中学校の個別支援移行計画に関すること
		③	体制の整備および運用に関すること
		④	就学指導に関すること
		⑤	巡回相談に関すること
		⑥	ことばの教室に関すること
		⑦	ふれあい教育相談室および不登校・被虐待児童・生徒への支援に関すること
7	教育部人権教育課	①	高校等訪問に関すること

第6章　体制整備

2　教育と福祉・就労等との連携
　　　——最初の一歩

井上利和（健康福祉部　部長）

1　教育と福祉・就労が連携する意味

　2000（平成12）年4月当時，筆者は民生部福祉課児童福祉係長を拝命していた。そのとき，福祉課長の下に技術補佐として藤井茂樹氏（甲西町内小学校で通級指導教育担当として勤務され，同年3月で教員を退職）を迎えることになった。着任に併せて障がい者問題担当係長を兼務された。
　筆者は，当時，保育所業務も担当しており，障がい児保育について連携する立場にいた。
　新たに導入された考え方は，障がいなどいろいろな課題を持つ幼児・児童および生徒に対し，乳幼児期から学齢期終了後の就労の段階まで，保健・福祉・医療・教育・就労との密接なサービスを実施するために，個別の指導計画を立案することであった。
　しかし，保育に専念している保育現場からは，「乳幼児期から就労までの切れ目のない一貫した支援の就学前の一部を担っている」という立ち位置の理解の前に，業務量の増加という目の前の現実が負担感を生み出した。
　保育所での障がい児保育の責任者は副園長であるが，実際保育に携わっているのは臨時的任用保育士がほとんどである。日々の保育の間に，個別の指導計画を立てなければならないが，保育士全員にパソコンも配置できておらず，事務の環境も整っていない現状であった。
　一方で，福祉と障がい者問題担当に配属された技術補佐が元教員であることにより，教育委員会事務局や教育長とのコミュニケーションは，格段に向上した。それまでは事務的な連携のみで，課題の共有や議論は「就学指導委員会」の場面に限られ，保育所卒園児を小学校でどう受け入れるかという連携が中心であった。
　しかし，発達支援システムの学校現場への理解の浸透については，教育長の理解と応援はあったものの，相当，苦心していた。
　技術補佐はその後，社会福祉係を兼務することとなり，障がい福祉施策や社会福祉全般

を担当することとなり，多忙を極めた。

　多忙の中に，発達支援相談業務を行うことから，保育所や幼稚園，小・中学校訪問を行うため，事務所を不在にすることが多かった。事務所に残された職員間では，「特別支援教育は教育部門で担うべきではないか。福祉は福祉に専念すべきではないか。国の法律も教育と福祉・就労に分かれており，一緒にすることに無理があるのでは……」という議論が上がったこともあった。

　当時は，筆者がそうした議論の先頭に立っていたが，技術補佐から次の話を聞いてようやく納得することができた。

　「発達障害は早期の気づきにより，それぞれの障がい特性に応じた支援を早期に行える。当事者の方の中には一般就労可能な方もおられるが，その特性に応じた支援を行わないと能力を十分発揮できない。一般就労をして自立して税金を払う立場になっていただける方を増やす取り組みでもある。当事者が望む夢を実現するために早期発見・早期支援を行うと，結果として税収を増やすことができる。自治体にとっても当事者にとってもよい結果を生み出せる事業である。」

　筆者はこのときを境に積極的にかかわることとした。

2　一貫した支援システムの継続に向けて

　一人の人を支援するとき，保健・福祉・医療・教育・就労と別々ではなく包括的・一体的に支援することが本人にとって一番よい形だと考える。

　従前は「障がい者の就労は福祉」という考えがあり，社会福祉課が担当していた。しかし，障がいのことや福祉的就労については詳しいが，一般就労や工業会・商工会との接点は薄かった。また企業に対しては「雇ってください。」とお願いするだけであった。一方，企業からは「作業所や養護学校が入れ替わり立ち替わり頼みに来るので，困っている。」という声が聞こえてきた。障がい者雇用によりどんな課題が生じるのかがわからないことによる不安もあったのだと思う。

　作業所や障がい者福祉関係者からも，「企業とどのように接点を持てばよいのかわからない。」という意見が出てきたのも当時である。

　そこで，就労を担当する労政担当と，障がい者を担当する福祉担当の両方が事務局に在籍する，双方の立場の委員による協議会を立ち上げ，雇用する側の意見と就労する側の意

第6章 体制整備

見を出してもらった。

　その中で，企業側から「障がい者就労を進めるための議論にはもう4年もかけた。具体的に行動に移すときである。」との意見集約が行われ「湖南市障がい者就労情報センター」を市役所東庁舎玄関横の一番目立つ場所に設立し，商工観光労政課が担当することになった。就労情報センター運営委員会には社会福祉課長が委員として参画している。

　この時点で，担当する部門は別々であるが，発達支援システムの目指す，保健・福祉・医療・教育・就労が一貫した支援システムが構築できたことになる。

　システムはできたが，継続することが一番の課題である。とくに発達支援室の人材が重要である。このシステムを支えているのは関係者一人ひとりである。「税金を使う人から納める人に」，「みんなが資源，みんなが支援」を合言葉に，誰に代わっても変わらないサービスが提供できるように，組織として取り組んでいくべきであると考えている。

巻末資料

障がいのある人が地域でいきいきと生活できるための自立支援に関する湖南市条例について

谷畑英吾（湖南市長）

　本項では，「障がいのある人が地域でいきいきと生活できるための自立支援に関する湖南市条例」（平成18年湖南市条例第23号。以下，「いきいき条例」という。）について，いわゆる立法者の意思を明らかにしたい。

1　いきいき条例の制定のいきさつ

　すでに詳述されているように，湖南市においては，過去から障がい福祉についての取り組みがきめ細かく実施されてきたが，枝葉が繁るにつれ全体を見通すことが難しくなるばかりか，国の関係法令が縦割りとなっているため，市民にもっとも身近な基礎自治体において政策を統合する必要性から，いわゆる横串条例というかたちでの横断的な総合条例の制定が要請された。また，経済成長期にはそれに伴い財政資源も増えることから施策の拡充が容易であったが，少子高齢・人口減少・成熟社会においては，財政的制約からも各分野の垣根を低くし，分野間の協力や相互乗り入れにより補完しあわなければ，施策の持続可能性が叶わないという見通しがその背景としてあった。

　いきいき条例の策定は，2004（平成16）年12月の内閣総理大臣表彰受章を直接の契機としている。この表彰は本市の発達支援システムに対するバリアフリー化推進功労者表彰であるが，はたして本市では，同表彰を受章するに足るだけの体制が組めているのかと自省したところ，保健・福祉・保育・教育の連携は行政組織内で進みつつあったものの，就労や地域生活支援に至ってはいまだ不完全であり，その結果，システムを完成させるためには地域の各主体の理解と協力を得る必要があるという認識に到達した。そこで，市役所内では市長の指示を受けて，就労支援の取り組みを積極的に展開する一方，2005（平成17）年2月に小泉純一郎内閣で閣議決定され，8月のいわゆる"郵政解散"でいったん廃案とされた障害者自立支援法案の審議と並行して総合条例案の検討が進められてきた。

　2006（平成18）年1月に市長が担当に向けて行った指示は，「広く市民や専門家の意見を反映して条例を策定することを目的として，当初予定の2006（平成18）年3月定例会で

はなく，提出目標を2006（平成18）年6月定例会とすること」と検討期間を十分にとったうえで，企業や福祉関係者からの意見募集，関係省庁や学者への意見照会，湖南市障がい者就労支援検討会や湖南市障がい児者団体連絡協議会との意見交換，そしてパブリックコメントを実施することだった。

　また，この指示では，条例の目的を「障害者自立支援法と発達障害者支援法の現場レベルでの融合。保健，福祉，教育，就労のそれぞれの分野が連続し，行政，学校，地域，企業のそれぞれの立場が連携するためのフレームづくり。社会の各主体の責務を明記するとともに，生涯を通した福祉の手順を定める。細部は規則に定め，詳細は分野ごとの要綱にまとめる」とし，「上記目的に沿った条例案を策定する際に，その他の新機軸を加えた独自条例とする必要があるため，市長として当該条例に取り込むべき事項として心当たりのあるものを列挙するので，可能な限り取り込むこと」とされた。条例の新機軸としては，市職員の福祉現場での研修義務づけや教育分野における民間事業者への発達支援システムへの参加協力義務，市による就労促進の働きかけ，障がい支援の評価機関設置，地域ボランティアやNPOの育成支援，事業者への就労促進努力義務などが掲げられていた。

　そして，パブリックコメントを含むさまざまな意見募集や意見照会，意見交換を経て成案が策定され，市議会平成18年6月定例会にいきいき条例案が上程された。提案理由は，「本年4月に施行された障害者自立支援法において，障がい者の支援に関し必要な施策を総合的・計画的に講じることが市の責務とされたこと及び平成17年4月に施行された発達障害者支援法において，発達障がい者の支援に取り組むことが地方公共団体の責務とされたこと」という国法の要請と「これまで本市が全国に先駆けて実施してきた湖南市発達支援システム等の施策を安定的に実施し，さらに発展させることが必要になったこと」を背景に「発達障がい者を含めた障がい者の支援に関し市民・事業者を含め公民が一体的に取り組む仕組みを構築し，障がい者の自立及び障がい者が生き生きと安心して生活できる地域社会を実現することを目指し，条例制定を行う」とされた。

　議会の審議においては，「常に財政の健全性に配慮しなければならない」という市の責務と「積極的又はさりげなく応援することに努めなければならない」という市民の責務に対して議論が集まったが，賛成多数で成立した。

2　いきいき条例の内容

　いきいき条例は全体が7章32条で構成されている。

　第1章は総則で，条例の目的や定義，市や市民，事業者の責務，障がい者支援基本計画や発達支援システムについて定めている。

　いきいき条例の目的は「障がい者一人ひとりの能力，適性，発達段階及び社会環境に応じた保健，福祉，医療，教育及び就労に関する施策を横断的かつ計画的に推進し，もって障がい者の自立及び障がい者がいきいきと安心して生活できる地域社会の実現に寄与する」とされ（第1条関係），そのために市には，①国，県，近隣市町，障がい福祉サービス事業者その他機関や障がい者，地域社会と連携して障がい者のあらゆる分野の活動参加の支援と自立促進措置，②発達障がいの総合的な支援に必要な措置と行政部局間の緊密な連携，③財政の健全性に配慮した障がい者支援施策の実施，④他の地方公共団体への情報提供による施策の普及努力と財政安定化のための国や県への働きかけ，⑤障がい者の自主性の尊重，の5項目の責務が課されている（第3条関係）。

　このうち，議会審議で最大の焦点となったのは「財政の健全性への配慮」条項（同条第3項）である。折から支援費制度のスタートといわゆる"三位一体の改革"が同時期に実施され，多額の財源不足が生じたことを背景に挿入されたものであるが，障害者自立支援法に対する反対世論が形成されつつあった時期だけに，はなはだしきは財政がどうあれ保障を行うべきであるという極論まで出されたものであった。また，福祉政策においては先進自治体に社会的弱者が転居集住するいわゆる"足による投票"が財政を圧迫し，施策の持続可能性を失わせてきたことと，ナショナル・ミニマムとしての発達支援を全国に展開すべきという思想から，本市の施策を他の自治体に普及していくことが市の責務として書き込まれたことも，全国の自治体条例にはない一つの特徴である（同条第4項）。この両項は表裏の関係となっており，当初の原案では，第3項の表現が他自治体との「財政の平準化の実現」となっていたものを，第4項で他自治体への本市施策の普及により"足による投票"を防遏（ぼうあつ）して他自治体財政との平準化を目指すこととしたため，逆に第3項は本市財政に関する規定に特化したものである。

　一方，市民の責務としては，互助精神により協力して障がい者が地域でいきいきと暮らせるよう「積極的又はさりげなく」応援する努力義務や障がい者に対する差別等の禁止，

そして、障がい者とその家族・保護者に自立を求めていることが大きな特徴となっている（第4条関係）。

　議会審議でもう一つの焦点となったのが、市民の責務に関する「さりげない応援」条項である。積極的応援だけで十分であるという指摘もあったが、これまでの福祉施策が福祉行政分野に限定されて持続可能性を減じ、あたかも孤塁を守るかのようであったことを反省し、地域のあらゆる主体が社会の一員として福祉を支える社会に転換していかなければならないという時代認識から「さりげない応援」条項を挿入することとした。これは、社会の構成員全員が常に全力を発揮し続けることが現実的ではなく、各人が可能な範囲で少しずつでも支える手を差し伸べるべきだという本条例の基本的な考え方を示しており、あたかもアニメ『ドラゴンボール』の元気玉や『新世紀エヴァンゲリオン』のヤシマ作戦のように、すでにある積極的な力に加えて、さりげない小さな力を無限に集めて大きな力に紡ぎあげていこうという思想である。これと対をなすかたちで、障がい者とその家族・保護者に自立の努力を求める条項が、障がい者団体からの意見聴取の中で団体側からの希望により挿入されたことには注目すべきであろう。

　事業者等に対しては、①個別または相互協力した障がい者雇用促進と職業生活安定配慮、②障がい福祉サービス事業者への当事者意向尊重および高品質サービス提供、③医療機関への生命尊重と個人の尊厳保持を旨とする適切な医療提供、④保育園への障がい児保育配慮、⑤幼稚園を含む学校への障がい児教育について、それぞれ努力義務が定められた（第5条関係）。

　そして、市に対して、障がい者の支援に関する基本計画の策定（第6条関係）と発達支援システムの整備（第7条関係）を求めているが、本市の発達支援システムについては条例制定時にすでに要綱に基づき整備されていたため、本条では発達支援システムを条例で担保して法的根拠を強めたことになる。また、発達支援システムに関わる関係機関の相互連携や守秘義務も同時に規定された。

　第2章は、早期発見と発達支援について定めており、主として医療、保健、児童福祉、保育、教育についての関係機関の発達段階に応じたかかわりを規定している。

　市や市教育委員会に対して、専門的に障がいの診断や発達支援を行うことができる医療機関との連携（第8条関係）や乳幼児健診および就学時健診において障がいの早期発見に資する措置を講じ継続的な相談を行うこと（第9条関係）、保護者に対する早期発達支援の相談助言等の実施（第10条関係）、障がい児および発達支援を要する子どもの保育・教

育への支援体制の整備（第11条，第12条関係），障がい児の放課後健全育成等への適切な措置（第13条関係）などを義務ないしは努力義務として課している。とりわけ，障がい児保育については保育園，特別支援教育については私立学校に対しても同様な措置を講じるように求めており，市ではそのための法人等に対する財政的支援措置が図られている。

さらには，専門的な発達支援を行う施設の設置（第14条関係）が規定されたが，このことは第7条と同様，すでに設置されていた「湖南市発達支援センター」に対して，条例上の法源を与えようとしたもので，本条に基づき，同センターの根拠条例となる湖南市発達支援センター条例（平成18年条例第24号）も制定された。

第3章は就労支援について定めているが，市に対して，商工業団体，就労支援を行う機関，障がい福祉サービス事業者，学校および障がい者団体と就労支援について連携すべき関係者を列挙したうえで，それぞれの関係者との共同による，相互連携や支援施策を検討する組織の設置を義務づけたり，事業者への雇用促進の働きかけ，就労準備のための学校や児童福祉施設との連携強化，そして，第2章に定めた早期発見と発達支援を引き継ぐかたちで市と関係機関が連携することを求めている（第16条関係）。

議会審議においては，就労支援を定めた第16条が本条例の目玉ではないか，障がい者が社会の中で本当にいきいきと活動できる場が大事だという議論もあり，福祉的就労だけではなく，一般就労の拡大をも目指している。ここでは，すでに設置されていた湖南市障害者就労検討会や湖南市障害者雇用促進協議会を検討組織として定めたうえで，当該組織においてさらに支援施策が検討された結果，2009（平成21）年には湖南市障がい者就労情報センターが設置されるに至った。

第4章は生活支援について定めているが，これは第3章の就労支援とともに，第2章の早期発見・発達支援のように行政機関内の連携だけでは取り組むことが難しい課題である。そこで，市に対して，障がい者の自己決定による自立生活支援や充実した地域生活・地域活動支援，そのための児童福祉施策および高齢者福祉施策との連携（第17条関係），成年後見制度など権利擁護の支援（第18条関係）が求められるとともに，災害時要援護者としての障がい者の安全確保（第19条関係）が求められ，さらに，市，市民，事業者に対して，障がい者の自立や社会活動の妨げとなる物理的・制度上・意識上・文化面・情報面における障壁を取り除くバリアフリー化の推進（第20条関係）が規定された。

権利擁護については，2013（平成25）年10月に甲賀市と共同で特定非営利活動法人甲賀・湖南成年後見センターぱんじーを設立している。また，本条例制定当時，災害時要援

護者の名簿の取扱いを巡っては，個人情報保護条例による目的外利用と外部利用の制限との関係が全国的に課題とされていたが，本条例においては第19条で個人情報保護条例を援用して関係者と情報を共有することとしている。これは，特別法は一般法を破る原則を掲げることで，災害時要援護者名簿の策定を促したものであるが，当時，いかに個人情報保護法制によるその利用制限が厳格であったかを物語るものである。

第5章は支援を広げるための施策について定めているが，市に対して，市民への正しい理解を深めるための啓発（第21条関係）やNPO・障がい福祉サービス事業者の活動支援（第22条関係），そして，市長に対して，市職員の福祉関係施設等における研修実施（第23条関係）などの人材育成を求めている。

第6章は，障害者基本法（昭和45年法律第84号）により任意的設置とされている合議制機関として「湖南市障がい者施策推進協議会」（以下，「協議会」という。）を設置する規定である。協議会の所掌事務としては，①障がい者支援計画の策定に関して意見を述べることや，②障がい者施策に関する調査審議，③関係機関の相互連絡調整についての審議，④障がい者施策の進捗状況の検証が掲げられている（第25条関係）。これらは同法第36条第4項の各号を読み替えたものであるが，とくに施策の進捗状況の検証については，その重要性から同法とは異なり別に号を起こしている。その他，組織や任期など協議会の運営について定めている。

第7章は雑則であるが，市が3年ごとに障がい者施策に関する報告を取りまとめて議会と協議会に提出するとともに市民に公表することとされている（第31条関係）。

3 いきいき条例の意義

本市の発達支援に対する取り組みが発達障害者支援法（平成16年法律第167号）に結実したことからも，いきいき条例にはそれを凌駕することが求められていた。そのため，本条例は発達障がいに限定されることなく，広く障がい者が地域生活をいきいきと展開できるための条件整備を網羅した内容となっている。

いきいき条例の先駆性は，障がい福祉施策が，ひとり行政機関のものではなく，市民すべてが関与すべき課題であることを謳いあげるとともに，その施策の持続可能性を担保する必要性と，障がい者自身の自立への意欲とそれに対する支援の重要性を地方自治レベルで示したことにある。すなわち，本条例の制定過程が，支える側と支えられる側の啐啄同

時である点は特筆すべきであろう。また，従来，個別に実施されてきた障がい福祉施策を一覧のもとにおき，関係各機関の役割と責任を明らかにするとともに，その相互の連携と協力を強く求めたことも重要である。さらには，各種施策を実施する機関について必要に応じて法的根拠を設けるだけでなく，将来の施策展開の方向性を提示することで，「障がい者の自立及び障がい者がいきいきと安心して生活できる地域社会の実現」性を高めたのである。

○障がいのある人が地域でいきいきと生活できるための自立支援に関する湖南市条例

平成18年　条例第23号

目次

第1章　総則（第1条～第7条）

第2章　早期発見及び発達支援（第8条～第14条）

第3章　就労支援（第15条・第16条）

第4章　生活支援（第17条～第20条）

第5章　支援を広げるための施策（第21条～第23条）

第6章　湖南市障がい者施策推進協議会（第24条～第30条）

第7章　雑則（第31条・第32条）

付則

第1章　総則

（目的）

第1条　この条例は，障がい者の発達及び自立の支援に関し，市，市民及び事業者の責務を明らかにするとともに，市が行う施策の基本的事項を定めることにより，障がい者一人ひとりの能力，適性，発達段階及び社会環境に応じた保健，福祉，医療，教育及び就労に関する施策を横断的かつ計画的に推進し，もって障がい者の自立及び障がい者がいきいきと安心して生活できる地域社会の実現に寄与することを目的とする。

（定義）

第2条　この条例において「障がい者」とは，障害者基本法（昭和45年法律第84号。以下「基本法」という。）第2条第1号に規定する「障害者」をいう。

2　この条例において「障がい児」とは，前項に定める障がい者のうち18歳未満の者をいう。

（市の責務）

第3条　市は，基本法第6条の規定に基づき，国，県，近隣市町，障がい者の福祉に携わる事業者（以下「障がい福祉サービス事業者」という。）及びその他の機関並びに障がい者及び地域社会と連携し，障がい者の社会，経済，文化その他あらゆる分野の活動への参加を支援し，その自立を促進するための措置を講じるものとする。

2　市は，発達障害者支援法（平成16年法律第167号。以下「発達支援法」という。）第3条各項の規定に基づき，発達障がいの早期発見，発達支援，就労支援及び生活支援に関する必要な措置を講じるとともに，これら施策を講じるに当たっては，保健，福祉，医療，教育及び就労に関する業務を担当する部局の相互の緊密な連携を確保するものとする。

3　市は，障がい者支援施策の実施に当たり，常に財政の健全性に配慮しなければならない。

4　市は，効果的な障がい者支援施策が市民に対して持続的に提供されるために，他の地方公共団体に情報を提供し施策の普及に努めるとともに，国，県に対して制度化等による財政上の安定化が実現するよう働きかけるものとする。

5　市は，施策の策定及び実施に当たっては，障がい者の自主性を尊重しなければならない。

（市民の責務）

第4条　市民は，助け合いの精神に基づき，協力して障がい者が地域でいきいきと暮らせるよう積極的又はさりげなく応援することに努めなければならない。

2　市民は，障がい者に対して，障がいを理由として差別することその他の権利利益を侵害する行為をしてはならない。

3　障がい者並びに障がい者の家族及び保護者は，社会の一員として自立に努めるものとする。

（事業者等の責務）

第5条　事業者（市内で事業を営む個人及び法人その他の団体をいう。以下同じ。）は，障害者の雇用の促進等に関する法律（昭和35年法律第123号）第5条の趣旨を踏まえ，個別に，又は相互に協力することにより障がい者の雇用を一層進めるとともに，職業生活の安定に配慮するよう努めなければならない。

2　障がい福祉サービス事業者は，その福祉サービスの提供にあたっては障がい者の意向を十分に尊重するとともに，質の高いサービスの提供に努めなければならない。

3　医療機関は，医療法（昭和23年法律第205号）第1条の2及び第1条の4の精神に基づき，障がい者を含む市民の生命の尊重と個人の尊厳の保持を旨としてその健康を維持増進するため，治療，疾病の予防のための措置及びリハビリテーションを含む良質かつ適切な医療を提供するよう努めなければならない。

4　保育園（児童福祉法（昭和22年法律第164号）第39条第1項の保育所をいう。以下同じ。）は，障がい児の健全な育成を図るための保育に配慮するよう努めなければならない。

5　学校（学校教育法（昭和22年法律第26号）第1条の学校をいう。以下同じ。）は，障がい児の健全な育成を図るための教育を行うよう努めなければならない。

（障がい者の支援に関する基本計画）

第6条　市は，基本法第11条第3項の規定に基づき，障がい者のための施策に関する基本的な計画（以下「障がい者の支援に関する基本計画」という。）を策定する。

2　障がい者の支援に関する基本計画を策定するときは，他の関連する諸計画との整合を図るとともに，市の他の計画においても，本条例の趣旨が適切に反映されるように努めなければなら

ない。
(湖南市発達支援システム)
第7条　市は，保健，福祉，医療，教育及び就労の関係機関（以下「関係機関」という。）との連携により，障がい者及び発達に支援の必要な児童に対し，その発達段階，年齢，生活状況及び社会環境に応じて必要な支援を総合的に提供する仕組み（以下「湖南市発達支援システム」という。）を構築し，その円滑な運営に努めるものとする。

2　関係機関は，湖南市発達支援システムに参加することで相互に連携し，障がい者に対する効果的な支援に努めなければならない。

3　湖南市発達支援システムに参加する関係機関の職員又はその職にあった者は，職務上知り得た秘密を漏らしてはならない。

第2章　早期発見及び発達支援

(医療)
第8条　市は，専門的に障がいの診断及び発達支援を行うことができる医療機関との連携に努めるものとする。

(早期発見)
第9条　市は，乳幼児の障がいの早期発見に資するため，母子保健法（昭和40年法律第141号）第12条及び第13条に規定する健康診断を行うに当たり，適切な措置を講じるものとする。

2　市教育委員会は，児童の障がいの早期発見に資するため，学校保健安全法（昭和33年法律第56号）第11条に規定する健康診断を行うに当たり，適切な措置を講じるものとする。

3　市及び市教育委員会は，児童に障がいの疑いがある場合には，適切に支援を行うため，当該児童についての継続的な相談を行うよう努めるものとする。

(早期発達支援)
第10条　市は，障がい児及び発達に支援の必要な児童が早期の発達支援を受けることができるよう，保護者に対しその相談に応じ，又は助言を行い，その他適切な措置を講じるものとする。

(保育)
第11条　市及び保育園は，保育の実施に当たっては，障がい児及び発達に支援の必要な児童の健全な発達が他の児童とともに集団生活することを通じて図られるよう，支援体制の整備に必要な措置を講じるものとする。

(教育)
第12条　市及び市教育委員会は，その所管する学校において，障がい児及び発達に支援の必要な児童がその障がいの状態に応じ，十分で適切な教育が受けられるようにするため，特別支援教

育及び支援体制の整備に必要な措置を講じるとともに，私立学校（学校教育法（昭和22年法律第26号）第2条第2項の私立学校をいう。）においても同様の措置がとられるよう働きかけるものとする。

(放課後等における支援)

第13条　市は，共働き等の理由により昼間保護者がいない家庭の障がい児が，放課後又は休暇中に健全に充実した生活を送ることができるようにするため，放課後児童健全育成事業その他の事業について，適切な措置を講じるものとする。

(専門的な発達支援を行う施設)

第14条　市は，障がい児及び発達に支援の必要な児童の心身の発達を総合的に支援するため，専門的な相談，指導，療育その他必要な支援を行う施設を設置するものとする。

第3章　就労支援

(雇用環境の整備)

第15条　市は，市内の事業所を対象として障がい者の特性に応じた職種及び職域に関する調査を行い，職場開拓に努め，障がい者が能力に応じた適切な職業に従事することができるよう雇用の促進を図るとともに，障がい者が円滑に就労できるよう関係機関と連携して支援するものとする。

(就労支援)

第16条　市は，商工業団体，就労支援を行う機関，障がい福祉サービス事業者，学校及び障がい者の団体と共同して相互連携及び支援施策の検討を行う組織を設立し，連携して障がい者の就労促進に努めるものとする。

2　市は，障がい者の就労を支援するための計画を策定し，事業者に対して情報提供及び啓発を行い，障がい者の雇用の促進を図るものとする。

3　市は，障がい者が就労のための準備を適切に行えるよう学校及び児童福祉施設との連携を深めるなど，必要な措置を講じるものとする。

4　市は，地域における就労に関する相談業務が適切に実施されるよう，第1項の組織を構成する団体及び機関並びに湖南市発達支援システムに参加する関係機関その他の機関と連携を図るものとする。

第4章　生活支援

(地域での生活支援)

第17条　市は，障がい者が自己決定に基づき，自立した生活を営むことができるようにするため，障がい者に対し障害者の日常生活及び社会生活を総合的に支援するための法律（平成17年法律

第123号）その他障がい者の福祉に関する法律に基づく支援を行うとともに，充実した地域生活及び地域活動を行うことができるよう必要な支援に努めるものとする。

2　市は，地域における障がい者の生活支援を進めるに際して，児童福祉施策及び高齢者福祉施策との連携に努めなければならない。

（権利擁護）

第18条　市は，障がい者が，その障がいのため法的利益を損なわれることがないようにするため，成年後見制度その他の権利利益の保護等のための施策又は制度が，広く利用されるよう必要な支援を行う。

（地域での安全確保）

第19条　市は，災害対策基本法（昭和36年法律第223号）第42条の規定に基づく市地域防災計画に基づき，災害から障がい者の生命や財産を守り，生活の安全と安心を確保しなければならない。

2　市は，大規模災害等により避難等が必要とされる場合において，支援を要する障がい者の居住等に関する情報を，湖南市個人情報保護条例（平成16年湖南市条例第11号）第9条第1項第4号の規定に基づき必要と認められる範囲内で，民生委員法（昭和23年法律第198号）に定める民生委員，児童福祉法（昭和22年法律第164号）に定める児童委員，湖南市社会福祉協議会及び湖南市消防団等と共有し，障がい者の地域における安全を確保するものとする。

3　前項の情報は，前項に定める使用目的を達成するためのみに利用されなければならない。

4　第2項の情報を知った者は，その職を離れた後も秘密を漏らしてはならない。

（バリアフリー化の推進）

第20条　市，市民及び事業者は，障がい者の自立及び社会活動の妨げとなる物理的障壁，制度上の障壁及び意識上の障壁並びに文化面及び情報面における障壁を取り除くよう努めなければならない。

2　市及び事業者は，その所有し，又は管理する施設及び提供する各種サービスについて，障がい者が円滑に利用することができる環境の整備に努めなければならない。

第5章　支援を広げるための施策

（市民の理解）

第21条　市は，基本法第7条の規定に基づき，障がい者についての市民の正しい理解を深めるため，広報その他の啓発活動を行うものとする。

（市民活動等への支援）

第22条　市は，市民による障がい者福祉の増進に資する特定非営利活動（特定非営利活動促進法

（平成10年法律第7号）第2条第1項に定める活動）が市内において活発に展開されるよう，情報の周知及び活動の支援を行うよう努めるものとする。

2　市は，障がい福祉サービス事業者が自主的に創意工夫し，障がい者の福祉の増進に取り組むことができるよう配慮するものとする。

（人材の養成等）

第23条　市は，障がい者を支援する専門的人材を養成するため，障がい者支援に関する専門性を高める研修を実施する。

2　市長は，市の行政に障がい者についての配慮がなされるよう，市職員の福祉関係施設等における研修を実施するものとする。

第6章　湖南市障がい者施策推進協議会

（設置）

第24条　市は，基本法第36条第4項の規定に基づき，湖南市障がい者施策推進協議会（以下「協議会」という。）を設置する。

（所掌事務）

第25条　協議会は，次に定める事項を所掌する。

(1)　障がい者の支援に関する基本計画の策定に関し意見を述べること。

(2)　障がい者に関する施策の総合的かつ計画的な推進について必要な事項を調査審議すること。

(3)　障がい者に関する施策の推進について必要な関係行政機関相互の連絡調整を要する事項を調査審議すること。

(4)　障がい者に関する施策の推進状況について検証すること。

（組織）

第26条　協議会は，委員20人以内で組織する。

2　委員は，学識経験のある者，障がい者，障がい福祉サービス事業者及び障がい者の雇用に関する事業に従事する者のうちから，市長が委嘱する。

（任期）

第27条　委員の任期は，2年とする。ただし，補欠の委員の任期は，前任者の残任期間とする。

（会長及び副会長）

第28条　協議会に会長及び副会長を置き，委員の互選によってこれを定める。

2　会長は，会務を総理し，協議会を代表する。

3　副会長は，会長を補佐し，会長に事故があるとき，又は会長が欠けたときは，その職務を代理する。

（会議）

第29条　協議会は，会長が招集する。

（庶務）

第30条　協議会の庶務は，障がい者の福祉に関する事務を所管する課において処理する。

第7章　雑則

（実施状況の報告）

第31条　市は，3年毎に，障がい者に関して講じた施策に関する報告書をとりまとめ，議会及び協議会に提出するとともに，市民に公表する。

（委任）

第32条　この条例の施行に関し必要な事項は，市長が別に定める。

付　則

（施行期日）

1　この条例は，公布の日から施行する。

（見直し）

2　この条例に規定する措置等については，法令等に基づく制度改正があった場合，又はこの条例の施行状況を検討し必要と認められる場合は，見直しを行うものとする。

（湖南市特別職の職員で非常勤のものの報酬及び費用弁償に関する条例の一部改正）

3　湖南市特別職の職員で非常勤のものの報酬及び費用弁償に関する条例（平成16年湖南市条例第48号）の一部を次のように改正する。

〔次のよう〕略

付　則（平成18年条例第32号）

　　この条例は，平成18年10月1日から施行する。

付　則（平成20年条例第34号）

　　この条例は，平成21年4月1日から施行する。

付　則（平成25年条例第5号）

　　この条例は，平成25年4月1日から施行する。

○湖南市発達支援システムの運営に関する規則

平成23年　規則第2号

（趣旨）

第1条　この規則は，障がいのある人が地域でいきいきと生活できるための自立支援に関する湖南市条例（平成18年湖南市条例第23号）第7条第1項で規定する湖南市発達支援システム（以下「システム」という。）に関し，保健，福祉，医療，教育及び就労の各分野の部署（以下「関係部署」という。）が連携しながらシステムの運営を図ることについて，必要な事項を定めるものとする。

（関係部署の役割）

第2条　システムに係る関係部署の役割は，次の各号に掲げるとおりとする。

(1) 健康福祉部社会福祉課発達支援室

　ア　乳幼児期から就学期を経て就労に至るまでの各ライフステージにおいて，関係部署との連絡調整を密にし，個別ケースごとの情報収集を積極的に行い，関係部署が行う発達に支援の必要な児童及び障がい者（以下「障がい児等」という。）に対する支援等についての必要な指導及び助言

　イ　障がい者理解の啓発に係る研修会等の実施

　ウ　専門的な医療機関の紹介及び連携

　エ　早期療育事業の実施

　オ　発達相談の実施

　カ　保育園，幼稚園，小学校，中学校への巡回相談の実施

　キ　関係部署との連絡調整

　ク　その他発達支援に関して必要な支援等の実施

(2) 健康福祉部社会福祉課

　ア　児童福祉法（昭和22年法律第164号）第4条第2項の規定に基づく障がい児及び児童福祉法の適用範囲を超えた障がい者に対する必要な支援体制及び福祉施策の検討並びに企画立案

　イ　障害者の日常生活及び社会生活を総合的に支援するための法律（平成17年法律第123号）第5条の規定に基づく障がい福祉サービス（以下「障がい福祉サービス」という。）及び児童福祉法第6条の2に規定する障がい児通所支援の利用に係る支給決定

　ウ　障がい児等の障がい福祉サービスの利用を目的とした関係機関との連携

　エ　甲賀地域障害児・者サービス調整会議設置要綱の規定に基づく個別調整会議において，

巻末資料

　　　発達障がい者及び発達障がい児の個別ケースに関し，必要な支援の検討，コーディネートの実施及び関係機関との連携
　　オ　その他発達障がい者及び発達障がい児に対する必要な支援及び関係機関との連携
(3) 健康福祉部子育て支援課
　　ア　児童福祉法第4条第2項の規定に基づく障がい児（以下「障がいを有する児童等」という。）の保育に対する必要な福祉施策の検討及び関係機関との連携
　　イ　湖南市要保護児童対策地域協議会設置要綱（平成18年湖南市告示第51－2号）第2条の規定に基づく協議会において認められた要保護児童（児童福祉法第6条の3第8項に規定する要保護児童をいう。）並びにその保護者の把握又は個別ケースについて，必要な支援の検討，コーディネートの実施及び関係機関との連携
　　ウ　その他障がいを有する児童等に対する支援の実施及び関係機関との連携
(4) 保育園
　　障がいを有する児童等に対する保育の実施に関する必要な支援の実施及び関係機関との連携
(5) 健康福祉部健康政策課
　　ア　母子保健法（昭和40年法律第141号）第12条の規定に基づく乳幼児健康診査（以下「市乳幼児健診」という。）の実施により課題を有する乳幼児及び市乳幼児健診以外において発見される課題を有する乳幼児（以下「課題を有する乳幼児」という。）の把握
　　イ　課題を有する乳幼児及びその保護者（以下「課題を有する乳幼児等」という。）に対する適切な子育て相談の実施並びに早期療育の利用に必要な支援を実施するため，家庭訪問指導及び来所相談の実施並びに必要なサービスの検討及びコーディネートの実施
　　ウ　そのほか課題を有する乳幼児等に対する早期発見及び早期療育の実現について，必要な支援等の実施及び関係機関との連携
(6) 建設経済部商工観光労政課
　　ア　障がい児等の就労及び雇用についての関係機関との連携
　　イ　障がい者就労情報センターの運営
(7) 教育委員会事務局学校教育課
　　ア　障がい児及び発達に支援が必要な幼児，児童及び生徒が，その状態に応じた適切な教育を受けられるようにするための体制の整備
　　イ　関係機関との連携による特別支援教育の推進
　　ウ　教育基本法（平成18年法律第120号）第4条及び学校教育法（昭和22年法律第26号）第81条の規定に基づき行う障がい児等への必要な支援に対する指導及び助言の実施

エ　特別支援教育の推進について（平成19年4月1日付19文科初第125号文部科学省初等中等教育局長通知）に基づく特別支援教育に関する指導及び助言の実施
　　オ　個別指導計画，個別支援移行計画に関する指導及び助言の実施
　　カ　特別な教育的支援を必要とする幼児への教育課程の充実及び就学についての引き継ぎの実施
　　キ　特別な教育的支援を必要とする幼児の就園，就学，転入園及び転入学に係る必要な支援の実施
　　ク　巡回相談の運営
　　ケ　教育相談の実施
　　コ　湖南市特別支援教育室（ことばの教室）及び湖南市教育相談室（ふれあい教育相談室）における指導
　　サ　滋賀県内通級指導教室との連携
　(8)　幼稚園，小学校及び中学校
　　学校教育法，学校保健安全法及びその他の法令で定める特別な教育的措置に関する規定に基づく必要な支援の実施及び関係機関との連携
　(9)　教育委員会事務局人権教育課
　　ア　障がい児等についての理解のための啓発
　　イ　個別指導計画，個別支援移行計画を作成し，支援を受けていた生徒を含む支援を必要とする生徒を対象とした高等学校等訪問の実施

（実施の方法）

第3条　前条各号に規定する関係部署の役割については，第1条の規定に基づいて，湖南市発達支援システムとして組織的に連携しつつ行うものとする。

（発達支援室の構成員）

第4条　発達支援室には次に掲げる職員を置く。
　(1)　室長
　(2)　保健師
　(3)　発達相談員
　(4)　保育士

（留意事項）

第5条　関係部署は，この規則による事業の実施又は支援の提供等について，障がい児等の障がい受容の状況等に十分留意して行うものとし，障がい児等と市との信頼関係の構築及び維持に

関して，細心の注意をもってこれにあたらなければならない。

（その他）

第6条　この規則に定めるもののほか，システムの運営に関し必要な事項は，別に定める。

付　則

　この規則は，平成23年4月1日から施行する。

付　則（平成24年規則第9号）

　この規則は，平成24年4月1日から施行する。

付　則（平成25年規則第26号）

　この規則は，平成25年4月1日から施行する。

○湖南市発達支援関係課会議設置要綱（内規）

（目的）

第1条　この訓令は，障がいのある人が地域でいきいきと生活できるための自立支援に関する湖南市条例（平成18年湖南市条例第28号）に基づくものである。障がいのある人に対して，乳幼児期から学齢期，就労まで一貫した発達支援をしていくため，湖南市発達支援関係課会議（以下「関係課会議」という。）を設置し，行政内の各関係課の連携を目的とする。

（事業内容）

第2条　関係課会議において，次の内容を検討する。
  (1)　療育に関すること。
  (2)　保育園・幼稚園における障がい児保育，教育に関すること。
  (3)　特別支援教育に関すること。
  (4)　就労支援に関すること。
  (5)　生活支援・余暇支援に関すること。
  (6)　その他発達支援に関すること。

（関係課）

第3条　関係課とは，次の課とする。
  (1)　健康福祉部社会福祉課
  (2)　健康福祉部子育て支援課
  (3)　健康福祉部健康政策課
  (4)　建設経済部商工観光労政課
  (5)　教育委員会事務局学校教育課
  (6)　教育委員会事務局人権教育課
  (7)　その他発達支援に関係する課

（事務局）

第4条　関係課会議の庶務は，健康福祉部社会福祉課発達支援室に置く。

（開催）

第5条　関係課会議は，原則として，担当課長会議（年2回），担当者会議（2箇月に1回）を開催する。ただし，緊急の場合その都度開催するものとする。

付　則

　これは，平成22年健康福祉部長決裁。

付　則
　これは，平成24年4月1日から施行する。

○湖南市発達支援センター条例

平成18年　条例第24号

（設置）

第1条　障がい児及び発達に支援の必要な児童に対し，専門的な相談，指導，療育等を行い，その心身の発達を総合的に支援するため，障がいのある人が地域でいきいきと生活できるための自立支援に関する湖南市条例（平成18年湖南市条例第23号）第14条の規定に基づき，湖南市発達支援センター（以下「発達支援センター」という。）を設置する。

（名称及び場所）

第2条　発達支援センターの名称及び位置は，次のとおりとする。

名称　湖南市発達支援センター

位置　湖南市石部中央一丁目1番3号（石部保健センター内）

（事業）

第3条　発達支援センターは，次に掲げる事業を統括する。

(1) 心身の発達に関する相談に関すること。

(2) 心身の発達に関する指導，療育等に関すること。

(3) 心身の発達の支援に関するサービスの調整会議に関すること。

(4) 心身の発達，障がい等に関する研修，啓発等に関すること。

(5) 児童福祉法（昭和22年法律第164号。以下「法」という。）第6条の2第1項に規定する障害児通所支援事業のうち，同法同条第2項に規定する児童発達支援及び同条第5項に規定する保育所等訪問支援に関すること。

(6) 前各号に関するもののほか，市長が必要と認めた事業

（利用対象者）

第4条　発達支援センターを利用できる者は，本市に在住する障がい児及び発達に支援の必要な児童並びにその保護者及び家族とする。

2　児童発達支援及び保育所等訪問支援を利用できる者は，法第21条の5の5の規定による障害児通所給付費等の支給の決定を受け，法第21条5の7第9項に規定する通所受給者証の交付を受けた者とする。

（障害児通所支援事業の利用料）

第5条　第3条第5号に規定する障害児通所支援事業を利用した場合の利用料の額は，法第21条の5の3第2項第2号に規定する額とする。

（利用料の免除）

第6条　市長は，前条の利用料を免除することができる。

（職員）

第7条　発達支援センターに必要な職員を置く。

（委任）

第8条　この条例の施行に関し必要な事項は，規則で定める。

付　則

　この条例は，公布の日から施行する。

付　則（平成23年条例第14号）

　この条例は，平成23年10月1日から施行する。

付　則（平成24年条例第8号）

　この条例は，平成24年4月1日から施行する。

○湖南市発達支援センター会議設置要綱 （内規）

（設置）

第1条 この訓令は，障がいのある人が地域でいきいきと生活できるための自立支援に関する湖南市条例（平成18年湖南市条例第23号）に基づくものである。発達支援センターは，湖南市に居住する発達上に課題を有する乳幼児・児童・生徒に対し，必要性に応じ支援を行うための，発達支援業務（ぞうさん教室・ことばの教室）と，発達相談事業を統括する。湖南市発達支援センター会議（以下「センター会議」という。）は，発達支援センターが統括するサービスや，市内各校園への情報提供を総合的に調整及び推進することを目的として設置する。

（事業内容）

第2条 センター会議は，発達支援業務と発達相談事業について，次に掲げる事項について協議及び調整を行う。

(1) 情報交換並びに支援の確認及び認識の共有
(2) 各校園への情報提供の方針及び役割分担の決定
(3) 継続的な支援の評価及び検討

（構成員）

第3条 センター会議は，次に掲げる関係機関等に属する者をもって構成する。

(1) 健康福祉部社会福祉課発達支援室（以下「発達支援室」という。）
(2) 健康福祉部子育て支援課
(3) 健康福祉部健康政策課
(4) 教育委員会事務局学校教育課
(5) その他センター会議が必要と認めた機関

（事務局）

第4条 センター会議の庶務は，発達支援室に置く。

（会議）

第5条 事務局は発達支援センターにおける支援の状況について湖南市発達支援ITネットワークを活用して常時把握に努め，原則として，年間4回程度定例会議を開催する。

付　則

これは，平成22年健康福祉部長決裁。

付　則

これは，平成24年4月1日から施行する。

○湖南市発達支援センター就学前サービス調整会議設置要綱（内規）

（設置）

第1条　この訓令は，障がいのある人が地域でいきいきと生活できるための自立支援に関する湖南市条例（平成18年湖南市条例第23号）に基づくものである。湖南市に居住する発達上に課題を有する乳幼児及びその養育者に対し，健やかな発達および養育環境の整備を支援するために，福祉，保健，医療，教育，療育等の各分野におけるサービスや機能を総合的に提供，調整及び推進することを目的として，湖南市発達支援センター就学前サービス調整会議（以下「調整会議」という。）を設置する。

（事業内容）

第2条　調整会議は，発達上に課題を有し支援を必要とするケースについて，次に掲げる事項について協議及び調整を行う。
 (1) 情報交換並びに支援の確認及び認識の共有
 (2) 支援方針及び役割分担の決定
 (3) 継続的な支援の評価及び検討

（構成員）

第3条　調整会議は，次に掲げる関係機関等に属する者をもって構成する。
 (1) 健康福祉部社会福祉課発達支援室（以下「発達支援室」という。）
 (2) 健康福祉部健康政策課母子保健担当
 (3) 教育委員会事務局学校教育課指導主事
 (4) その他調整会議が必要と認めた機関

（事務局）

第4条　調整会議の庶務は，発達支援室に置く。

（会議）

第5条　事務局は調整会議が必要なケースについて常時把握に努め，原則として，1箇月に1回程度定例会議を開催する。ただし，保育園，幼稚園等の就園及び乳幼児の発達状況や相談内容に応じて，適切な支援が緊急に必要と思われる場合は，随時開催することができるものとする。

2　調整会議は，ケースの調整内容によって第3条に掲げる構成員のうち必要な者のみをもって開催することができる。

付　則

これは，平成22年健康福祉部長決裁。

○湖南市発達相談事業実施要綱

平成16年　告示第43号

(目的)

第1条　乳幼児における健康と福祉を増進することは，乳幼児の生涯にわたる健全な生活を維持するために重要である。このため，乳幼児健康診査等の結果，将来精神及び運動発達面に障がいを残すおそれのある乳幼児や，健全な情緒発達を阻害されるおそれのある乳幼児について，適切な発達支援を保健，福祉，教育，医療等の連携のもと行うことにより，乳幼児の健全育成に資することを目的とする。

(対象者)

第2条　0歳から就学前の乳幼児とその保護者を対象とする。対象の把握基準は，「乳幼児健康診査（一次）保健指導用手引き書」に基づく，要精密健診となった乳幼児及び保護者から相談のあった乳幼児とする。

(1)　乳幼児健康診査の結果，発達課題に何らかの課題があり発達相談及び検査が必要とされた児とその保護者

(2)　各種相談，訪問等により発達相談及び検査が必要とされた児とその保護者

(3)　保育園及び幼稚園で，発達相談及び検査が必要と認めた児とその保護者

(4)　他機関から依頼のあった児とその保護者

(実施体制)

第3条　市長は，本事業の実施に備え，対象乳幼児の把握，職員の確保等に努めるほか，必要な器具，ケース記録票等を整備して，業務体制を確立し，本事業の円滑な運営を図るものとする。

2　本事業の実施に当たり，発達支援室，療育教室（ぞうさん教室），湖南市ことばの教室，保育園，幼稚園，福祉事務所，保健所，家庭児童相談室等関係機関と日常的な連絡を密にするとともに，必要に応じてケース連絡会を開催して，目的達成に努めるものとする。

(スタッフとその役割)

第4条　この事業は，次に掲げるスタッフが，それぞれの役割をもって運営するものとする。

(1)　発達支援室

事業企画

湖南市発達支援センター就学前サービス調整会議（以下「サービス調整会議」という。）の開催

(2)　発達相談員

発達相談の運営（相談受付）及び記録の管理

発達相談及び検査の実施
　　　発達援助及び発達検査に関する助言及び事後カンファレンス
　　　サービス調整会議への参加及び相談結果の提出
　　　ケース会議，サービス調整会議への参加及び相談結果の提出
　　　サービス調整会議後の関係機関との連絡調整
　(3)　保健師
　　　発達相談の運営（相談受付）及び記録の管理
　　　問診（生活実態の把握，問題の明確化等）及び保健指導
　　　サービス調整会議への参加
　　　サービス調整会議後の保護者及び関係機関との連絡調整
　(4)　保育士及び幼稚園教諭
　　　保護者との事前相談，助言指導及び事後の連絡調整
　(5)　その他
　　　必要に応じ，保育士，栄養士等による助言指導

（実施方法）
第5条　具体的な実施方法は，次のとおりとする。
　(1)　事前に保健師が保護者からの主訴を受けとめ，問題点を明確にする。
　(2)　保育園及び幼稚園に所属する乳幼児については，保育者が園で問題及び課題となっていることを明確にし，本事業に資するものとする。
　(3)　発達検査及び行動観察は，発達相談員が個々の乳幼児の状況に応じ実施し，全般的な所見に資するものとする。
　(4)　保護者（保育者）との相談は，事前の情報及び面談内容又は発達検査の結果を総合して行う。
　(5)　カンファレンスは，現在の状況，課題又は今後の手立て，保護者への助言，サポート等について確認等行う。

（事後指導）
第6条　保護者（保育者）に対し，発達相談の結果を伝え，適切な助言指導を行う。
2　サービス調整会議においては，個々の乳幼児に関する今後の方針を決定し，継続的な相談（経過観察），療育教室（ぞうさん教室）又はことばの教室への通級といったサービスの決定を行う。
3　医学的診断を含む精密健診の必要とされた乳幼児又は湖南市では処遇が困難な乳幼児などに

ついては，保護者に対して，保健所の療育発達相談指導事業等を紹介するものとし，事後指導及び助言の充実に努めるものとする。

4　専門機関の受診等の要するものについては，保護者に対して，専門機関を紹介するほか，相談内容の結果を当該専門機関に連絡し，その後受診結果を加味した事後指導及び助言に努めるものとする。

(記録の整備)

第7条　要経過観察児名簿，発達相談後のサービス調整会議資料その他必要な記録を整備するものとする。

付　則

(施行期日)

1　この告示は，平成16年10月1日から施行する。

(経過措置)

2　この告示の施行の日の前日までに，合併前の甲西町発達相談指導事業実施要綱(平成10年甲西町告示第29号)の規定によりなされた手続その他の行為は，この告示の相当規定によりなされたものとみなす。

付　則(平成23年告示第63-3号)

　この告示は，平成23年4月1日から施行する。

巻末資料

○湖南市通所支援センター運営規程

平成24年　訓令第7号

（事業の目的）
第1条　この訓令は，湖南市（以下「市」という。）が開設する湖南市通所支援センター（以下「センター」という。）において行う指定通所支援（児童発達支援及び保育所等訪問支援）に係る事業の適切な運営を確保するために必要な人員及び運営に関する事項を定め，事業の円滑な運営管理を図るとともに，センターを利用する障がい児（以下「利用者」という。）及びその利用者に係る通所給付決定保護者（以下「保護者」という。）等の意思及び人格を尊重し，適切な指定通所支援を提供することを目的とする。

（運営の方針）
第2条　市は，指定通所支援の提供に当たっては，利用者の身体及び精神の状況並びにその置かれている環境に応じて，次のとおり適切なサービスの提供に努めるものとする。
　(1)　児童発達支援の提供に当たっては，利用者が日常生活における基本的動作及び知識，技能を習得し，並びに集団生活に適応することができるよう，センターにおいて，適切かつ効果的な指導訓練を行うものとする。
　(2)　保育所等訪問支援の提供に当たっては，利用者が障がい児以外の児童との集団生活に適応することができるよう，適切かつ効果的な支援を行うものとする。
2　センターの従業者は，指定通所支援の提供に当たっては，懇切丁寧を旨とし，利用者又は保護者に対し，支援上必要な事項について，理解しやすいように説明を行うものとする。
3　市は，その提供する指定通所支援の質の評価を行い，常にその改善を図るものとする。
4　前3項のほか，市は，児童福祉法（昭和22年法律第164号）及び児童福祉法に基づく指定障害児通所支援の事業等の人員，設備及び運営に関する基準（平成24年厚生労働省令第15号）その他関係法令等を遵守して，事業を実施するものとする。
5　市は，市の発達支援システムに基づき，保健，福祉，医療及び教育との連携を図り総合的なサービスの提供に努めるものとする。

（センターの名称等）
第3条　事業所の名称及び所在地は，次のとおりとする。
　(1)　名称　湖南市通所支援センター
　(2)　所在地　滋賀県湖南市石部中央一丁目1番3号

（従業者の職種，員数及び職務内容）
第4条　センターに勤務する従業者の職種，員数及び職務内容は次のとおりとする。

(1)　管理者　1名（常勤職員）

　　管理者は，センターの従業者の管理及び業務の管理を一元的に行う。

　(2)　児童発達支援管理責任者　1名（常勤職員）

　　児童発達支援管理責任者は，利用者の児童発達支援計画の作成，利用者又はその家族に対する相談及び援助並びに他の従業者に対する技術指導及び助言を行う。

　(3)　指導員又は保育士　4名以上（常勤職員）

　　指導員又は保育士は，利用者に対して集団療育及び個別指導を行う。

　(4)　発達相談員　2名以上（常勤職員）

　　発達相談員は，事業の利用に関する調整，企画・運営，相談・指導及び訓練を実施し，必要に応じ児童の発達検査を行う。

　(5)　訪問支援員　2名以上（常勤職員）

　　訪問支援員は，利用者に対して，訪問等による支援を行うものとする。

　(6)　事務職員　1名以上（常勤職員）

　　事務職員は，必要な事務を行う。

（開所日，開所時間及び休所日）

第5条　センターの開所日及び開所時間は，次のとおりとする。

　(1)　開所日　月曜日から金曜日とする。

　(2)　開所時間　午前8時30分から午後5時15分までとする。ただし，児童発達支援の利用者の通所時間は，個別に調整するのものとする。

　(3)　サービス提供日　月曜日から金曜日とする。

2　センターの休所日は，次のとおりとする。

　(1)　土曜日及び日曜日

　(2)　国民の祝日に関する法律（昭和23年法律第178号）に規定する休日

　(3)　12月29日から翌年1月3日まで

　(4)　その他市長が別に定める日

（利用対象者，定員及び通所回数）

第6条　センターの利用対象者は，市内に在住する児童及びその保護者とする。

2　児童発達支援の1日の利用定員は，10人とする。

3　対象者の通所回数は，週1回を原則とする。

（事業の主たる対象とする障がいの種類）

第7条　事業の主たる対象とする障がいの種類は，知的障がいと発達障がいとする。

（事業内容）

第8条　センターが行う児童発達支援の内容は、次のとおりとする。

(1) 児童の心身の発達に必要な療育指導

(2) 児童に対する基本的生活習慣の確立及び社会生活への参加を促す指導

(3) 児童の人間としての尊厳の確保

(4) 保護者に対する療育上の指導及び助言

(5) 児童発達支援利用の児童に係る関係機関、団体等との連絡調整

(6) 児童の状態に応じた1日に1時間程度の個別指導

(7) その他児童発達支援事業の実施につき必要と認められている事業

2　センターが行う保育所等訪問支援の内容は、次のとおりとする。

(1) 利用者の自宅又は保育所等の施設への訪問による支援

（事業実施地域）

第9条　センターの通常の事業の実施地域は、湖南市全域とする。

（利用者負担）

第10条　指定通所支援の利用者負担額は免除する。

2　センターは、児童発達支援において提供する便宜に要する費用として、利用者から飲食代及び事業所外での療育に係る実費費用を徴収できるものとする。

3　市は、前項の費用の支払を受けた場合は、当該費用に係る領収証を、当該費用を支払った保護者に交付するものとする。

（通所開始時期）

第11条　児童発達支援の利用者の通所開始時期は、随時とする。

（発達支援センター就学前サービス調整会議）

第12条　指定通所支援の支給決定にあたっては、発達支援センター就学前サービス調整会議（以下「調整会議」という。）の意見を踏まえ決定するものとする。

2　調整会議は、発達相談員、保健師、ことばの教室幼児部指導員、発達支援室職員及びその他関係機関の職員をもって構成する。

（利用契約）

第13条　市長は、前条第1項の規定により指定通所支援の利用が決定した児童の保護者から、通所受給者証の提示を受け、利用契約を締結するものとする。

（サービスの利用に当たっての留意事項）

第14条　利用者及び保護者は、児童発達支援及び保育所等訪問支援の利用に当たっては、次に掲

げる事項を遵守するものとする。
(1) 個別の指導計画作成について了解すること。
(2) 個別の指導計画作成のために必要な発達検査及び専門指導等を受けること。
(3) 湖南市発達支援ITネットワークでの情報共有について了解すること。
(4) 前3号に掲げるもののほか，事業所の管理及びサービスの提供のため必要な指示に反する行為をしないこと。

（緊急時等における対応方法）
第15条 従業者は，現にサービスを提供しているときに利用者に病状の急変その他の緊急事態が生じたときは，速やかに医療機関へ連絡する等の措置を講じるとともに，児童発達支援管理責任者又は管理者に報告するものとする。

（苦情解決）
第16条 市は，センターにおいて提供した指定通所支援に関する利用者等からの苦情を解決するために，必要な措置を講じるものとする。

（事故発生時の対応）
第17条 市は，利用者に対する指定通所支援の提供により事故が発生した場合は，速やかに県及び利用者の家族等に連絡を行うとともに，必要な措置を講じるものとする。

（非常災害対策）
第18条 市は，センターに消火設備その他の非常災害に際して必要な設備を設けるとともに，非常災害に関する具体的な計画を立て，非常災害時の関係機関への通報及び連絡体制を整備し，それらを定期的に従業者に周知するものとする。
2 市は，非常災害等に備えるため，事業所において，避難，救出その他の必要な訓練を年1回以上行うものとする。

（虐待の防止のための措置に関する事項）
第19条 市は，利用者に対する虐待を早期に発見して迅速かつ適切な対応を図るために，次の措置を講じるものとする。
(1) 虐待の防止に関する責任者の選定
(2) 苦情解決体制の整備
(3) 従業者に対する虐待の防止を啓発・普及するための研修の実施

（その他運営に関する留意点）
第20条 市は，センターにおいて適切な指定通所支援が提供できるよう従業者の業務体制を整備するとともに，従業者の資質向上を図るために次のとおり研修の機会を設けるものとする。

(1) 採用時研修　採用時3箇月以内

(2) 継続研修　年2回以上

2　従業者は，業務上知り得た利用者又はその家族の秘密を保持するものとする。

3　市は，従業者が，従業者でなくなった後においても，業務上知り得た利用者又はその家族の秘密を保持すべき旨を雇用契約において定めるものとする。

4　市は，利用者に対する指定通所支援の提供に関する諸記録を整備し，当該指定通所支援を提供した日から10年間保存するものとする。

（委任）

第21条　この訓令に定めるもののほか，湖南市児童発達支援事業の運営に関し必要な事項は，市長が別に定める。

付　則

　この訓令は，平成24年4月1日から施行する。

○甲賀地域障害児・者サービス調整会議設置要綱

（設置）

第1条　甲賀地域障害児・者サービス調整会議（以下，「サービス調整会議」という。）を設置する。このサービス調整会議は，障害者の日常生活及び社会生活を総合的に支援するための法律に定める協議会と位置づける。

（目的）

第2条　サービス調整会議は，甲賀地域に居住する障害児（者）に関する福祉，就労，保健，医療等の各種サービスを総合的に調整，推進するとともに，教育との連携強化を目的とする。

（構成者）

第3条　サービス調整会議は，次の各号に掲げる団体等をもって構成する。

(1) 指定相談支援事業者
(2) 指定障害福祉サービス事業者
(3) 障害福祉施設関係者
(4) 保健・医療関係者
(5) 教育関係者
(6) 就労関係者
(7) 関係行政機関の職員
(8) その他サービス調整推進のために必要と認められる者

（事業内容）

第4条　サービス調整会議は，次に掲げる事業を行う。

(1) 前条に掲げる団体等による訪問・相談活動を通じ，障害児（者）のニーズの把握，各種サービスの充足状況及び各種サービスの問題点の把握を行う。
    ① 訪問対象ケースの選定
    ② 合同訪問の実施
    ③ 訪問結果についての確認，協議
(2) 複合したニーズを有するケース等についての具体的な処遇方針の策定及び関係するサービス提供機関へのサービス提供の要請等を行う。
(3) 甲賀地域の障害児（者）に対するサービス提供の問題点を整理し，在宅福祉サービスの供給についての調査研究を行う。
    ① 既存の在宅福祉サービスの検証
    ② 在宅福祉サービスメニューの開発，マニュアル化

（会議）
第5条 サービス調整会議の会議（以下，「会議」という。）は，次の各号に掲げる会議をもって構成し，湖南市健康福祉部長及び甲賀市健康福祉部長が招集する。
　(1)　全体会議
　　サービス調整会議全体の計画，実績，方向性について報告・協議を行う。
　(2)　推進会議
　　各会議の検討結果を受け，施策化・事業化に向けた制度設計や実施調整を行う。
　(3)　定例会議
　　相談支援事業者の活動を評価・検証するとともに，地域の現状や課題等についての情報提供・共有を行う。
　(4)　運営会議
　　サービス調整会議の事務局機能を担うとともに，全体の運営・方向性の検討を行う。
　(5)　専門部会
　　専門分野における課題解決のための継続的な調査・研究，連絡調整を行う。
　(6)　個別調整会議
　　個別の支援について協議を行う。本会議については，関係者及び支援者が随時招集する。
2　前項に規定する会議については，必要な資料の収集，調査及び研究を行うためのプロジェクトチームを置くことができる。
（庶務）
第6条　サービス調整会議の庶務は，湖南市，甲賀市及び指定相談支援事業者において処理する。
（その他）
第7条　この要綱に定めるもののほか，サービス調整会議の運営に関し必要な事項は，別に定める。

付　則
　　この要綱は，平成7年4月1日から施行する。
　　この要綱は，平成8年4月1日から施行する。
　　この要綱は，平成10年1月22日から施行する。
　　この要綱は，平成10年4月16日から施行する。
　　この要綱は，平成11年4月1日から施行する。
　　この要綱は，平成12年10月1日から施行する。

この要綱は,平成14年5月21日から施行する。
この要綱は,平成16年10月1日から施行する。
この要綱は,平成17年5月17日から施行する。
この要綱は,平成17年10月18日から施行する。
この要綱は,平成18年4月1日から施行する。
この要綱は,平成18年10月1日から施行する。
この要綱は,平成21年4月1日から施行する。
この要綱は,平成24年4月1日から施行する。
この要綱は,平成25年4月1日から施行する。

○湖南市発達支援ITネットワーク（KIDS）利用ガイドライン

　このガイドラインは，湖南市における発達支援ITネットワークを使用するにあたり，基本的な目的と遵守事項を示すものである。なお，このガイドラインは湖南市情報セキュリティーポリシー及び湖南市全庁ネット利活用ガイドラインに規定するもののほか，その対象範囲外である利用者ネットワーク，機器等の運用及び管理に関し，必要な事項を定めるものである。

〈目的〉
1. 特別支援対象の幼児，児童，生徒について，小学校，中学校，幼稚園，保育園，ことばの教室，ぞうさん教室，行政の担当職員が連携し，支援や指導に必要な情報交換をする。
2. 特別支援対象の幼児・児童・生徒の個別の情報を担当者間で蓄積，共有することで，必要な一貫した指導につなげる。

〈名称〉
　湖南市発達支援ITネットワークの名称を「KIDS」（Konan city IT network for Developmental Support）とする。

〈運営主体〉
　発達支援室が主体となり，学校教育課，社会福祉課，子育て支援課，健康政策課の連携のもと運営する。

〈利用者〉
　利用者は次の者とする。
1. 市内の小学校，中学校，幼稚園，保育園，ことばの教室，ぞうさん教室，行政の職員で，子どもの発達支援に関わる業務を担当している者。また，連携を必要とする機関の職員。
2. その他，管理責任者が許可した者。

〈機能〉
　KIDSは次の機能を持つ。
1. 利用機関と利用職員の業務に必要な連携のための情報交換。
2. 子ども個人のケースの指導に関する情報の蓄積と指導者間での共有。
3. 発達支援に関する研修，文献，資料，教材等の情報の蓄積と共有。
4. 個別指導計画の様式の共有。
5. 利用者間の個人宛メール。
6. その他，目的のために必要な機能。

〈方法とプライバシー保護〉
1. 利用者に発行された各個人固有のIDとパスワードを用いて，KIDSサーバーに接続する。

2．子ども個人のケース会議室を作成し利用する場合は，保護者に目的と方法について説明し，保護者から了承を得た場合のみとする。
3．子ども個人のケース会議室以外では，子どもの個人名を使用しない。
4．子ども個人のケース会議室を開くことができるのは，該当の子どもを担当する，担任等，指導員，コーディネーター，校園長，管理者のみに限る。
5．子ども個人のケース会議室に書き込む内容は，該当児の園や学校での様子，ことばの教室やぞうさん教室での指導の状況等のエピソードに限る。この会議室を含めて，KIDSには，検査結果，住所，電話番号等の情報は書き込まない。この会議室でのメッセージ交換を該当児の個別の指導計画の目標実現に実際の指導で役立てる。
6．利用者はKIDSの利用で知り得た情報を許可なく第三者に送信したり知らせたりしてはならない。
7．利用者は自分のパスワードを他人に知らせてはならない。また，他人のIDやパスワードを使用してはならない。

〈管理責任者〉
1．管理責任者は，発達支援室長とする。管理責任者は，KIDSの円滑な運用に必要な措置を講じる。
2．管理責任者は，KIDS管理者を任命する。

〈KIDS管理者〉
　KIDS管理者は，KIDSの運用に必要な利用者の登録と変更，会議室の作成と移動，研修会での指導，その他必要な作業を行う。

〈研修〉
1．管理責任者は，KIDSの利用のための目的や理念の説明と操作方法の習得のための研修会を年度当初に開く。
2．利用者は，前項の研修を受けるものとする。

〈セキュリティ〉
1．KIDSは，全ての情報は暗号化し，KIDSサーバーにのみ蓄積するシステムとする。
2．管理責任者は，KIDSサーバーに対し，落雷や停電による被害を防ぐ対策を講じる。
3．管理責任者は，第三者からの攻撃やハッキングによるデータの改ざんと漏洩を防ぐ対策を講じる。
4．利用者は，ウィルスに感染したファイル等をサーバーに送ることがないよう，ウィルス対策を講じる。

〈使用管理〉
　利用者の所属所長は，利用者による KIDS ネットワークの使用管理責任を負う。
〈費用負担〉
　KIDS の運用にかかる費用は，発達支援室発達支援費から支出する。

〈補足〉
　このガイドラインは平成18年4月から施行する。
　このガイドラインは平成24年4月から施行する。

○湖南市特別支援教育室設置要綱

平成17年　教育委員会告示第35号

（設置）

第1条　この告示は，湖南市教育センター設置条例（平成17年湖南市条例第15号）第4条の規定に基づき，障がいなどの課題のある市内の幼児・児童及び生徒に対し，乳幼児期から学齢期終了後の就労の段階まで，保健・福祉・医療・労働との密接な連携を図りながら，特別な支援教育等を一人ひとりに合わせた適切で継続的な教育サービスとして実施し，個別の指導計画等の立案やそれを活用した指導に資するために，湖南市特別支援室（以下「ことばの教室」という。）を設置し，教育的支援及び相談事業等を実施する。

（名称及び位置）

第2条　ことばの教室の名称及び位置は，次のとおりとする。

　　名称　湖南市特別支援教育室（ことばの教室）

　　位置　三雲教室　湖南市夏見1857番地　三雲小学校内

　　　　　水戸教室　湖南市水戸町31番地1　水戸小学校内

　　　　　菩提寺教室　湖南市菩提寺1588番地270　菩提寺小学校内

（事業）

第3条　ことばの教室は，次に掲げる事業を行う。

(1)　発達障害（LD，ADHD及び高機能広汎性発達障害），聴覚及び言語機能等に障がいのある，又はその疑いのある幼児，児童及び生徒の持てる力を高め，生活や学習上の困難を改善又は克服するために必要な教育的指導・支援

(2)　前号の子どもを持つ保護者や子どもの在籍する保育園，幼稚園，小学校，中学校等に対する専門的な立場からの指導助言

(3)　各校園の特別支援教育コーディネーターに対する専門的な立場からの連絡調整・指導助言

(4)　在籍児の関係する諸機関との連携による，教育的支援や個別の指導計画及び個別支援移行計画の立案と活用に関する指導助言・連絡調整及び地域コーディネーターの役割

(5)　発達支援センター等と協働した適切な支援

（職員）

第4条　ことばの教室に，次に掲げる職員を置く。

(1)　室長

(2)　指導員

（対象児）

第5条　ことばの教室の対象は，次の各号に掲げる者とする。
　(1)　乳幼児期から学齢期終了後の就労までの幼児・児童及び生徒
　(2)　保育園・幼稚園・小学校・中学校で発達障害（LD，ADHD及び広汎性発達障害）のある幼児・児童及び生徒
　(3)　保育園・幼稚園・小学校・中学校で特に指導上の配慮を要する幼児・児童及び生徒
　(4)　学校教育法施行規則第140条の規定に該当する児童及び生徒
　(5)　前号に該当する対象者
　　ア　発音が正しくできない者（構音障害）
　　イ　話しことばのリズムが乱れている者（吃音）
　　ウ　唇や口蓋の状態が悪いため，発音が正しくできない者（唇裂・口蓋裂）
　　エ　表現や語ようなど，話しことばの発達が遅れている者（言語発達遅滞）
　　オ　病気や事故のため，ことばを失った者（失語症）
　　カ　耳の聞こえが悪いため，言葉に課題のある者（難聴）
　　キ　情緒的要因のため，話せない者
　　ク　その他ことば・コミュニケーションに課題のある者

（任命）
第6条　指導員は，言語聴覚士，通級加配教員（言語障害に関する研修を受けたもの）であって，特別支援教育における専門的研修を受けた者，その他特別支援教育等の専門的指導経験をもつ者から教育長が委嘱又は任命する。

（服務）
第7条　指導員の服務等は，以下の規定に準ずる。
　(1)　湖南市職員の服務に関する規程（平成16年湖南市訓令第28号）
　(2)　湖南市個人情報保護条例（平成16年湖南市条例第11号）
２　指導員は，その職責を遂行するため，絶えず研究と修養に努めなければならない。また，任命権者は，研修を奨励するための方途その他研修に関する計画を樹立し，その実施に努めなければならない。

（運営及び予算）
第8条　特別支援教育室の円滑な運営のため，次の予算を定める。
　(1)　指導・療育の備品に関する予算
　(2)　指導・療育の検査に関する予算
　(3)　指導・指導の教育資料に関する予算

(4) 指導員の研修に関する予算（大阪教育大学研究生派遣は別途とする。）
(5) その他運営上の課題については，必要に応じて協議する。

(その他)

第9条　この告示に定めるもののほか，管理運営等に関し必要な事項は，教育委員会が別に定める。

付　則

　この規則は，平成17年4月1日から施行する。

付　則（平成20年教委告示第4号）

　この告示は，平成20年4月1日から施行する。

付　則（平成20年教委告示第15号）

　この告示は，告示の日から施行する。

付　則（平成24年教委告示第9号）

　この告示は，平成24年4月1日から施行する。

巻末資料

○湖南市教育相談室設置要綱

平成17年　教育委員会告示第34号

（設置）
第1条　この告示は，湖南市教育センター設置条例（平成17年湖南市条例第15号）第4条の規定に基づき，市内の不登校をはじめ学校に適応することができない児童生徒を対象に，教育相談及び適応指導を実施することにより学校生活への復帰を支援することを目的とし，湖南市教育相談室（以下「教育相談室」という。）を設置する。

（名称及び位置）
第2条　教育相談室の名称及び位置は，次のとおりとする。
　名称　湖南市教育相談室（ふれあい教育相談室）
　位置　湖南市吉永302番地

（事業）
第3条　教育相談室は，次の事業を行う。
　(1)　教育相談に関すること。
　(2)　児童生徒の適応指導に関すること。
　(3)　学校等関係機関との連携に関すること。

（適応指導の申請）
第4条　適応指導を受けようとする児童生徒の保護者は，ふれあい教室申込書（様式第1号）を，児童生徒が在籍する学校長を通じて湖南市教育委員会に申し込むものとする。
2　学校長は，当該児童生徒に係るふれあい教室相談票（様式第2号）を作成し，湖南市教育センター（以下「教育センター」という。）に提出するものとする。
3　湖南市教育委員会は，学校長を経由して，当該児童生徒の保護者に適応指導の開始，停止又は中止をふれあい教室通知書（様式第3号）により通知するものとする。

（職員）
第5条　教育相談室に，次に掲げる職員をおく。
　(1)　室長
　(2)　指導員
　(3)　カウンセラー

（適応指導教室）
第6条　第3条第2号の事業を遂行するため，適応指導教室（ふれあい教室）を設置する。
2　適応指導教室の開設は，原則として週5日，1日5時間とする。

3 適応指導教室への通所に関わる経費の負担及びその他の事項については,保護者の責任とする。

(その他)

第7条 この告示に定めるもののほか,教育相談室の管理運営に関し必要な事項は,教育委員会が定める。

付　則

　　この告示は,平成17年4月1日から施行する。

付　則(平成21年教委告示第8号)

　　この告示は,平成21年5月1日から施行する。

付　則(平成24年教委告示第10号)

　　この告示は,平成24年4月1日から施行する。

○湖南市個別指導計画に関する要綱

平成16年　教育委員会告示第7号

（目的）

第1条　この告示は，湖南市における障がいなどのいろいろな課題を持つ幼児・児童及び生徒に対し，乳幼児期から学齢期終了後の就労の段階まで，保健・福祉・医療・労働との密接な連携を図りながら，特別な支援教育等を一人ひとりに合わせた適切で継続的な教育サービスを実施するために，個別指導計画を立案し，その指導に資することを目的とする。

（個別指導計画の内容）

第2条　個別指導計画は，調査・実態把握（評価）・目標設定・計画作成・指導・評価という一連の内容の流れで立案する。

2　前項の内容は，個別指導計画作成のための会議を開催し，保護者，関係機関等と連携・協議の上，保護者の合意のもとに作成することとする。

3　個別指導計画の内容は，次のとおりとする。

(1) 調査・実態把握（評価）

児童及び生徒の実態把握を行い，この実態把握には「保護者の願い」，「指導者の願い」，「日常生活」，「心理能力の評価」等を含む。

(2) 目標設定

クオリティー・オブ・ライフ（自分らしさの充実した生活の追求）の理念から生活の中で実現可能な目標の設定を行う。そのために「長期目標（年間）」「短期目標（学期）」を具体的（到達できる状態など）に明確に示す。

(3) 指導計画作成

目標から導かれる具体的な指導内容と，実態把握などによって分かる具体的な指導の手だてを対応させるようにし，指導計画を作成する。

(4) 評価

実現可能な目標について，到達した具体的な状態を把握し，次の目標設定や指導計画の内容に反映する。

（対象者）

第3条　個別指導計画は，湖南市内の乳幼児期から学齢期終了後の就労までの幼児・児童及び生徒で次の各号のいずれかに該当する場合に作成する。

(1) 障がい児保育・教育の対象園児

(2) 特別支援学級在籍児童及び生徒

(3)　養護学校在籍児童及び生徒
　(4)　ぞうさん教室・ことばの教室に通級する幼児・児童及び生徒
　(5)　保育園・幼稚園・小学校・中学校で特に指導上の配慮を要する幼児・児童及び生徒
(適用期間)
第4条　個別指導計画は，特別な支援教育などの対応の必要性が生じ，具体的な教育対応を受け始めたときから18歳までとする。
2　18歳以上の対応（就労支援等）については，別に定める。
(実施主体と関連機関)
第5条　個別指導計画は，湖南市教育委員会（以下「教育委員会」という。）事務局学校教育課，健康福祉部社会福祉課発達支援室の指導のもとに，各保育園・幼稚園・小学校・中学校が対象となる幼児・児童及び生徒に対し，連続した計画の立案，その指導・対応を行う。
2　個別指導計画は，必要に応じ，以下の関係機関と連携を図ることとする。
　(1)　教育委員会事務局学校教育課
　(2)　教育委員会事務局人権教育課
　(3)　健康福祉部健康政策課，社会福祉課
　(4)　健康福祉部子育て支援課
　(5)　経済建設部商工観光労政課
　(6)　その他関連機関
(保管・個人情報保護)
第6条　個別指導計画は，個人情報として保護するものとする。
2　個別指導計画は，特別な支援教育等の指導に関連する内容以外には使用しないこととする。
3　園及び学校は，個別指導計画を教育委員会事務局学校教育課に当該年度末に1部提出することとする。
4　個別指導計画は，個人情報として園内においては児童票，校内においては指導要録と同等に扱うものとする。
5　個別指導計画は，園においては6年間，学校においては3年間保存するものとする。
(引継ぎと引継ぎの期限)
第7条　個別指導計画は，各保育園・幼稚園・小学校・中学校が対象となる幼児・児童及び生徒に対し，連続した計画の立案，その指導・対応を行うために，新旧の担当者において引継ぎを行う。
2　個別指導計画は，当該年度の3月31日までに引継ぎを行うこととする。

(調査等)

第8条　個別指導計画立案に係る調査・実態把握（評価）のため，関係機関と連携し資料収集を行う。

2　ことばの教室，療育教室等は，個別指導計画作成の目的に限り，心理検査の分析結果等の参考資料を該当園児，児童及び生徒の担当者に報告することとする。

(個別指導計画作成会議)

第9条　第2条第2項に規定する個別指導計画作成のための会議は，園長及び校長が開催し，保護者，関係機関等との連携，保護者の理解と合意を目指し，円滑な計画の立案と実施を行うために随時開催する。

(評価と見直し)

第10条　第2条に規定する個別指導計画の内容は，設定した短期目標の期間ごとに評価（検証）する必要があり，原則として学期ごとに見直すこととする。

(保護者の参加)

第11条　個別指導計画の有効な成果を得るために，保護者の理解と協力の下参画を目指す。

(個別指導計画研究委員会)

第12条　個別指導計画の適切な作成や運用を研究するために，園及び校種別に対象事例の担当者において個別指導計画研究委員会を組織する。

2　個別指導計画研究委員会は，個別指導計画を研究の目的のみに閲覧し，適切な指導ができるよう内容や手だてについて研究し，よりよい計画立案と指導を目指す。

(様式)

第13条　個別指導計画の様式については，教育委員会が別に定める。

(その他)

第14条　その他必要な事項は，その都度教育委員会で協議し，決定することとする。

付　則

(施行期日)

1　この告示は，平成16年10月1日から施行する。

(経過措置)

2　この告示の施行の日の前日までに，合併前の甲西町個別指導計画に関する要綱（平成14年甲西町教育委員会告示第4号）の規定によりなされた手続その他の行為は，この告示の相当規定によりなされたものとみなす。

付　　則（平成18年教委告示第18号）

　この告示は，告示の日から施行する。

付　　則（平成20年教委告示第4号）

　この告示は，平成20年4月1日から施行する。

巻末資料

○湖南市個別支援移行計画に関する要綱

平成22年　教育委員会告示第5号

（目的）
第1条　この告示は，湖南市における障がい等のいろいろな課題を持つ生徒に対し，乳幼児期から学齢期において実施されてきた特別な支援を，義務教育終了後も，保健・福祉・医療・労働との密接な連携を図りながら，一人ひとりに合わせ適切で継続的に実施するために，湖南市個別支援移行計画（以下「個別支援移行計画」という。）を立案し，その支援に資することを目的とする。

（個別支援移行計画の内容）
第2条　個別支援移行計画は，調査・実態把握（評価）・目標設定・支援移行計画作成という一連の内容の流れで立案する。
2　前項の内容は，個別支援移行計画作成のための会議を開催し，保護者，関係機関等と連携・協議の上，保護者の合意のもとに作成することとする。
3　個別支援移行計画の内容は，次のとおりとする。
　(1)　調査・実態把握（評価）
　　　生徒の実態把握を行い，この実態把握には「将来の生活についての希望（本人・保護者）」，「日常生活」，「心理能力の評価」等を含む。
　(2)　目標設定
　　　クオリティー・オブ・ライフ（自分らしさの充実した生活の追求）の理念から生活の中で実現可能な目標の設定を行う。そのために「長期目標」及び「短期目標（1年）」を具体的（到達できる状態等）に明確に示す。
　(3)　支援移行計画作成
　　　目標から導かれる具体的な支援と，実態把握等によって分かる具体的な手立てを対応させるようにし，支援移行計画を作成する。

（対象者）
第3条　個別支援移行計画は，湖南市内の中学校3年生生徒で次の各号のいずれかに該当する場合に作成する。
　(1)　特別支援学級在籍生徒
　(2)　中学校で個別指導計画を作成している生徒

（実施主体と関連機関）
第4条　個別支援移行計画は，湖南市教育委員会（以下「教育委員会」という。）事務局学校教

育課，健康福祉部社会福祉課発達支援室の指導のもとに，各中学校長が対象となる生徒に対し，計画の立案を行う。
2　個別支援移行計画は，必要に応じ，以下の関係機関と連携を図ることとする。
　(1)　教育委員会事務局学校教育課（湖南市ことばの教室及びふれあい教育相談室を含む）
　(2)　教育委員会事務局人権教育課
　(3)　健康福祉部健康政策課及び社会福祉課
　(4)　経済建設部商工観光労政課
　(5)　その他関連機関
（保管・個人情報保護）
第5条　個別支援移行計画は，特別な支援教育等の指導に関連する内容以外には使用しないこととする。
2　中学校は，個別支援移行計画を教育委員会事務局学校教育課に当該年度末に1部提出することとする。
3　個別支援移行計画は，個人情報として校内においては指導要録と同等に扱うものとする。
4　個別支援移行計画は，中学校において3年間保存するものとする。
（引継ぎと引継ぎの期限）
第6条　個別支援移行計画は，各中学校が対象となる生徒に対し，連続した指導・対応を申し送るために，新旧の担当者において引継ぎを行う。
2　個別支援移行計画は，当該年度の3月31日までに引継ぎを行うこととする。
（調査等）
第7条　個別支援移行計画立案に係る調査・実態把握（評価）のため，関係機関と連携し資料収集を行う。
2　ことばの教室等は，個別支援移行計画作成の目的により，心理検査の分析結果等の参考資料を該当生徒の担当者に報告することとする。
（個別支援移行計画作成会議）
第8条　第2条第2項に規定する個別支援移行計画作成のために，校長が開催し，保護者，関係機関等との連携並びに保護者の理解及び合意を目指し，円滑な計画の立案を行うために随時開催する。
（保護者の参加）
第9条　個別支援移行計画の有効な成果を得るために，保護者の理解と協力の下，参画を目指す。
（その他）

第10条　この告示に定めるもののほか，個別支援移行計画の作成に関し必要な事項は，教育委員会が別に定める。

付　則
　この告示は，平成22年4月1日から施行する。

○湖南市障がい者就労支援検討会設置要綱

平成17年　告示第42-2号

(設置)

第1条　この告示は,障がいのある人が地域でいきいきと生活できるための自立支援に関する湖南市条例(平成18年湖南市条例第23号)第16条第1項の規定に基づき,障がい者の適切な就労のあり方を,就職及び職場適応の支援,並びに就業面及び生活面での総合的な支援から検討し,障がい者の職業生活の自立を目指すため,湖南市障がい者就労支援検討会(以下「検討会」という。)を設置する。

(所掌事務)

第2条　前条の目的を達成するため,次の各号に掲げる事業を行うものとする。
 (1) 障がい者就労の実態把握に関すること。
 (2) 障がい者の一般就労に関すること。
 (3) 障がい者の職業準備訓練及び職業実習に関すること。
 (4) 障がい者就労における他の関係支援機関との連携に関すること。
 (5) 障がい者への就業面及び生活面での総合的な支援に関すること。

(組織)

第3条　検討会は,委員25人以内で組織する。

2　委員は,次に掲げる者のうちから,市長が委嘱又は任命する。
 (1) 湖南市内商工業関係団体代表
 (2) 障がい者雇用支援事業関係機関代表
 (3) 福祉的就労施設代表
 (4) 就労・生活支援関係機関代表
 (5) 障がい者職業対策関係機関代表
 (6) 教育機関代表
 (7) 湖南市障がい者団体代表
 (8) 市職員

(任期)

第4条　委員の任期は2年とし,再任を妨げない。ただし,補欠委員の任期は,前任者の残任期間とする。

(役員)

第5条　検討会に会長及び副会長を置き,委員の互選によってこれを定める。

2　会長は，会務を総理し，検討会を代表する。
3　副会長は，会長を補佐し，会長に事故があるとき，又は会長が欠けたときは，その職務を代理する。

（会議）
第6条　検討会は必要に応じて会長が招集する。
2　検討会は，取り扱う案件の内容に応じて第3条に掲げる委員のうち必要な者のみを招集して，会議を開催することができる。
3　検討会は，必要があると認めるときは，会議に関係者の出席を求め，説明又は意見を求めることができる。

（事務局）
第7条　検討会の庶務は，障がい者雇用対策に必要な支援及び啓発に関する事務を所管する課において処理する。

（協議会）
第8条　検討会の内容を具体的に実践するため，協議会を設置することができる。

（その他）
第9条　この告示に定めるもののほか，検討会の運営に関し必要な事項は，会長が別に定める。

付　則
1　この告示は，平成17年7月1日から施行する。
2　この告示の施行後最初に委嘱又は任命される委員の任期は，第4条の規定にかかわらず，平成19年3月31日までとする。

付　則（平成19年告示第10号）
　この告示は，平成19年2月1日から施行する。

付　則（平成24年告示第82号）
　この告示は，平成24年4月1日から施行する。

《執筆者紹介》（順不同）

谷畑英吾（たにはた・えいご）湖南市長　第1章②・巻末資料冒頭解説

浅原寛子（あさはら・ひろこ）湖南市教育委員会 教育長　第3章①

齋藤　昭（さいとう・あきら）社会福祉法人大木会 理事長　第1章①

阪上由子（さかうえ・ゆうこ）滋賀医科大学小児科学講座 特任助教　第4章④

藤井茂樹（ふじい・しげき）滋賀医科大学 客員教授　第1章③

中島秀夫（なかじま・ひでお）甲賀地域ネット相談サポートセンター 所長　第1章④

井上利和（いのうえ・としかず）湖南市健康福祉部 部長　第6章②

眞野富士子（まの・ふじこ）湖南市健康福祉部子育て支援課 参事　第2章⑦

服部昌美（はっとり・よしみ）湖南市健康福祉部健康政策課 参事　第2章②

松浦加代子（まつうら・かよこ）湖南市健康福祉部社会福祉課発達支援室 室長　第1章⑤・⑥・⑦・第2章①・④・第5章①・③・④・第6章①

古谷絵美（ふるたに・えみ）湖南市健康福祉部社会福祉課発達支援室 保健師　第1章⑧・第5章②

寺田久乃（てらだ・ひさの）湖南市ぞうさん教室 発達相談員　第2章⑤

大濱早苗（おおはま・さなえ）湖南市教育委員会事務局学校教育課 指導主事　第2章⑨・⑫・第4章③・⑤

藪下和彦（やぶした・かずひこ）湖南市教育委員会事務局学校教育課 指導主事　第4章⑥

安井清克（やすい・きよかつ）湖南市教育委員会事務局人権教育課 指導主事　第4章②

浅野広美（あさの・ひろみ）湖南市建設経済部商工観光労政課 主幹　第5章⑤

寺嶋尚子（てらしま・しょうこ）湖南市ことばの教室 指導員　第2章③

中村　学（なかむら・まなぶ）湖南市ことばの教室 指導員　第2章⑥

入船千佳（いりふね・ちか）湖南市立三雲保育園 主任保育士　第2章⑧

内田真奈美（うちだ・まなみ）湖南市立平松保育園 副園長　第2章⑪

國重みき（くにしげ・みき）湖南市立石部南幼稚園 副園長　第2章⑩

林　直子（はやし・なおこ）湖南市教育相談室（ふれあい教育相談室）室長　第4章①

宮木　彩（みやき・あや）湖南市立下田小学校 教諭　第3章②

山内康一（やまうち・こういち）湖南市立三雲東小学校 教諭　第3章③

村頭彰子（むらかみ・あきこ）湖南市立菩提寺小学校 教諭　第3章④

名田早苗（なだ・さなえ）湖南市立三雲小学校 教諭　第3章⑤

西村久恵（にしむら・ひさえ）湖南市立岩根小学校 養護教諭　第3章⑩

細田佳予子（ほそだ・かよこ）湖南市立菩提寺小学校 教諭　第3章⑫

青木澄子（あおき・すみこ）湖南市立水戸小学校 教諭　第3章⑬・⑯

中村由佳里（なかむら・ゆかり）湖南市立水戸小学校 教諭　第3章⑭

田井中志帆（たいなか・しほ）湖南市立菩提寺北小学校 教諭　第3章⑮

福永里美（ふくなが・さとみ）湖南市立石部南小学校 教諭　第4章⑧

田邉　忍（たなべ・しのぶ）湖南市立甲西北中学校 校長　第3章⑪

四辻　厚（よつつじ・あつし）湖南市立日枝中学校 教諭　第3章⑥

木田　香（ぼくだ・かおり）湖南市立甲西中学校 教諭　第3章⑦

井上しず子（いのうえ・しずこ）湖南市立石部中学校 教諭　第3章⑧

木村淳子（きむら・じゅんこ）湖南市立日枝中学校 教諭　第3章⑨

寺岡ゆみ子（てらおか・ゆみこ）滋賀県立三雲養護学校 教諭　第4章⑦

田中一将（たなか・かずまさ）菩提寺学童保育所みちくさクラブ 主任指導員　第4章⑨

奥野修司（おくの・しゅうじ）社会福祉法人湖南市社会福祉協議会 主幹　第4章⑩

山口雅己（やまぐち・まさみ）社会福祉法人湖南市社会福祉協議会 主任主事　第4章⑩

《湖南市糸賀一雄生誕100年記念事業実行委員会》

谷畑英吾（たにはた・えいご）湖南市長　（会長）

齋藤　昭（さいとう・あきら）社会福祉法人大木会 理事長　（副会長）

牛谷正人（うしたに・まさと）社会福祉法人オープンスペースれがーと 副理事長

溝口　弘（みぞぐち・ひろし）NPO ワイワイあぼしクラブ 理事長

太田正則（おおた・まさのり）社会福祉法人椎の木会落穂寮 施設長

金子秀明（かねこ・ひであき）社会福祉法人さわらび福祉会 常務理事，支援センターこのゆびとまれ 施設長

北村真寿美（きたむら・ますみ）社会福祉法人さつき会さつき作業所 所長代理

森田数雄（もりた・かずお）NPO Ski・エスケイアイ 理事，いしべ共働作業所 就労支援員・職業指導員

荷宮将義（にのみや・まさよし）NPO 就労ネットワーク滋賀 理事，しあわせ作業所 所長

谷村　太（たにむら・ふとし）滋賀県立近江学園 主任専門員

安部法子（あべ・のりこ）滋賀県立三雲養護学校 主幹教諭

山田　薫（やまだ・かおる）滋賀県立石部高等学校 教頭

山口伊佐男（やまぐち・いさお）公益財団糸賀一雄記念財団 事務局長

奥野修司（おくの・しゅうじ）社会福祉法人湖南市社会福祉協議会 在宅部門長

松浦加代子（まつうら・かよこ）湖南市健康福祉部社会福祉課発達支援室 室長

事務局

井上利和（いのうえ・としかず）湖南市健康福祉部 部長

中村善司（なかむら・ぜんじ）湖南市健康福祉部 次長

芦田伝男（あしだ・つたお）湖南市健康福祉部社会福祉課 課長

《監修者紹介》

竹田契一（たけだ・けいいち）
米国ピッツバーグ大学大学院言語病理学科修了
慶應義塾大学医学部医学研究科修了，医学博士
現　在　大阪教育大学名誉教授，大阪医科大学LDセンター顧問
主　著　『保育における特別支援』（共著，日本文化科学社，2013年）
　　　　『思春期を生きる発達障害――こころを受けとるための技法』（共著，創元社，2010年）
　　　　『図説LD児の言語・コミュニケーション障害の理解と指導――ADHD，高機能広汎性発達障害とどう違うか』（共著，日本文化科学社，2007年）
　　　　『AD/HD・高機能広汎性発達障害の教育と医療――どこでつまずくのか，どう支援するのか』（共著，日本文化科学社，2006年）
　　　　『インリアル・アプローチ』（編著，日本文化科学社，1994年）

《編者紹介》

湖南市糸賀一雄生誕100年記念事業実行委員会
「障がい福祉の父」といわれる糸賀一雄は，1914（大正3）年3月に生まれ，2014（平成26）年3月で生誕100年となる。このため近江学園，また多くの障がい福祉施設があり糸賀思想を引き継ぎ実践する人があつまる湖南市では，2012（平成24）年9月に実行委員会を設立し，その思想と実践について顕彰し，市民に発信をしている。本書の出版は，記念事業の一つである。

　　　　　　　発達支援をつなぐ地域の仕組み
　　　　　　　――糸賀一雄の遺志を継ぐ滋賀県湖南市の実践――

2014年2月20日　初版第1刷発行　　　〈検印省略〉

定価はカバーに表示しています

監　修　者　　竹　田　契　一
編　　　者　　湖南市糸賀一雄生誕100年記念事業実行委員会
発　行　者　　杉　田　啓　三
印　刷　者　　田　中　雅　博

発行所　株式会社　ミネルヴァ書房
607-8494　京都市山科区日ノ岡堤谷町1
電話代表　（075）581-5191
振替口座　01020-0-8076

©竹田・湖南市糸賀一雄生誕100年記念事業実行委員会ほか，2014　　創栄図書印刷・藤沢製本

ISBN978-4-623-06999-6
Printed in Japan

発達障害の早期支援──研究と実践を紡ぐ新しい地域連携
　　　　　　　　　大神英裕 著　Ａ５判　218頁　本体2500円

障害児の発達と学校の役割──地域で学び，育つということ
　　　　　　　　　高橋　登 編著　Ａ５判　304頁　本体2800円

輝け きょうの子どもたち──京都発 障害のある子どもの新たな教育の創造
　　　　　京都市立総合支援学校長会・京都市教育委員会総合育成支援課 編
　　　　　　　　　　　　　　　　　Ａ５判　292頁　本体1500円

発達相談と援助──新版Ｋ式発達検査2001を用いた心理臨床
　　川畑　隆・菅野道英・大島　剛・宮井研治・笹川宏樹・梁川　惠・伏見真里子・衣斐哲臣 著
　　　　　　　　　　　　　　　　　Ａ５判　216頁　本体2400円

発達支援 発達援助──療育現場からの報告
　　　　　　　　　古田直樹 著　Ａ５判　208頁　本体2200円

子どもの発達障害・適応障害とメンタルヘルス
　　　　安藤美華代・加戸陽子・眞田　敏 編著　Ａ５判　282頁　本体2800円

発達障害児・気になる子の巡回相談──すべての子どもが「参加」する保育へ
　　　　　　　　　浜谷直人 編著　四六判　232頁　本体2500円

保育を支援する発達臨床コンサルテーション
　　　　　東京発達相談研究会・浜谷直人 編著　Ａ５判　226頁　本体2200円

地域における保育臨床相談のあり方──協働的な保育支援をめざして
　　　　　　一般社団法人日本保育学会保育臨床相談システム検討委員会 編
　　　　　　　　　　　　　　　　　Ｂ５判　208頁　本体2200円

双書 新しい保育の創造
保幼小連携の原理と実践──移行期の子どもへの支援
　　　　　　　　　酒井　朗・横井紘子 著　Ａ５判　200頁　本体2200円

保育実践に求められるソーシャルワーク
　　──子どもと保護者のための相談援助・保育相談支援
　　　　　　　　　橋本好市・直島正樹 編著　Ａ５判　236頁　本体2500円

特別支援教育のための子ども理解と授業づくり
　　──豊かな授業を創造するための50の視点
　　　　　　　　　湯浅恭正・新井英靖・吉田茂孝 編著　Ｂ５判　176頁　本体2400円

特別支援教育の授業づくり──より良い授業を求めて
　　　　　　　　　冨永光昭 著　Ａ５判　192頁　本体2200円

学校を「より楽しく」するための応用行動分析
　　──「見本合わせ」から考える特別支援教育
　　　　　　　　　武藤　崇 監修　坂本真紀 著　Ｂ５判　232頁　本体3000円

子どもにやさしい学校──インクルーシブ教育をめざして
　　　　　　　　　乾　美紀・中村安秀 編著　Ａ５判　280頁　本体2500円

──────── ミネルヴァ書房 ────────
http://www.minervashobo.co.jp/